资助单位：

南京大学长江三角洲经济社会发展研究中心

中国特色社会主义经济建设协同创新中心

江苏高校协同创新中心（区域经济转型与管理变革）

南京大学长江三角洲经济社会发展研究中心年度自选项目（项目批准号：2018-NDCSJ-01-01）

Data Report on Economic and Social Development in the Yangtze River Delta
Population and Labor

长江三角洲经济社会发展数据报告

人口与劳动力

李晓春　曲兆鹏　伍云云／著

科学出版社

北　京

内 容 简 介

经济增长是在一定的要素约束下进行的，社会资源的积累是经济持续增长的内生动力。本报告依托长江三角洲经济社会发展数据库，从空间和时间两个维度，审视长江三角洲核心区的 16 个城市的人口、劳动方面的数据情况，从家庭、人口的性别结构、文化结构、年龄结构、劳动、工资、婚姻等方面的演变，客观地展现出近 20 年来长江三角洲的变化。

本报告以数据为证，其自身就是长三角经济快速增长的证明。本报告对各类经济主体的决策判断、职能部门的政策制定、经济运行学术研究，能够起到积极的作用。

图书在版编目（CIP）数据

长江三角洲经济社会发展数据报告. 人口与劳动力 / 李晓春，曲兆鹏，伍云云著. —北京：科学出版社，2020.3
ISBN 978-7-03-063852-6

Ⅰ. ①长… Ⅱ. ①李… ②曲… ③伍… Ⅲ. ①长江三角洲-区域经济发展-研究报告 ②长江三角洲-社会发展-研究报告 ③长江三角洲-人口-研究报告 ④长江三角洲-劳动力-研究报告 Ⅳ. ①F127.5

中国版本图书馆 CIP 数据核字（2019）第 288910 号

责任编辑：杨婵娟 / 责任校对：韩 杨
责任印制：徐晓晨 / 封面设计：有道文化
编辑部电话：010-64032683
E-mail：houjunlin@mail.sciencep.com

科 学 出 版 社 出版
北京东黄城根北街 16 号
邮政编码：100717
http://www.sciencep.com

北京建宏印刷有限公司 印刷
科学出版社发行　各地新华书店经销
*

2020 年 3 月第 一 版　开本：787×1092　1/16
2020 年 11 月第二次印刷　印张：12 3/4
字数：249 000
定价：78.00 元
（如有印装质量问题，我社负责调换）

《长江三角洲经济社会发展数据报告》（系列）

编 委 会

主　任　洪银兴
副主任　范从来　姜　宁（执行）　黄繁华
成　员（按姓氏拼音排序）
　　　　　安同良　陈　敏　范从来　葛　扬
　　　　　洪银兴　黄繁华　姜　宁　李晓春
　　　　　刘志彪　曲兆鹏　沈坤荣　王思彤
　　　　　赵　华　郑江淮

前　言

南京大学长江三角洲经济社会发展研究中心成立于2001年，是教育部人文社会科学重点研究基地。中心的定位是以长江三角洲（简称长三角）地区为研究对象，致力于建设成为中国区域经济与社会发展研究的顶级学术机构。同时，中心还将努力建设成为服务于科研、社会及区域经济发展的综合性智库类咨询机构，《长江三角洲经济社会发展数据报告》（系列）即我们在此方面努力实践的成果。

一

改革开放以来，中国经济经历了40多年的高速发展，经济社会进步有目共睹。但进入21世纪，经济社会发展的新情况、新问题不断涌现，有两个新的社会现象不容忽视。

（1）由于经济的发展和社会的进步，经济及社会活动的决策主体越来越分散化、多元化，并且决策过程中的自主分析能力显著加强，包括各类企业的市场交易与投资决策，家庭经济活动的消费与投资决策，以及各类经济与社会管理职能的部门决策，除了对体制性指令的执行、专业机构报告的参考之外，决策者们会加入相当的自主思考和分析。

（2）由于互联网和人工智能技术的发展，大数据运用成为现实，技术进步为我们带来了无限的想象空间。现实中，大数据报告对决策者分析决策产生了巨大的影响力。但大数据报告在为我们带来诸多积极效应的同时，也产生一些误区和盲区。一是，大数据的即时性、横向性特点，使得其有效性主要在于面上的横向比较，而缺少时间序列的纵向比较；二是，大数据采集的广博性特点，使得其缺少数据指标的内在联系，虽然数据量巨大，但无法产生有效结论，甚至可能产生错误的结论。

基于上述两个社会现象，一方面，需要专业性学术机构的深入研究；另一方面，需要专门类咨询机构的积极响应。中心依托长江三角洲经济社会发展数据库，组织专门工作团队，撰写"长江三角洲经济社会发展数据报告"系列。其目的是，为多元、分散的各类决策主体提供一份简洁充分、方便有效的基础数据报告，为具体决策分析提供一份不带有结论性导向的基础性分析资料。

"长江三角洲经济社会发展数据报告"系列包括一个综合报告及若干专题报告，计划并实施中的专题报告有"人口与劳动力""农业（宽口径）""医疗卫生与养老""对外经济""文化及产业""制造业与高新技术""房地产业"等。

二

掌握经济社会发展现状，预测经济社会运行趋势，在现实工作中，不仅非常必要，而且具有技术上的可行性。

经济增长是在一定的资源约束下进行的，社会要素的积累是经济持续增长的内生动力。从社会经济发展的历史数据中，可以探寻经济发展的要素特征与驱动因素，从而进行经济预测。长三角地区能够实现持续的经济高速增长具有内在的必然性、要素结构的合理性和增长的可持续性，且能够通过历史数据呈现出来。

掌握宏观经济运行状况、进行经济增长趋势预测，首先需要回答三个问题：发展的模式是否可持续？是否具备了内生的合理性？要素积累是否能够对经济持续增长起支撑作用？统计年鉴中的统计数据能够回答上述问题。统计年鉴是国家统计局编印的、全面反映国家及各省（自治区、直辖市）的经济和社会发展情况的、最全面、最规范、最具权威性的数据资料。但统计年鉴的编排方式，以行政区划（省、自治区、直辖市）为单位，在时间、空间上的关联性较弱，大大降低了统计年鉴的可读性，从而降低了它的使用价值。因此，需要一部在统计年鉴基础上进行数据处理、体现数据关联性的报告。

本报告——《长江三角洲经济社会发展数据报告·人口与劳动力》继《长江三角洲经济社会发展数据报告·综合》之后，依托长江三角洲经济社会发展数据库（其基础数据来源为统计部门数据，部分城市部分年份数据缺失，但不影响整体分析），从长三角核心区的空间维度（16个城市）和时间维度（2000~2016年）展开，从长三角核心区16个城市的人口与劳动力演变态势、构成、结构关联等视角，来反映长三角核心区16个城市的经济特征与变迁，能够较好地把握长三角地区劳动要素状况、特征，有助于提升各类决策者分析判断的有效性、精准性。

前言

本报告针对统计年鉴的不足，进行了更加系统化、专业化的编排，呈现出区域间的经济关联，以及近 20 年时间跨度上的要素变迁。既从空间维度上展示了长三角核心区城市的区域关联，也从时间跨度上反映了经济要素的消长变化。本报告对于各类经济主体的决策判断，相关职能部门的政策讨论与制定，以及各类专业研究报告的数据参考比照等，能够起到重要的辅助作用。

三

《长江三角洲经济社会发展数据报告·人口与劳动力》是我们对长江三角洲经济社会发展数据库的数据再开发，是一部全面、系统地反映长三角城市群经济社会运行状况的基础数据分析资料，也是我们努力服务于社会的实践见证。另外，由于数据收集上的困难，本报告部分图表有数据缺失，但这并不影响我们对长三角的人口与劳动力的整体分析。

本报告主要撰写人员有：李晓春、曲兆鹏、伍云云。本报告其他研究参与人员有：翟瑞静、傅华楠、张紫璇、曹逸凡、田野、李依洁、凌晓光、王广坤、段文、袁振、孙仁杰。

本报告的出版，还要特别感谢科学出版社的鼎力支持以及责任编辑杨婵娟的辛勤努力。

《长江三角洲经济社会发展数据报告》编委会

2019 年 9 月

目　　录

前言

1　人口 ··· 1
1.1　由总人口看形势 ·· 2
1.2　由性别年龄比例看结构 ·· 5
1.3　由人口变化看趋势 ··· 12
1.4　地区教育、婚姻情况比较 ··· 22

2　劳动力和工资 ·· 29
2.1　就业情况 ·· 30
2.2　第一产业就业情况 ··· 36
2.3　第二产业就业情况 ··· 42
2.4　第三产业就业情况 ··· 48
2.5　城乡从业人员 ··· 54
2.6　失业 ·· 61
2.7　全市城镇非私营单位从业人员与工资 ·· 68
2.8　全市城镇非私营单位从业人员与工资（按会计制度划分） ··························· 80
2.9　城镇非私营单位从业人员（按登记类型划分） ·· 90

3 人民生活——城镇 **101**
3.1 城镇居民家庭生活基本情况 102
3.2 城镇居民人均可支配收入 111
3.3 城镇居民人均消费支出 126

4 人民生活——农村 **143**
4.1 农村居民家庭生活基本情况 144
4.2 农村人均年可支配收入 158
4.3 农村人均年生活消费支出及分类 171

1 人　口

1.1 由总人口看形势

总人口指一定时间、地点条件下有生命的个人的总和，该指标可以体现具体城市在具体时点的人口规模。

由表 1-1 可以看出，2016 年长三角地区 16 个城市年末总人口为 8746.56 万人。其中，上海市总人口为 1450.00 万人，占比为 16.58%，在 16 个城市中位列第一。舟山市总人口为 97.33 万人，占比仅为 1.11%，列倒数第一，且是长三角核心区 16 个城市中唯一的人口总数在百万以下的城市。占长三角地区总人口比例超过 10% 的仅有上海市。江苏地区的南通市总人口最多，为 766.66 万人，占比为 8.76%。苏州市和南京市分别位列第二和第三。浙江地区的杭州市总人口最多，为 736.00 万人，占比为 8.41%。台州市和宁波市分别位列第二、第三。

表 1-1 2016 年长三角核心区 16 个城市年末总人口情况

城市		年末总人口	
		人数（万人）	占比（%）
	上海市	1450.00	16.58
江苏地区	南京市	662.79	7.58
	无锡市	486.20	5.56
	常州市	374.90	4.29
	苏州市	678.20	7.75
	南通市	766.66	8.76
	扬州市	461.67	5.28
	泰州市	508.21	5.81
	镇江市	271.98	3.11
浙江地区	杭州市	736.00	8.41
	宁波市	590.96	6.76
	嘉兴市	352.12	4.03
	湖州市	264.84	3.03
	绍兴市	444.53	5.08
	舟山市	97.33	1.11
	台州市	600.17	6.86
	总计	8746.56	100.00

1 人 口

图 1-1 为 2003 年、2010 年、2016 年长三角核心区 16 个城市年末总人口情况。图中显示这 16 个城市年末总人口 13 年来基本处于稳定状态。其中，上海市、南通市、杭州市、苏州市、南京市位列总人口数前五位。此外，杭州市、苏州市和南京市 3 个城市这 13 年来变化相对较为明显。

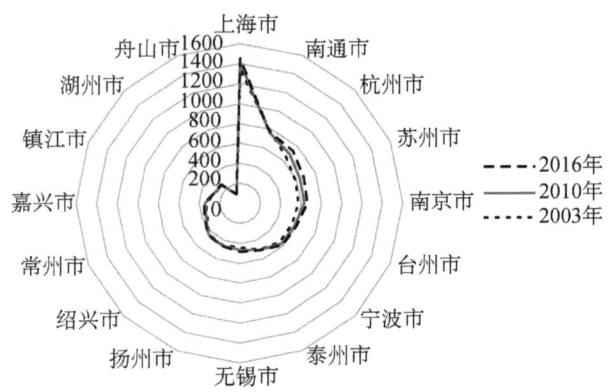

图 1-1　2003 年、2010 年、2016 年长三角核心区 16 个城市年末总人口情况

图中数字表示总人口，单位为万人

2016 年 16 个城市平均年末总人口为 546.66 万人，由图 1-2 可以看出，上海市、南通市、杭州市、苏州市、南京市、台州市、宁波市等 7 个城市位于平均水平之上，这 7 个城市总人口为 5484.78 万人，占总人口的 62.71%。而泰州市和宁波市两市与 16 个城市的平均值水平最为接近，上海市与舟山市偏离平均值水平最大。总体上，大部分城市都在平均值上下 200 万人的区间内分布。

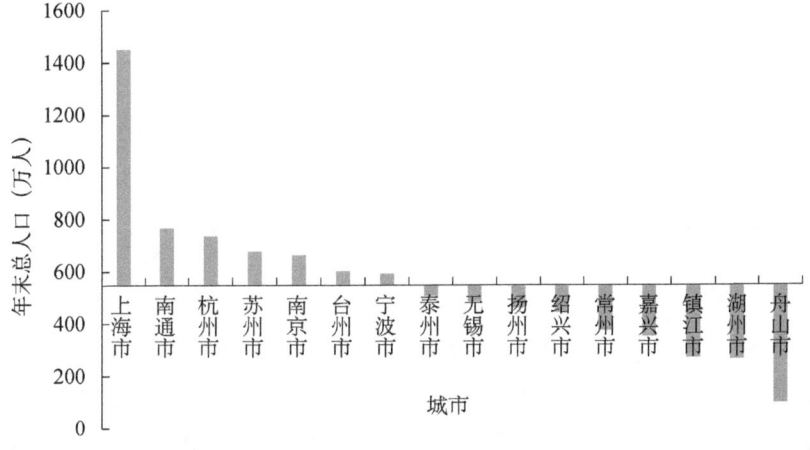

图 1-2　2016 年长三角核心区 16 个城市年末总人口与平均值比较

据表 1-2，2003 年以来，长三角核心区 16 个城市总人口由 2003 年的 8160.97 万人增长至 2016 年的 8746.56 万人，增幅为 7.18%，年均长率为 0.53%。除南京市人口年均增长率为 1.14%，苏州市人口年均增长率为 1.06%，杭州市人口年均增长率为 1.05%外，其余各城市人口年均增长率均低于 1%。其中上海市增幅为 8.07%，年均增长 0.60%。总体来看，南京市人口增幅最大，增速最快；舟山市增幅最小，年均增速最慢；南通市出现了人口的负增长。

表 1-2　长三角核心区 16 个城市年末总人口及增长情况

城市	2003 年（万人）	2016 年（万人）	2003～2016 年增幅（%）	2003～2016 年年均增长率（%）
南京市	572.23	662.79	15.83	1.14
苏州市	590.97	678.20	14.76	1.06
杭州市	642.78	736.00	14.50	1.05
无锡市	442.54	486.20	9.87	0.73
台州市	552.61	600.17	8.61	0.64
常州市	346.22	374.90	8.28	0.61
上海市	1341.77	1450.00	8.07	0.60
宁波市	549.07	590.96	7.63	0.57
嘉兴市	332.96	352.12	5.75	0.43
湖州市	256.78	264.84	3.14	0.24
绍兴市	433.84	444.53	2.46	0.19
镇江市	267.19	271.98	1.79	0.14
扬州市	453.61	461.67	1.78	0.14
泰州市	503.66	508.21	0.90	0.07
舟山市	97.12	97.33	0.21	0.02
南通市	777.62	766.66	-1.41	-0.11
总计	8160.97	8746.56	7.18	0.53

注：本表增幅与年均增长率指标由国家及地方统计局公布的相关统计数据计算所得，其中年均增长率计算公式为 $\sqrt[2016-2003]{2016人口数/2003人口数}-1$。下同

由图 1-3 可以看出，南京市、苏州市、杭州市、无锡市、台州市、常州市、上海市、宁波市等 8 个城市人口年均增长率高于 16 个城市总人口年均增长率，其中有 4 个城市属于江苏地区，3 个属于浙江地区。同时，嘉兴市、湖州市、绍兴市、镇江市、扬

州市、泰州市、舟山市、南通市 8 个城市人口年均增长率低于长三角核心区 16 个城市总人口年均增长率。其中除舟山市外，浙江地区的嘉兴市、湖州市和绍兴市 3 个城市人口年均增长率与总人口年均增长率差异较小。

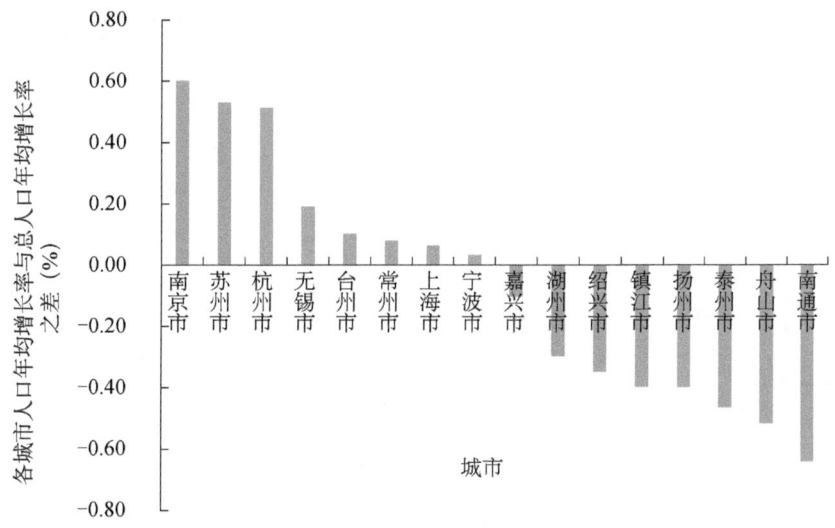

图 1-3　长三角核心区 16 个城市人口年均增长率与长三角核心区总人口年均增长率之差

1.2　由性别年龄比例看结构

表 1-3 中显示了 16 个城市中男性和女性的人数，以及其分别占总人口的比例。2016 年年末长三角核心区男性总人口为 4349.95 万人，女性总人口为 4396.60 万人，女性比男性多 46.65 万人。其中，上海市男性人数 719.35 万人，占比为 49.61%；上海市女性人数 730.65 万人，占比为 50.39%。除泰州市和台州市外，其他城市都存在女性人口总数略大于男性人口总数的情况。江苏地区内，南通市男女人口总数均位列第一，苏州市、南京市次之。浙江地区内，杭州市男性、女性人口数均位列第一。上海市男性、女性人口数分别列 16 个城市第一位，舟山市男性、女性人口数分别列 16 个城市倒数第一位，且舟山市是 16 个城市中唯一的男性、女性人口数均少于 50 万人的城市。

表 1-3 2016 年长三角核心区 16 个城市年末男性、女性人口情况

城市		男性		女性	
		人数（万人）	占比（%）	人数（万人）	占比（%）
	上海市	719.35	49.61	730.65	50.39
江苏地区	南京市	330.86	49.92	331.93	50.08
	无锡市	240.02	49.37	246.18	50.63
	常州市	185.22	49.41	189.68	50.59
	苏州市	332.53	49.03	345.67	50.97
	南通市	377.29	49.21	389.37	50.79
	扬州市	230.54	49.94	231.12	50.06
	泰州市	258.96	50.96	249.25	49.04
	镇江市	134.53	49.46	137.45	50.54
浙江地区	杭州市	366.47	49.79	369.53	50.21
	宁波市	293.39	49.65	297.57	50.35
	嘉兴市	173.05	49.15	179.07	50.85
	湖州市	131.08	49.49	133.76	50.51
	绍兴市	221.82	49.90	222.71	50.10
	舟山市	48.05	49.37	49.28	50.63
	台州市	306.79	51.12	293.38	48.88
	总计	4349.95	49.73	4396.60	50.27

图 1-4（a）为 2003 年、2010 年、2016 年长三角核心区 16 个城市年末男性总人口情况。图中显示这 16 个城市 13 年来男性总人口基本都处于稳定状态，2016 年上海市、南通市、杭州市、苏州市和南京市 5 个城市年末男性总人口数位列前五。图 1-4（b）则显示 2003 年、2010 年、2016 年长三角核心区年末女性总人口情况，图 1-4（a）和（b）非常类似，表明女性人口的数值和变动趋势与男性情况大体一致，13 年来各城市女性总人口也处于稳定状态。同样，上海市、南通市、杭州市、苏州市和南京市 5 个城市也为年末女性总人口数前五名。

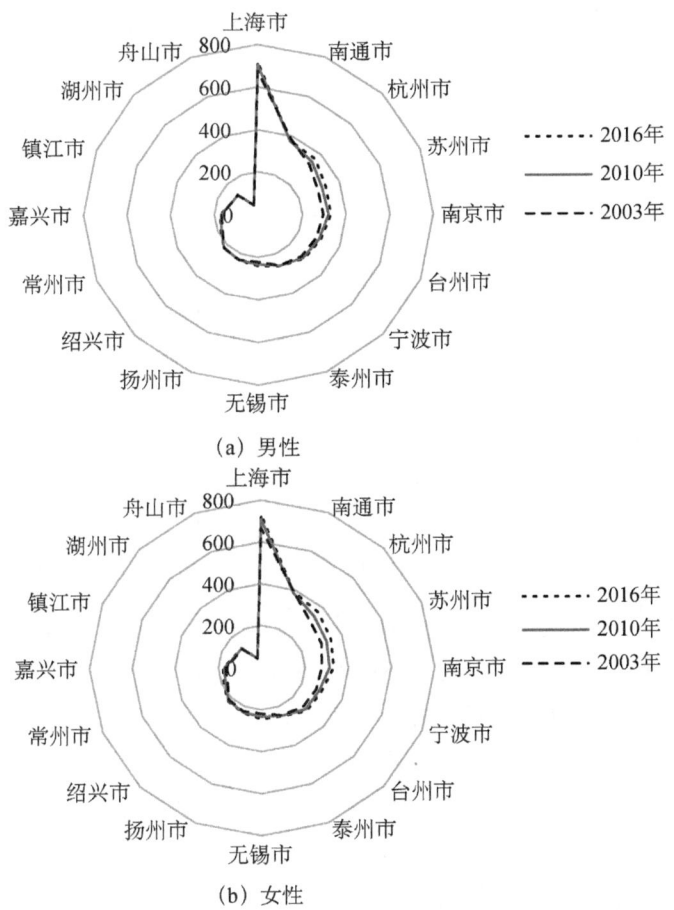

图 1-4 2003 年、2010 年、2016 年长三角核心区各城市年末男性和女性总人口情况

图中数字表示人口，单位为万人

2016 年 16 个城市男性年末平均人口数为 271.87 万人，女性年末平均人口数为 274.79 万人，略高于男性。由图 1-5 可以看出，上海市、南通市、杭州市、苏州市、南京市、台州市和宁波市等 7 个城市位于平均水平之上，这 7 个城市男性总人口数为 2726.68 万人，占长三角核心区男性总人口的比重为 62.68%；这 7 个城市女性总人口数为 2758.10 万人，占长三角核心区女性总人口的比重为 62.73%，均超过总人口的半数。台州市、宁波市、泰州市和无锡市等 4 个城市与平均水平最接近。

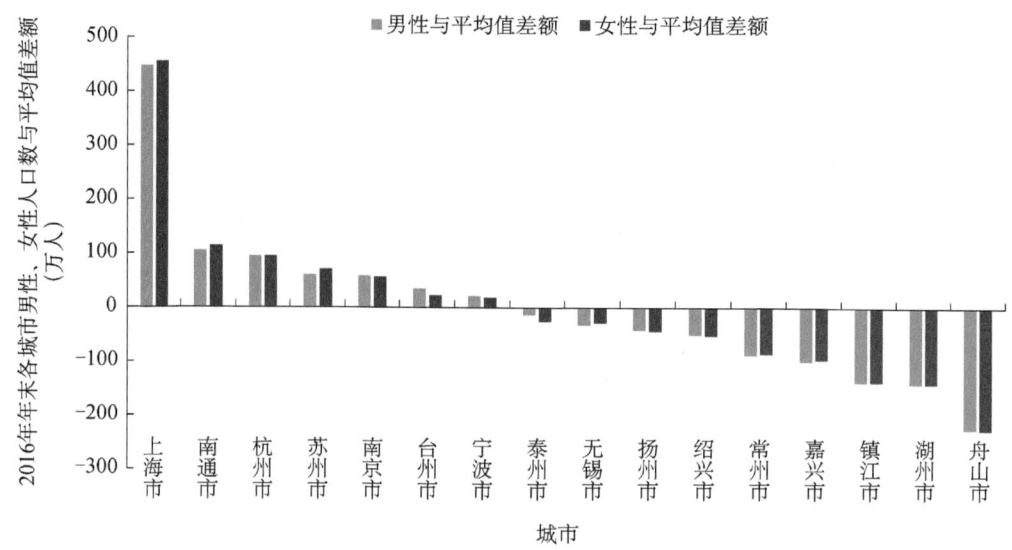

图1-5 2016年长三角核心区16个城市年末男性、女性人口数与平均值比较

由图1-6可以看出，2003～2016年16个城市男性、女性人口基本都存在增长情况，只有南通市男性、女性人口均有下降，镇江市与舟山市男性人口出现下降。总体上各城市都是女性人口增长更多或者减少更少，且上海市、杭州市、南京市的女性人口增长比男性人口增长更显著，超出额均接近20万。

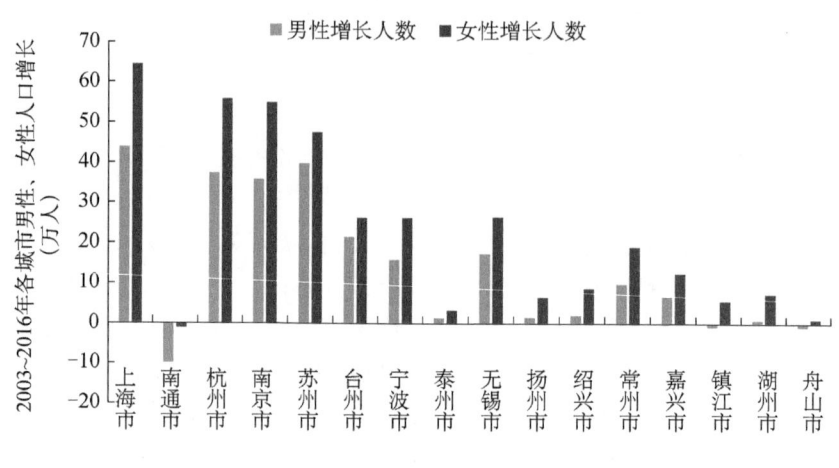

图1-6 2003～2016年长三角核心区16个城市男性、女性人口增长情况

表 1-4 显示了 2003~2016 年长三角核心区 16 个城市男性、女性人口年均增长情况。2003 年以来，长三角核心区城市男性人口由 2003 年的 4127.80 万人增长至 2016 年的 4349.95 万人，年均增长率为 0.40%；女性人口由 2003 年的 4033.17 万人增长至 2016 年的 4396.60 万人，年均增长率 0.67%。总体上，女性人口年均增速比男性要快。各城市女性人口年均增长率也均高于男性人口年均增长率。各城市男性人口年均增长率均低于 1%，且镇江市、舟山市、南通市均呈现负增长，南通市的负增长最为显著。男性人口年均增长率方面，苏州市、南京市、杭州市、无锡市、台州市位列前五；女性方面，南京市、杭州市、苏州市、无锡市、常州市位列前五，且南京市、杭州市、苏州市年均增长率均超过 1%，只有南通市呈现负增长。从总人口年均增长率来看，所有城市均是女性年均增长率比总人口年均增长率高，男性年均增长率比总人口年均增长率低。

表 1-4　2003~2016 年长三角核心区 16 个城市男性、女性人口年均增长情况　（单位：%）

城市	男性人口年均增长率	女性人口年均增长率	总人口年均增长率
苏州市	0.98	1.14	1.06
南京市	0.88	1.40	1.14
杭州市	0.83	1.27	1.05
台州市	0.56	0.72	0.64
无锡市	0.58	0.88	0.73
上海市	0.49	0.71	0.60
宁波市	0.43	0.71	0.57
常州市	0.42	0.81	0.61
嘉兴市	0.31	0.55	0.43
绍兴市	0.07	0.30	0.19
扬州市	0.05	0.22	0.14
泰州市	0.04	0.10	0.07
湖州市	0.05	0.43	0.24
镇江市	-0.04	0.32	0.14
舟山市	-0.12	0.15	0.02
南通市	-0.20	-0.02	-0.11
总计	0.40	0.67	0.53

图 1-7 显示了 2003 年和 2016 年长三角核心区 16 个城市男性、女性人口所占比例。从图中可以看出，2003~2016 年长三角核心区 16 个城市，男性人口所占比例均下降，女性比例均上升。在 2003 年，长三角核心区除苏州市、南通市、嘉兴市外，其

余城市均是男性比例更高,且台州市、南京市、泰州市、杭州市男女比例悬殊,而嘉兴市男女比例差异最小,南通市、舟山市次之。到 2016 年,这一情况发生了很大变化。除台州市和泰州市外,其余城市均是女性比例更高,且台州市、泰州市、苏州市、嘉兴市和南通市男女比例悬殊,而扬州市、绍兴市和南京市男女比例差异都非常小。13 年来南京市男女比例差异缩小最多,而嘉兴市则从男女比例差异最小的城市变为男女比例差异非常大的城市。

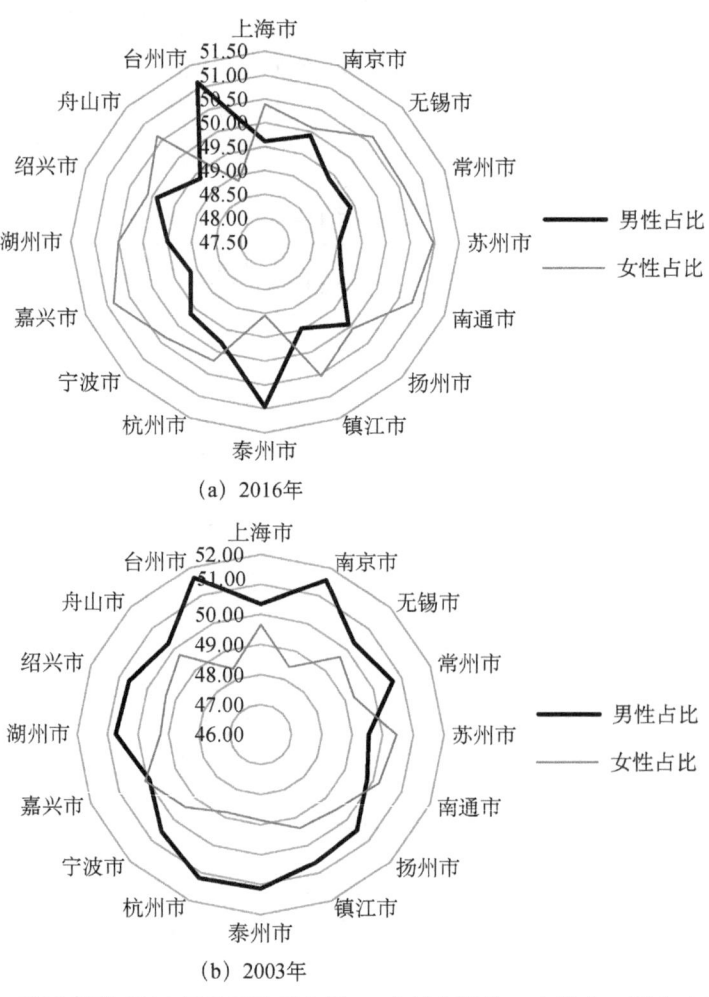

图 1-7　2003 年和 2016 年长三角核心区 16 个城市男性、女性人口所占比例情况

图中数字表示人口所占比例,单位为%

在人口学上,性别比(或称性比例)是关于社会或国家男女人口数量的一种比率,基本上以每 100 位女性所对应的男性数目为计算标准,可以体现人口结构。表 1-5 显示了 2003 年和 2016 年长三角核心区 16 个城市男女比情况。由表 1-5 可以看出,2003 年男女比总体偏大,且南京市、台州市男女比均达到了 1.06 以上,而杭州市、泰州市也非常接近 1.05,除嘉兴市、南通市、苏州市外,其余城市均在 1 以上。2016 年大部分城市男女比下降到 1 以下,只有台州市与泰州市仍达到 1 以上的水平,男性人口仍比女性多。台州市男女比最高,接近 1.05,苏州市男女比最低。南京市、杭州市、常州市、湖州市、镇江市男女比下降幅度位列前五,泰州市男女比变化最小。

表 1-5 2003 年和 2016 年长三角核心区 16 个城市男女比情况

城市	2016 年男女比	2003 年男女比	2003 年与 2016 年男女比差异
南京市	0.9968	1.0649	−0.0681
杭州市	0.9917	1.0488	−0.0570
常州市	0.9765	1.0279	−0.0515
湖州市	0.9800	1.0297	−0.0498
镇江市	0.9788	1.0257	−0.0469
无锡市	0.9750	1.0133	−0.0383
宁波市	0.9860	1.0228	−0.0369
舟山市	0.9750	1.0107	−0.0357
嘉兴市	0.9664	0.9971	−0.0307
绍兴市	0.9960	1.0265	−0.0305
上海市	0.9845	1.0138	−0.0292
南通市	0.9690	0.9918	−0.0228
台州市	1.0457	1.0679	−0.0222
扬州市	0.9975	1.0195	−0.0221
苏州市	0.9620	0.9819	−0.0199
泰州市	1.0390	1.0467	−0.0077

由表 1-6 可以看出,江苏省与浙江省无论哪一年均是 15~64 岁人口占比最大,0~14 岁组次之,65 岁及以上组占比最小;上海市则是 15~64 岁人口占比最大,65 岁及以上组占比次之,0~14 岁组占比最小。由此可见,上海市的老龄化程度较江苏省和

浙江省要严重一些，但上海市的老年抚养比在 2010 年与 2015 年比江苏省要小。从 2015 年总抚养比与少儿抚养比来看，上海市的压力最小，而江苏省压力最大，浙江省的压力居中。

表1-6 2005年、2010年、2015年上海市、江苏省、浙江省各年龄段人口比例情况

（单位：%）

	上海市			江苏省			浙江省		
	2005年	2010年	2015年	2005年	2010年	2015年	2005年	2010年	2015年
0～14岁占比	9.00	8.61	9.34	15.53	13.01	13.56	15.90	13.21	12.91
15～64岁占比	79.04	81.26	77.84	73.60	76.11	73.75	73.52	77.45	75.82
65岁及以上占比	11.96	10.13	12.82	10.87	10.88	12.69	10.58	9.34	11.27
少儿抚养比	11.39	10.60	12.00	21.10	17.09	18.39	21.63	17.06	17.03
老年抚养比	15.13	12.40	16.47	14.77	14.30	17.20	14.39	12.06	14.86
总抚养比	26.52	23.06	28.47	35.87	31.39	35.59	36.02	29.12	31.89

注：原数据中2005与2015年为1%抽样数据，为方便比较只取比例。2010年为全国人口普查数据，本表为江苏省与浙江省全省数据，而非江苏地区与浙江地区的部分城市数据。

1.3 由人口变化看趋势

出生人口指在一定时期内（通常为一年）一定地区的出生人数，死亡人口指在一定时期内（通常为一年）一定地区的死亡人数。通过这些数据我们可以得到人口自然增长数，即在一定时期内（通常为一年）人口自然增加数（出生人数减死亡人数），这可以反映出人口的变化趋势。

从表1-7可以看出2016年长三角核心区15个城市年末出生总人口为8 219 982人，死亡总人口为561 901人。其中上海市出生总人口为130 700人，占长三角核心区的15.90%，死亡人口为123 500人，占长三角核心区的21.98%。15个城市中，上海市总出生人口与总死亡人口均列第一位，同时也是15个城市中唯一的出生与死亡人数均在10万人以上的城市。舟山市总出生人数6515人，总死亡人数6631人，列最后一位，同时舟山市也是15个城市中唯一的出生与死亡人数均在万人以下的城市。上海

市、杭州市、南京市、苏州市、台州市等5个城市出生人口总数排名前五,而死亡人数排名前五的分别是上海市、南通市、苏州市、南京市、泰州市,除上海市之外均为江苏地区的城市。

表1-7 2016年长三角核心区15个城市出生人口与死亡人口情况

	城市	出生人口		死亡人口	
		人数(人)	占比(%)	人数(人)	占比(%)
	上海市	130 700	15.90	123 500	21.98
江苏地区	南京市	80 332	9.80	37 156	6.61
	无锡市	44 836	5.47	31 253	5.56
	常州市	36 984	4.51	22 573	4.02
	苏州市	75 303	9.18	42 685	7.6
	南通市	57 103	6.96	59 429	10.58
	扬州市	40 003	4.88	31 112	5.54
	泰州市	46 600	5.68	36 700	6.53
浙江地区	杭州市	90 896	11.09	35 614	6.34
	宁波市	51 100	6.23	34 349	6.11
	嘉兴市	34 390	4.20	22 817	4.06
	湖州市	24 675	3.01	16 974	3.02
	绍兴市	38 469	4.69	26 989	4.8
	舟山市	6 515	0.79	6 631	1.18
	台州市	62 076	7.57	34 119	6.07
	总计	8 219 982	100.00	561 901	100.00

注:镇江市2010年后缺失出生人口与死亡人口数据,故未列入表中

从图1-8可以看出2016年大部分城市人口出生率维持在10‰以下,其中台州市人口出生率略高于10‰,为10.37‰;杭州市人口出生率12.46‰,超过12‰,列16个城市中第一位;另一个超过12‰的城市为以12.21‰位列第二的南京市;舟山市人口出生率6.69‰,出生率为16个城市中最低,同时舟山市也是唯一的出生率在7‰以下的城市。大部分城市出生率维持在7‰~10‰。与2003年比较可以看出,大部分城市人口出生率均有上升,只有台州市出现了下降,而绍兴市与舟山市变化非常小,基本维持不变。南京市、上海市、杭州市、苏州市等城市人口出生率上升较大。

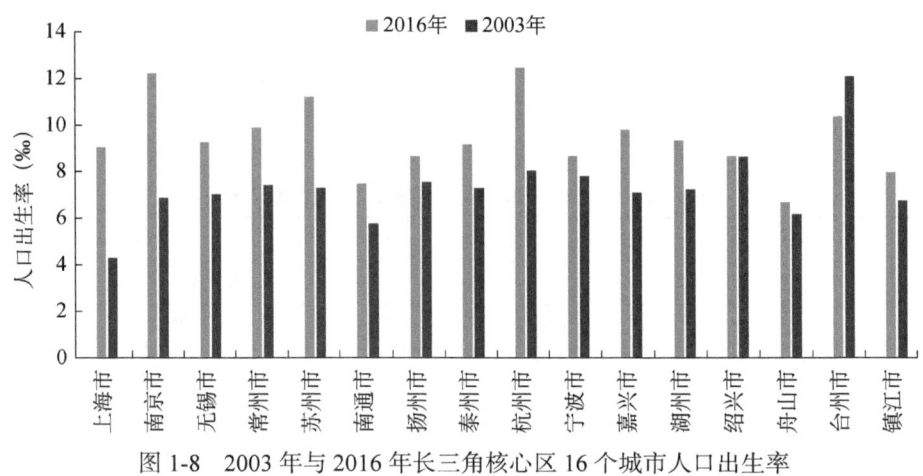

图 1-8　2003 年与 2016 年长三角核心区 16 个城市人口出生率

从图 1-9 可以看出，2016 年大部分城市人口死亡率维持在 5‰～7‰，其中南通市、泰州市人口死亡率略高于 7‰，分别为 7.75‰、7.23‰；舟山市死亡率为 6.96‰，逼近 7‰关口；上海市人口死亡率为 8.54‰，位列 16 个城市中第一，上海市是唯一的死亡率超过 8‰的城市；杭州市人口死亡率 4.88‰，死亡率为 16 个城市中最低，杭州市是唯一的人口死亡率低于 5‰的城市。与 2003 年比较可以看出，只有 6 个城市人口死亡率有所上升，而南京市、苏州市、杭州市、湖州市、绍兴市等城市有明显的下降，其余城市基本维持不变。人口死亡率总体要低于出生率，这可能与经济进步和医疗发展有密切关系。

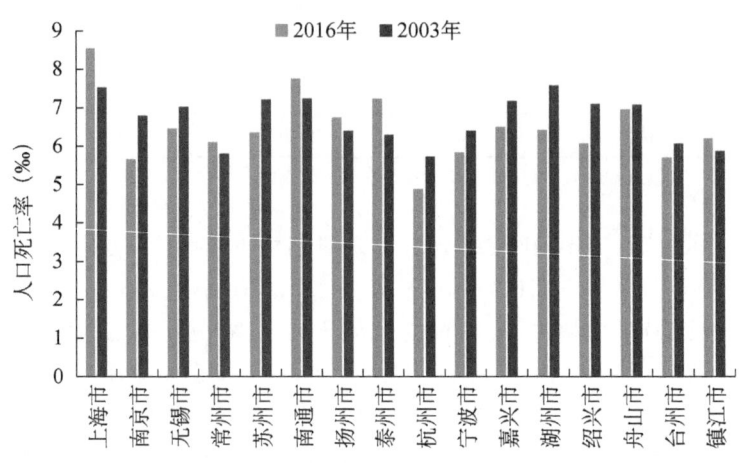

图 1-9　2003 年与 2016 年长三角核心区 16 个城市人口死亡率

1 人 口

从图1-10可以看出，2016年大部分城市人口自然增长率都低于6‰，杭州市人口自然增长率最高，为7.58‰，杭州市也是唯一的人口自然增长率超过7‰的城市；南京市次之，为6.56‰。人口自然增长率前两名都是省会城市，第三名苏州市则不是省会城市。2016年共有两个负增长的城市，分别是南通市与舟山市，其中南通市人口自然增长率为-0.3‰，为倒数第一。在2003年除了上述两个城市外，上海市、湖州市和嘉兴市的自然增长率也为负值。2003年台州市人口自然增长率最高，上海市最低。与2003年比较可以看出，只有台州市人口自然增长率出现了下降，其余城市人口出生率均有所增加，其中南京市、苏州市和杭州市的增加尤为显著。而舟山市与南通市无论是2003年还是2016年人口自然增长率都非常低，台州市则都相对较高。

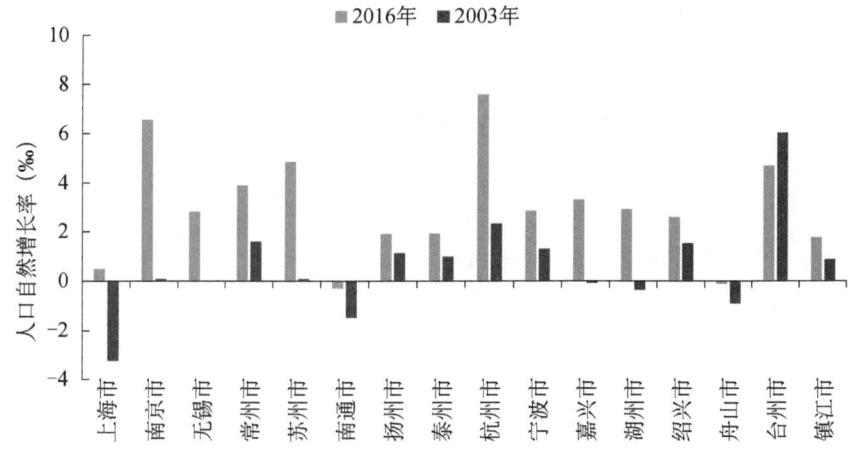

图1-10　2003年与2016年长三角核心区16个城市人口自然增长率情况

表1-8显示了2003～2016年长三角核心区16个城市人口出生率情况。

表1-8　2003～2016年长三角核心区16个城市人口出生率情况　　（单位：‰）

	城市	2003年	2004年	2005年	2006年	2007年	2008年	2009年	2010年
	上海市	4.28	6.00	6.08	5.95	7.34	6.98	6.62	7.13
江苏地区	南京市	6.87	7.73	7.69	7.33	8.40	8.11	7.87	9.07
	无锡市	7.02	7.77	7.36	6.70	7.26	7.05	6.99	7.83
	常州市	7.40	8.10	8.30	8.00	7.70	7.10	7.30	7.80
	苏州市	7.28	7.98	8.04	7.57	7.83	7.62	7.86	9.19
	南通市	5.76	6.56	6.38	6.35	6.08	5.99	6.24	7.00

续表

	城市	2003年	2004年	2005年	2006年	2007年	2008年	2009年	2010年
江苏地区	扬州市	7.53	8.93	10.19	6.92	8.07	7.58	7.18	7.72
	泰州市	7.28	7.63	7.70	8.84	8.28	7.78	8.52	9.18
	镇江市	6.75	7.64	8.04	7.81	7.42	7.45	6.95	7.86
浙江地区	杭州市	8.04	9.26	8.72	8.71	9.01	9.09	9.18	10.14
	宁波市	7.80	8.93	8.15	7.47	8.33	8.15	7.92	8.53
	嘉兴市	7.10	7.50	7.03	6.82	6.65	6.49	6.79	7.80
	湖州市	7.22	8.12	7.40	7.44	7.54	7.40	7.45	7.87
	绍兴市	8.64	9.60	9.19	7.64	7.94	7.17	7.22	7.40
	舟山市	6.16	6.66	6.81	6.25	7.02	6.96	6.49	6.76
	台州市	12.08	13.71	13.37	13.09	11.95	11.42	11.58	12.54

	城市	2011年	2012年	2013年	2014年	2015年	2016年	2003~2016年年均增长率(%)
	上海市	7.17	8.51	7.62	8.64	7.35	9.04	5.92
江苏地区	南京市	9.19	10.29	9.98	11.04	10.35	12.21	4.52
	无锡市	7.65	9.10	8.78	10.38	8.47	9.27	2.16
	常州市	8.00	9.50	9.20	10.30	9.60	9.90	2.26
	苏州市	9.18	10.56	10.36	11.69	9.92	11.20	3.37
	南通市	6.80	7.40	7.10	7.50	7.60	7.45	2.00
	扬州市	7.87	8.79	8.74	8.91	8.95	8.66	1.08
	泰州市	9.76	9.44	9.26	9.57	9.20	9.17	1.79
	镇江市	7.98	8.65	8.98	8.93	8.61	7.97	1.29
浙江地区	杭州市	10.16	11.08	10.07	12.62	9.81	12.46	3.43
	宁波市	8.01	8.66	8.53	9.69	8.31	8.68	0.83
	嘉兴市	7.27	8.70	8.18	9.98	8.13	9.80	2.51
	湖州市	7.96	9.24	8.98	10.61	7.67	9.34	2.00
	绍兴市	7.25	8.00	7.58	9.50	7.28	8.67	0.03
	舟山市	6.45	7.86	6.81	7.70	6.15	6.69	0.64
	台州市	11.20	12.79	10.75	11.07	11.95	10.37	-1.17

由表1-8可以看出2003~2016年几乎所有城市的人口出生率均有所上升，只有台

州市出现了下降,由 2003 年的 12.08‰ 下降为 2016 年的 10.37‰,年均增长率为 -1.17%;上海市的人口出生率由 2003 年的 4.28‰ 增长至 2016 年的 9.04‰,增长了 1 倍之多,其年均增长率最高,达到了 5.92%,上海市也成为唯一的年均增长率超过 5% 的城市;南京市年均增长率为 4.52%,位列第二;杭州市和苏州市分别以 3.43%、3.37% 的年均增长率位列第三和第四。其余城市人口出生率的年均增长率均低于 3%。整体来看,浙江地区的出生率年均增长率低于江苏地区水平。

由图 1-11 可以看出,主要城市人口出生率基本呈现一种曲折上升的趋势,只有台州市波动下降,且在 2013 年之前,其人口出生率显著高于其余各城市。台州市人口出生率出现 4 次下降的拐点分别在 2004 年、2010 年、2012 年和 2015 年,到 2016 年下降至最低点。杭州市则总体上一直处于上升趋势,只有 2005 年、2013 年与 2015 年出现了下降,在 2013~2016 年出现了较为剧烈的波动,并在 2016 年反弹到超过 12‰ 的水平。上海市、南京市与苏州市 3 个城市变化趋势相似,其中上海市的人口出生率水平一直位于 5 个城市中的最后一位,在 2007 年上海市与其他城市差距最小,之后差距逐渐扩大。

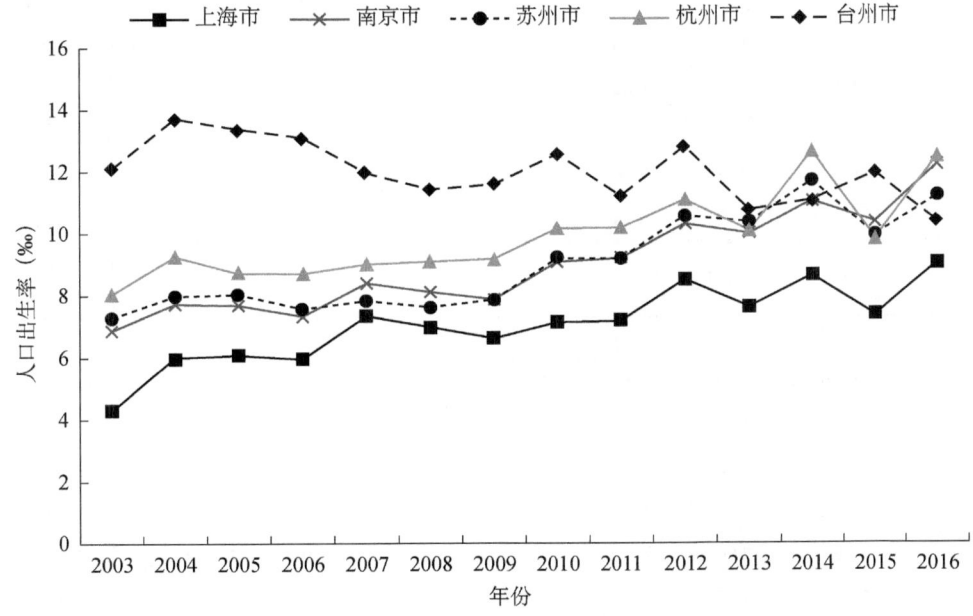

图 1-11　2003~2016 年长三角核心区主要城市人口出生率变化情况

注:本图城市选择标准在于上海市为直辖市、南京市与杭州市为省会城市,需包含在内,此外江苏地区中在其他城市差异不大的情况下,苏州市是南京的重要比照对象,而台州是所有城市中唯一的年均增长率为负的城市,具有代表性

表1-9显示了2003~2016年长三角核心区16个城市人口死亡率情况。

表1-9 2003~2016年长三角核心区16个城市人口死亡率情况　　（单位：‰）

	城市	2003年	2004年	2005年	2006年	2007年	2008年	2009年	2010年
	上海市	7.52	7.16	7.54	7.19	7.44	7.73	7.64	7.73
江苏地区	南京市	6.79	5.44	5.35	5.15	5.56	5.60	5.69	7.85
	无锡市	7.02	6.82	6.69	6.97	6.58	7.05	6.74	7.13
	常州市	5.80	7.00	6.20	6.10	6.70	6.90	7.70	8.50
	苏州市	7.20	6.86	6.86	6.39	6.53	6.66	6.56	6.75
	南通市	7.23	7.58	7.46	7.16	7.77	7.59	7.75	7.88
	扬州市	6.40	8.43	6.39	5.55	8.92	6.39	8.86	9.35
	泰州市	6.29	7.67	6.12	7.03	11.04	5.79	6.47	11.11
	镇江市	5.87	8.35	5.95	6.16	7.64	8.31	6.15	7.79
浙江地区	杭州市	5.73	5.27	5.39	5.86	5.65	6.32	5.76	6.73
	宁波市	6.40	6.64	6.06	5.62	6.00	5.97	6.02	6.19
	嘉兴市	7.17	6.69	7.15	6.70	6.83	6.94	6.91	7.14
	湖州市	7.58	6.62	6.54	6.88	6.85	7.22	7.29	7.78
	绍兴市	7.10	6.49	7.22	6.68	6.75	6.96	7.45	7.12
	舟山市	7.08	6.39	7.01	6.84	6.81	7.81	7.52	7.96
	台州市	6.07	5.94	6.24	5.78	5.76	6.03	6.01	6.32

	城市	2011年	2012年	2013年	2014年	2015年	2016年	2003~2016年年均增长率（%）
	上海市	7.85	8.25	8.16	8.32	8.62	8.54	0.98
江苏地区	南京市	5.50	6.88	5.77	5.84	6.21	5.65	-1.40
	无锡市	6.70	7.12	6.80	6.90	7.05	6.46	-0.64
	常州市	6.10	7.90	7.80	6.80	7.00	6.10	0.39
	苏州市	6.56	6.98	6.84	6.72	6.88	6.35	-0.96
	南通市	7.70	8.90	8.00	8.10	9.00	7.75	0.54
	扬州市	7.62	10.15	7.07	6.65	7.15	6.74	0.40
	泰州市	6.85	12.05	7.81	8.47	8.36	7.23	1.08
	镇江市	6.48	10.55	7.76	7.15	7.05	6.20	0.42

续表

	城市	2011年	2012年	2013年	2014年	2015年	2016年	2003~2016年年均增长率(%)
浙江地区	杭州市	5.52	7.13	5.34	5.68	5.60	4.88	−1.23
	宁波市	6.05	6.57	6.15	6.10	6.47	5.83	−0.71
	嘉兴市	6.94	7.31	6.94	6.84	7.24	6.50	−0.75
	湖州市	6.79	9.39	6.78	7.16	7.27	6.42	−1.27
	绍兴市	6.83	7.23	6.90	6.87	6.85	6.08	−1.19
	舟山市	7.14	7.98	7.04	7.30	7.51	6.96	−0.13
	台州市	5.95	6.15	5.83	5.98	6.12	5.70	−0.48

由表1-9可以看出，2003~2016年大部分城市的死亡率均有所下降，其中南京市的下降速度最快，从2003年的6.79‰下降到2016年的5.65‰，死亡率年均下降1.40%。除南京市外，死亡率年均下降速度高于1%的城市还有湖州市、杭州市和绍兴市。泰州市的年均增长率最高，为1.08%，由2003年的6.29‰上升到2016年的7.23‰，这也是唯一的年均增长率超过1%的城市。上海市死亡率年均增长率仅次于泰州市，为0.98%，其余城市人口死亡率的年均增长率均处于−1%~1%。浙江地区的7个城市死亡率均出现下降，而江苏地区的8个城市除南京市、无锡市与苏州市外，死亡率均出现了上升。

由图1-12可以看出，主要城市人口死亡率基本呈现一种曲折下降的趋势，只有上海市缓慢上升，且在2016年，其人口死亡率高于其余各城市。除南京市外，其他城市人口死亡率都在2012年达到了最高点，而南京市则在2010年达到最高点。泰州市的人口死亡率波动剧烈，在2007年、2010年和2012年分别出现3次高点，之后又下降，且在2016年虽然已经降至7.23‰，但仍然高于其2003年的水平。湖州市、南京市、杭州市3个城市变化趋势相似，其中湖州市的死亡率水平基本上一直高于南京市与杭州市。上海市的死亡率变化趋势比较平稳，无剧烈波动。

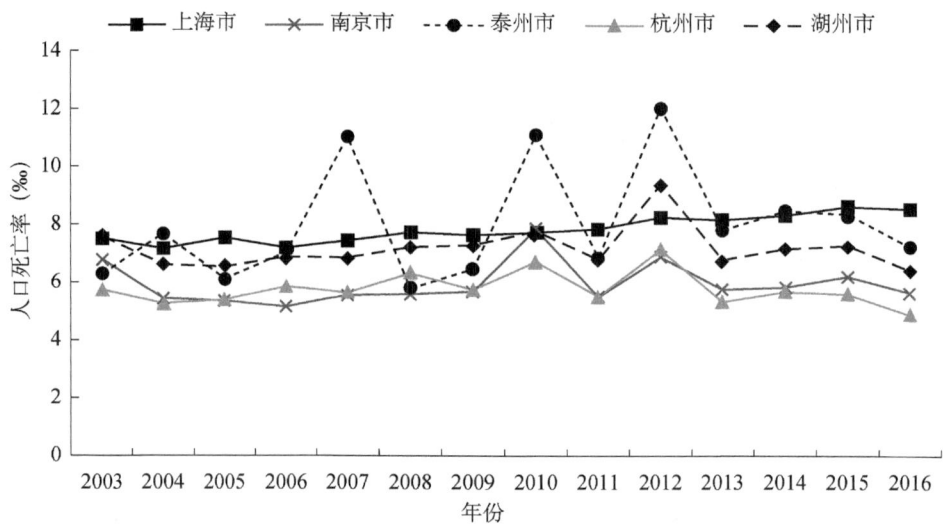

图 1-12 2003~2016 年长三角核心区主要城市人口死亡率变化情况

注：本图主要城市选择标准在于上海市为直辖市、南京市与杭州市为省会城市，需包含在内，此外江苏地区的泰州市的人口死亡率出现非常明显的起伏波动，而浙江地区的湖州市首先年均增长率为负，且年均增长率最小，具有特殊性。

表 1-10 显示了 2003~2016 年长三角核心区 16 个城市人口自然增长率情况。

表 1-10 2003~2016 年长三角核心区 16 个城市人口自然增长率情况　　（单位：‰）

	城市	2003年	2004年	2005年	2006年	2007年	2008年	2009年	2010年
	上海市	-3.24	-1.16	-1.46	-1.24	-0.10	-0.75	-1.02	-0.60
	南京市	0.08	2.29	2.34	2.18	2.84	2.51	2.18	1.22
	无锡市	0.00	0.95	0.67	-0.27	0.68	0.00	0.25	0.70
	常州市	1.60	1.10	2.10	1.90	1.00	0.20	-0.40	-0.70
江苏地区	苏州市	0.08	1.12	1.18	1.18	1.30	0.96	1.30	2.44
	南通市	-1.47	-1.02	-1.08	-0.81	-1.69	-1.60	-1.51	-0.88
	扬州市	1.13	0.50	3.81	1.37	-0.85	1.19	-1.68	-1.63
	泰州市	0.99	-0.04	1.58	1.81	-2.76	2.00	2.05	-1.92
	镇江市	0.88	-0.71	2.09	1.65	-0.22	-0.86	0.80	0.07
	杭州市	2.31	3.99	3.33	2.85	3.36	2.77	3.42	3.41
浙江地区	宁波市	1.30	2.29	2.08	1.86	2.33	2.18	1.90	2.34
	嘉兴市	-0.07	0.81	-0.12	0.12	-0.18	-0.45	-0.12	0.67
	湖州市	-0.36	1.49	0.86	0.56	0.69	0.19	0.16	0.09

续表

	城市	2003年	2004年	2005年	2006年	2007年	2008年	2009年	2010年
浙江地区	绍兴市	1.54	3.11	1.97	0.96	1.19	0.21	-0.23	0.28
	舟山市	-0.92	0.27	-0.20	-0.59	0.21	-0.85	-1.03	-1.21
	台州市	6.01	7.77	7.13	7.31	6.19	5.39	5.57	6.22

	城市	2011年	2012年	2013年	2014年	2015年	2016年	2003~2016年年均增长率（%）
	上海市	-0.68	0.26	-0.54	0.32	-1.27	0.50	101.11
江苏地区	南京市	3.68	3.41	4.21	5.20	4.14	6.56	40.35
	无锡市	0.95	1.99	1.98	3.48	1.42	2.81	—
	常州市	1.90	1.60	1.40	3.50	2.70	3.90	7.09
	苏州市	2.62	3.58	3.52	4.97	3.04	4.85	37.13
	南通市	-0.90	-1.50	-0.90	-0.60	-1.40	-0.30	98.24
	扬州市	0.25	-1.36	1.67	2.26	1.80	1.92	4.16
	泰州市	2.91	-2.61	1.45	1.10	0.84	1.94	5.31
	镇江市	1.49	-1.90	1.23	1.78	1.56	1.77	5.52
浙江地区	杭州市	4.64	3.95	4.73	6.94	4.21	7.58	9.57
	宁波市	1.96	2.10	2.38	3.59	1.84	2.85	6.22
	嘉兴市	0.34	1.39	1.23	3.14	0.89	3.30	134.72
	湖州市	1.17	-0.15	2.20	3.45	0.41	2.91	118.50
	绍兴市	0.42	0.77	0.68	2.64	0.43	2.59	4.08
	舟山市	-0.70	-0.12	-0.23	0.40	-1.35	-0.12	98.93
	台州市	5.25	6.64	4.92	5.09	5.83	4.67	-1.92

注：本表年均增长率指标由国家及地方统计局公布的相关统计数据计算所得，其中年均增长率计算公式为 $\sqrt[2016-2003]{2016人口数/2003人口数}-1$，但基期增长率为负值时年均增长率计算公式为 $\sqrt[2016-2003]{1-(2016人口数/2003人口数)}$。无锡市2003年人口自然增长率为0，年均增长率无法运用公式计算，故未显示

由表1-10可以看出，2003~2016年几乎所有城市的人口自然增长率均有所上升，只有台州市出现了下降，由2003年的6.01‰下降为2016年的4.67‰，年均增长率为-1.92%。这与其人口出生率有所下降有一定关系。上海市、嘉兴市和湖州市等城市则实现了由2003年的负自然增长率到2016年正自然增长率的变化。舟山市与南通市的人口自然增长率虽有所提升，但仍为负值，也只有这两个城市在2016年人口仍然负增长。其余城市中，南京市和苏州市的人口自然增长率年均增长率比较高。

图1-13显示了2003~2016年长三角核心区主要城市人口自然增长率变化情况。

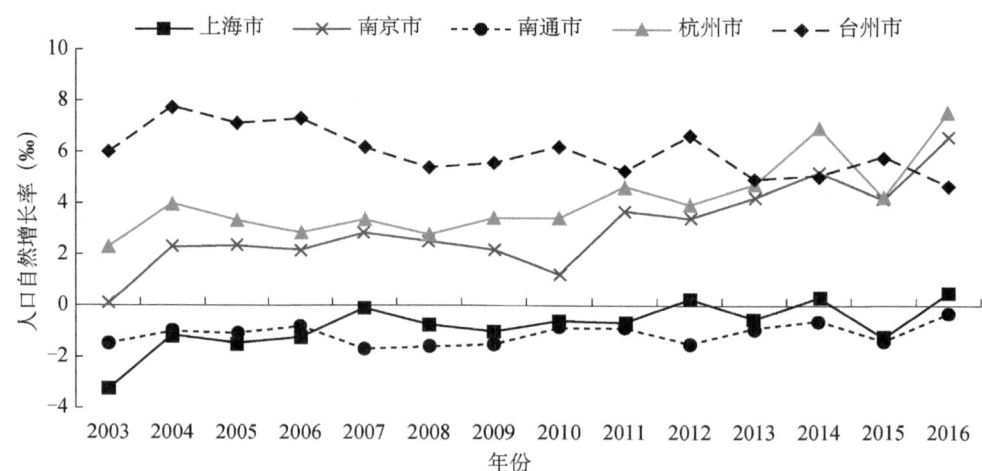

图1-13 2003~2016年长三角核心区主要城市人口自然增长率变化情况

注：本图主要城市选择标准在于上海市为直辖市、南京市与杭州市为省会城市，需包含在内，此外江苏地区的南通市人口自然增长率一直为负，台州市则是唯一的人口自然增长率下降的城市，具有特殊性

由图1-13可以看出，主要城市人口死亡率基本呈现一种曲折上升的趋势，只有台州市波折下降。2013年之前，台州市人口自然增长率虽然呈现下降趋势，但仍是5个城市中最高的；2013年后即使台州市人口自然增长率呈现反弹趋势，但已被杭州市和南京市反超。2016年，杭州市人口自然增长率成为各城市中的最高值。南京市与杭州市变动趋势类似，但南京市一直低于杭州市水平。上海市与南通市的人口自然增长率都处于比较低的水平。南通市人口自然增长率一直为负值，虽然略有上升但波动非常平缓，且南通市人口自然增长率在2006年前一直高于上海市，2006年后被反超。上海市在2012年前一直为负值，2012年上升至0.26‰，此后年份正负交替出现，在2016年实现了0.5‰的人口自然增长。

1.4 地区教育、婚姻情况比较[①]

教育情况选取了文盲、未上过学、小学、初中、高中、大学专科及以上6个类别的数据，除了文盲类别以外，其他类别都计算了该类别的人数占6岁及以上人口的比

---

① 本节因缺乏城市数据，故使用了人口普查和抽样调查的省份数据作分析。

例，文盲类别计算了其人数占 15 岁以上人口的比例（表 1-11）。另外，教育情况还选取了男女教育比例差这一指标，即男性教育比例与女性教育比例之差。婚姻情况选取了未婚、有配偶、离婚及丧偶四类，并分别计算了其占总人口的比例。

表 1-11 上海市、江苏省、浙江省人口教育占比情况　　　　　（单位：%）

	地区	文盲（占15岁及以上人口比例）			未上过学（占6岁及以上人口比例）			小学（占6岁及以上人口比例）		
		小计	男	女	小计	男	女	小计	男	女
2005年	上海市	5.24	1.88	8.61	5.50	2.05	8.98	15.86	14.47	17.26
	江苏省	10.02	4.36	15.24	10.23	4.60	15.59	28.78	27.41	30.08
	浙江省	11.95	6.09	17.88	11.72	6.17	17.40	35.84	35.90	35.78
	地区	文盲（占15岁及以上人口比例）			未上过学（占6六岁及以上人口比例）			小学（占6岁及以上人口比例）		
		小计	男	女	小计	男	女	小计	男	女
2010年	上海市	3.00	1.12	4.99	3.15	1.28	5.12	14.13	12.52	15.84
	江苏省	4.36	1.85	6.85	4.65	2.14	7.18	25.68	22.30	29.07
	浙江省	6.47	3.28	9.80	6.55	3.49	9.77	30.47	29.05	31.97
	地区	文盲（占15岁及以上人口比例）			未上过学（占6岁及以上人口比例）			小学（占6岁及以上人口比例）		
		小计	男	女	小计	男	女	小计	男	女
2015年	上海市	3.12	1.28	5.12	3.31	1.45	5.33	13.08	11.76	14.51
	江苏省	5.40	2.34	8.48	5.60	2.58	8.69	23.28	20.91	25.71
	浙江省	5.87	2.90	9.02	6.53	3.49	9.78	29.57	27.96	31.30
	地区	初中（占6岁及以上人口比例）			高中（占6岁及以上人口比例）			大学专科及以上（占6岁及以上人口比例）		
		小计	男	女	小计	男	女	小计	男	女
2005年	上海市	35.87	37.66	34.08	24.92	26.14	23.69	17.84	19.68	15.99
	江苏省	39.45	42.64	36.42	14.74	17.16	12.44	6.80	8.20	5.48
	浙江省	34.87	38.18	31.49	12.14	13.59	10.67	5.42	6.16	4.67
	地区	初中（占6岁及以上人口比例）			高中（占6岁及以上人口比例）			大学专科及以上（占6岁及以上人口比例）		
		小计	男	女	小计	男	女	小计	男	女
2010年	上海市	38.06	39.84	36.19	21.84	22.53	21.11	22.82	23.83	21.75
	江苏省	41.05	43.38	38.71	17.14	19.46	14.80	11.48	12.72	10.24
	浙江省	38.77	41.50	35.90	14.34	15.70	12.92	9.86	10.26	9.45

续表

地区	初中（占6岁及以上人口比例）			高中（占6岁及以上人口比例）			大学专科及以上（占6岁及以上人口比例）		
	小计	男	女	小计	男	女	小计	男	女
2015年									
上海市	33.82	35.58	31.92	21.09	22.24	19.85	28.70	28.97	28.39
江苏省	36.60	38.71	34.44	18.10	20.64	15.51	16.42	17.17	15.65
浙江省	35.07	37.80	32.16	14.17	15.57	12.68	14.66	15.19	14.10

注：①原数据中2005与2015年为1%抽样数据，为方便比较只取比例。2010年为全国人口普查数据，所以本表为江苏省与浙江省全省数据，而非江苏地区与浙江地区的部分城市数据。下同。②教育、婚姻数据在人口统计年鉴中并不齐全，由于各省统计口径不同，所以使用全国人口普查数据，其中包括各省统一口径的教育婚姻数据。但全国人口普查每十年进行一次，所以补充2005年与2015年的1%人口抽样调查数据，这一调查每五年进行一次

由表1-11可以看出，无论哪一年，上海市的文盲、未上过学、小学的比例始终是3个地区中最低的，而高中与大学专科及以上的比例始终是3个地区最高的。总体来看，上海市人民的受教育程度要高于江苏省与浙江省。浙江省的文盲、未上过学、小学的比例始终是3个地区中最高的，而高中与大学专科及以上的比例始终最低。总体来看，浙江省人口的受教育程度在3个地区中排在最后一位。不管哪一地区还是哪一年，文盲、未上过学、小学这三者女性比例基本上都高于男性比例，而高中、大学专科及以上人口中男性比例全部高于女性比例，可以看出接受高等教育的男性更多，而更多女性基本只接受到初中教育。从3个年份的数据来看，3个地区基本上都是接受初中教育比例最高，上海市接受高中教育、大学专科及以上教育比例次之，而江苏省和浙江省基本是小学比例次之，高中比例第三。

表1-12显示了2005年、2010年、2015年上海市、江苏省和浙江省男女教育比例差情况。

表1-12 2005年、2010年、2015年上海市、江苏省和浙江省男女教育比例差情况

（单位：%）

2005年	文盲	未上过学	小学	初中	高中	大学专科及以上
上海市	-6.73	-6.93	-2.79	3.58	2.45	3.69
江苏省	-10.88	-10.99	-2.67	6.22	4.72	2.72
浙江省	-11.79	-11.23	0.12	6.69	2.92	1.49
2010年	文盲	未上过学	小学	初中	高中	大学专科及以上
上海市	-3.87	-3.84	-3.32	3.65	1.42	2.08
江苏省	-5.00	-5.04	-6.77	4.67	4.66	2.48
浙江省	-6.52	-6.28	-2.92	5.60	2.78	0.81

续表

2015年	文盲	未上过学	小学	初中	高中	大学专科及以上
上海市	-3.84	-3.88	-2.75	3.66	2.39	0.58
江苏省	-6.14	-6.11	-4.80	4.27	5.13	1.52
浙江省	-6.12	-6.29	-3.34	5.64	2.89	1.09

由表1-12可以看出，与2005年相比，2015年基本上3个地区在各种教育程度上的男女比例差均有所下降。文盲程度上浙江省比例差下降最多；江苏省在小学教育程度上比例差出现上升的情况，浙江省的小学教育程度上由男性比例高转变为女性占多数；上海市在初中教育程度上出现了比例差轻微增长的情况；在大学专科及以上程度，上海市比例差下降最大，达到了1%以下的水平，浙江省虽然2015年比例差比江苏省要小，但其在2010年曾下降到1%以下的水平，在2015又出现了反弹。

表1-13显示了2005年、2010年、2015年上海市、江苏省和浙江省人口婚姻状态占比情况。

表1-13　2005年、2010年、2015年上海市、江苏省和浙江省人口婚姻状态占比情况

	地区	未婚			有配偶			离婚			丧偶		
		小计	男	女	小计	男	女	小计	男	女	小计	男	女
2005年	上海市	21.41	23.81	18.99	72.21	72.30	72.13	1.75	1.75	1.74	4.63	2.14	7.14
	江苏省	15.90	18.61	13.39	77.07	76.79	77.33	0.85	1.05	0.66	6.18	3.55	8.62
	浙江省	17.40	20.79	13.96	75.94	74.99	76.91	1.00	1.25	0.74	5.66	2.97	8.39
	地区	未婚			有配偶			离婚			丧偶		
		小计	男	女	小计	男	女	小计	男	女	小计	男	女
2010年	上海市	21.40	23.63	19.09	72.30	72.55	72.03	2.00	1.86	2.15	4.30	1.96	6.73
	江苏省	19.08	21.70	16.54	73.93	73.67	74.17	1.12	1.29	0.96	5.87	3.34	8.33
	浙江省	19.30	22.33	16.16	74.37	73.74	75.02	1.31	1.46	1.15	5.02	2.47	7.67
	地区	未婚			有配偶			离婚			丧偶		
		小计	男	女	小计	男	女	小计	男	女	小计	男	女
2015年	上海市	17.03	19.17	14.72	76.29	76.74	75.80	2.15	1.97	2.34	4.53	2.12	7.14
	江苏省	16.56	19.42	13.68	76.45	75.77	77.14	1.44	1.67	1.21	5.55	3.14	7.97
	浙江省	17.45	20.99	13.68	75.77	74.63	76.98	1.67	1.86	1.48	5.11	2.52	7.86

由表1-13可以看出，上海市未婚人口占比在2005年、2010年最高，但在2015年被浙江省反超，江苏省未婚人口占比最低。而且不管哪一地区哪一年，男性未婚人口占比始终比女性未婚人口占比更高。在男女两性之间，浙江省男女未婚人口比例差异相对较大，接近7%；上海市男女未婚人口比例差异较小，也有约4%；江苏省在两者之间，差异为5%～6%。各地区有配偶人口比例始终稳定维持在70%～80%，且男女占比相当，差异不大。离婚人口占比随时间推移在各地区都出现增长。其中，上海市在各调查年份离婚人数占比始终是3个地区最高的，并在2010年突破2%的比例。各地区丧偶人口比例则都出现了小幅的下降，其中各地区男性丧偶人口比例都显著低于女性丧偶人口比例。在各调查年份，上海市人口丧偶比例最低，江苏省人口丧偶比例最高。

图1-14显示了2005年、2010年、2015年上海市、江苏省和浙江省总人口婚姻占比情况。

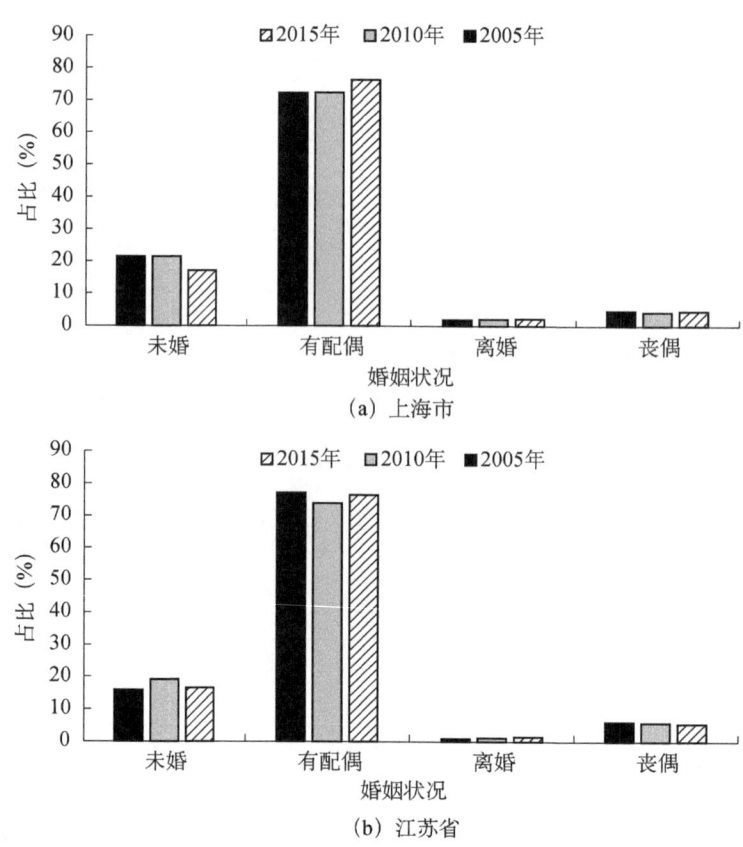

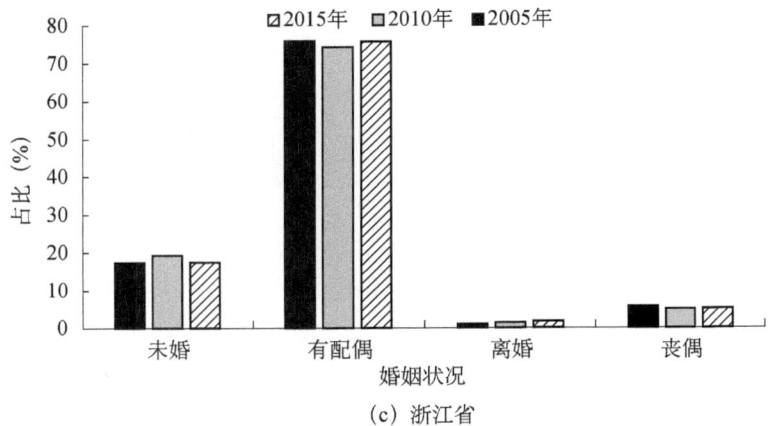

(c)浙江省

图 1-14　2005 年、2010 年、2015 年上海市、江苏省和浙江省总人口婚姻占比情况

由图 1-14 可以看出，上海市未婚人口占比在 2005 年与 2010 年基本持平，在 2015 年出现显著下降；江苏省与浙江省则是在 2010 年出现占比上升的情况，2015 年又出现下降，且 2015 年未婚人口占比都略高于 2005 年。有配偶的人口占比也有类似情况，即上海市 2005 年与 2010 年持平，2015 年出现上升；江苏省与浙江省则是在 2010 年出现下降，2015 年又反弹，但仍略低于 2005 年水平。离婚人口占比则是 3 个地区均略有上升，但变化不大。江苏省丧偶人口占比略有下降，上海市与浙江省则是 2010 年下降，2015 年反弹，但仍低于 2005 年水平。

2 劳动力和工资

2.1 就业情况

就业人口是指年满 16 周岁，从事一定的社会劳动或经营活动、并取得劳动报酬或经营收入的人口。中国的就业人口包括在城乡全民所有制、集体所有制和个体所有制就业的全部人口。靠非法活动，如非法卖淫、聚众赌博、封建迷信赚取报酬，或仅从事家务劳动和义务劳动、并无收入的人口均不计入就业人口。这一指标反映了一定时期内全部劳动力资源的实际利用情况，是反映我国劳动力市场基本状况的重要指标之一。

表 2-1 显示了 2003～2016 年 16 个城市就业人口的总量情况。

表 2-1 2003～2016 年长三角核心区 16 城市就业人口情况　（单位：万人）

	城市	2003 年	2004 年	2005 年	2006 年	2007 年	2008 年	2009 年
	上海市	813.05	836.87	863.32	885.51	909.08	1053.24	1064.42
江苏地区	南京市	280.68	283.94	316.69	327.41	367.81	380.37	407.7
	常州市	199.74	217.42	222.31	225.81	233.18	242.71	251.56
	南通市	430.87	432.69	444.40	449.45	457.23	454.90	460.52
	苏州市	346.19	358.82	393.72	429.46	483.4	495.53	518.66
	泰州市	242.29	243.70	254.58	255.88	265.65	281.09	283.81
	无锡市	260.08	274.67	289.20	307.90	325.23	350.02	364.31
	扬州市	224.71	228.33	236.45	243.89	259.27	273.40	286.13
	镇江市	139.83	145.05	148.46	153.18	157.00	165.39	173.11
浙江地区	杭州市	450.59	477.62	481.10	512.21	533.09	569.16	597.47
	湖州市	163.87	166.06	168.28	170.54	172.83	175.15	177.52
	嘉兴市	200.20	255.15	266.76	274.5	288.8	298.84	308.07
	宁波市	386.20	395.50	415.10	429.80	437.80	439.90	443.90
	绍兴市	284.66	285.23	284.83	293.72	300.88	315.37	328.99
	台州市	358.87	364.13	368.67	370.21	373.14	375.57	378.55
	舟山市	55.24	54.29	55.72	55.84	60.05	63.23	65.95

续表

	城市	2010年	2011年	2012年	2013年	2014年	2015年	2016年
	上海市	1090.76	1104.33	1115.5	1137.35	1365.63	1361.51	1365.24
江苏地区	南京市	441.70	446.80	451.80	452.40	453.00	455.00	456.00
	常州市	272.00	277.72	280.99	280.90	281.00	281.00	281.40
	南通市	474.00	473.00	468.90	467.2	462.00	460.00	458.00
	苏州市	554.15	691.00	694.30	695.20	693.40	691.40	691.30
	泰州市	284.30	284.70	284.40	284.20	285.00	281.30	278.10
	无锡市	382.30	386.00	389.10	389.20	389.50	390.00	387.00
	扬州市	269.30	265.90	265.80	265.70	265.60	264.50	263.40
	镇江市	189.30	190.26	191.95	192.10	192.70	193.10	194.30
浙江地区	杭州市	626.33	637.77	644.43	650.51	654.92	663.03	676.95
	湖州市	179.92	180.14	180.32	180.9	182.97	184.48	187.11
	嘉兴市	317.60	327.13	327.70	327.70	332.29	328.91	329.73
	宁波市	476.51	493.83	501.58	503.36	511.50	509.50	520.00
	绍兴市	341.81	343.28	343.90	344.39	345.67	346.80	348.07
	台州市	367.56	380.81	389.26	397.15	402.15	403.32	404.36
	舟山市	66.65	68.99	72.90	72.65	74.32	74.50	74.70

注：南京市和扬州市2003~2016年的数据来源于《江苏统计年鉴》的分地区就业人口，2010年之前的数据来自《江苏统计年鉴》的市县经济

2.1.1 从数字看形势

2016年长三角核心区16个城市总就业人口为6915.66万人。其中，上海市就业人口为1365.24万人，占长三角核心区总就业人口的19.74%；江苏地区为3009.50万人，占43.52%；浙江地区为2540.92万人，占36.74%（表2-2）。在长三角核心区的16个城市中，上海市就业人数列第一位，舟山市以74.70万人列最后一位。

表2-2 长三角核心区16个城市就业人口总额及增长情况

	城市	就业人口（2016年）		就业人口（2003年）		2016年比2003年增长倍数（倍）	2003~2016年年均增长率（%）
		总数（万人）	占比（%）	总数（万人）	占比（%）		
	上海市	1365.24	19.74	813.05	16.81	0.68	4.07
江苏地区	南京市	456.00	6.59	280.68	5.80	0.62	3.80
	常州市	281.40	4.07	199.74	4.13	0.41	2.67

续表

城市		就业人数（2016年）		就业人数（2003年）		2016年比2003年增长倍数（倍）	2003～2016年年均增长率（%）
		总数（万人）	占比（%）	总数（万人）	占比（%）		
江苏地区	南通市	458.00	6.62	430.87	8.91	0.06	0.47
	苏州市	691.30	10.00	346.19	7.16	1.00	5.46
	泰州市	278.10	4.02	242.29	5.01	0.15	1.07
	无锡市	387.00	5.60	260.08	5.38	0.49	3.10
	扬州市	263.40	3.81	224.71	4.65	0.17	1.23
	镇江市	194.30	2.81	139.83	2.89	0.39	2.56
浙江地区	杭州市	676.95	9.79	450.59	9.31	0.50	3.18
	湖州市	187.11	2.70	163.87	3.39	0.14	1.03
	嘉兴市	329.73	4.77	200.20	4.14	0.65	3.91
	宁波市	520.00	7.52	386.20	7.98	0.35	2.31
	绍兴市	348.07	5.03	284.66	5.88	0.22	1.56
	台州市	404.36	5.85	358.87	7.42	0.13	0.92
	舟山市	74.70	1.08	55.24	1.14	0.35	2.35
长三角核心区	上海市	1365.24	19.74	813.05	16.81	0.68	4.07
	江苏地区	3009.50	43.52	2124.39	43.92	0.42	2.72
	浙江地区	2540.92	36.74	1899.63	39.27	0.34	2.26
	总计	6915.66	100.00	4837.07	100.00	0.43	2.79

注：本表中"占比"和"增长"数据由作者根据国家和地方统计局公布的统计年鉴数据计算而成

图2-1显示了2003年、2010年、2016年长三角核心区16个城市就业人口情况。各城市的就业人口都稳定增长，未出现下滑的城市。上海市、苏州市、杭州市、宁波市、南通市、南京市等6个城市就业人数列前六位。

2 劳动力和工资

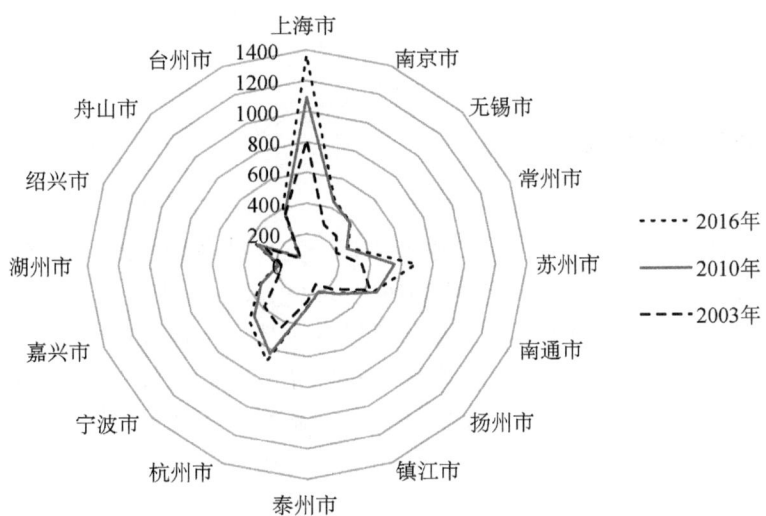

图 2-1　2003 年、2010 年、2016 年长三角核心区 16 个城市就业人口情况
图中数字表示就业人口，单位为万人

16 个城市平均就业人口为 432.23 万人。根据图 2-2 可以发现，上海市、江苏地区的南京市、苏州市、南通市和浙江地区的杭州市和宁波市等 6 个城市位于平均水平以上，其余 10 个城市低于平均水平，而高于平均水平的 6 个城市的就业人口占长三角核心区就业人口总数的 60.26%。

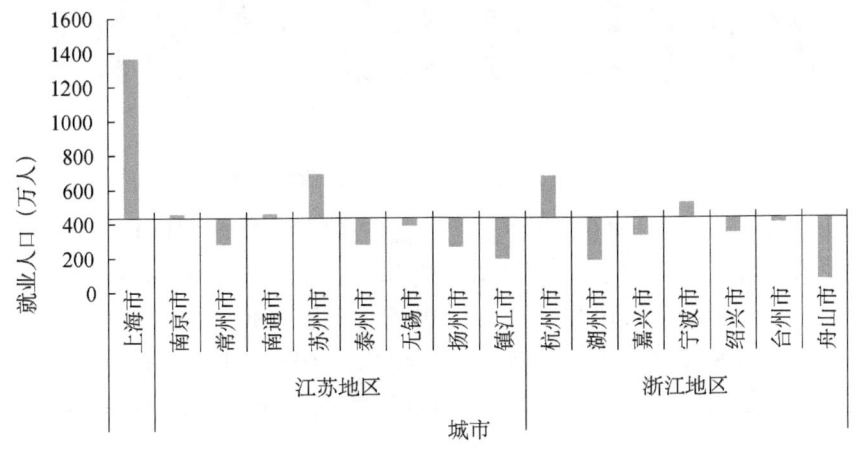

图 2-2　2016 年长三角核心区 16 个城市就业人口与平均值比较

2.1.2 从增速看发展

从 2003 年开始,长三角核心区的就业人口一直保持着较快的增长势头,总就业人口由 2003 年的 4837.07 万人,增长到 2016 年的 6915.66 万人,增长了 0.43 倍,年均增长 2.79%。根据 2003~2016 年长三角核心区 3 个地区就业人口情况,上海市增长了 0.68 倍,年均增长 4.07%;江苏地区增长了 0.42 倍,年均增长 2.72%;浙江地区增长了 0.34 倍,年均增长 2.26%。上海市的增长最为显著,其次为江苏地区,最后是浙江地区,见图 2-3。

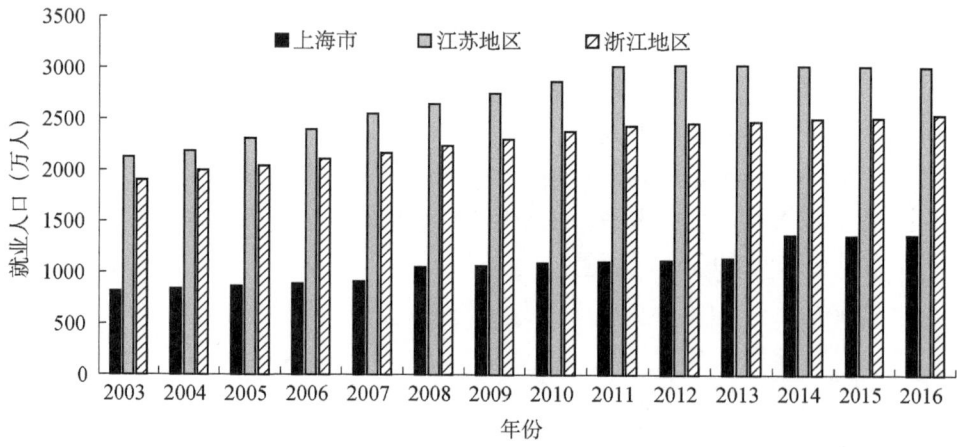

图 2-3　2003~2016 年上海市、江苏地区、浙江地区就业人口情况

从速度上看,长三角地区都维持着比较稳定的增长速度。其中,上海市的就业人口增量稳居长三角首位。但 2003~2016 年有起伏,近几年增速显著放缓。其同比增长率在 2014 年达到最高的 20.07%,在 2015 年最低,为-0.30%。江苏地区和浙江地区每年的就业人口增长率呈缓慢下行趋势,江苏地区在 2013 年就业人口增长率转负。2016 年,上海市、江苏地区、浙江地区就业人口同比增长率分别为 0.27%、-0.23%、1.21%(图 2-4)。

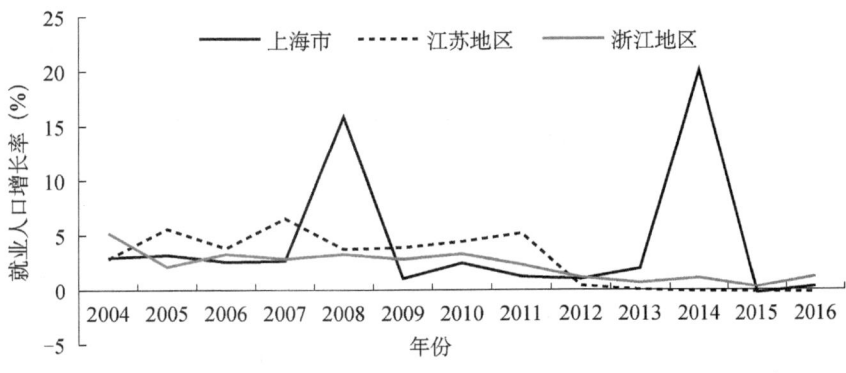

图 2-4 2004～2016 年上海市、江苏地区、浙江地区就业人口增长率

2.1.3 从构成看特征

经济社会发展是在一定的资源约束条件下进行的，持续的就业人口增长是促进区域经济发展的重要途径。长三角核心区 16 个城市的就业人口存量不同，单纯的总数往往不能全面地反映各个城市就业的特征。通过就业人口占常住人口的比重来进一步审视就业状况。

表 2-3 显示，2016 年长三角核心区各城市在就业人口及占常住人口的比重这一指标上存在显著的差异。其中，杭州市就业人口占常住人口的比重最高，为 73.68%；南京市这一指标最低，只有 55.14%。

表 2-3 2016 年长三角核心区 16 个城市就业人口及占常住人口的比重

	城市	就业人口（万人）	常住人口（万人）	就业人口占常住人口的比重（%）
	上海市	1365.24	2419.70	56.42
江苏地区	南京市	456.00	827.00	55.14
	无锡市	387.00	652.90	59.27
	常州市	281.40	470.83	59.77
	苏州市	691.30	1064.74	64.93
	南通市	458.00	730.20	62.72
	扬州市	263.40	449.14	58.65
	镇江市	194.30	318.13	61.08
	泰州市	278.10	464.58	59.86

续表

	城市	就业人口（万人）	常住人口（万人）	就业人口占常住人口的比重（%）
浙江地区	杭州市	676.95	918.80	73.68
	宁波市	520.00	787.50	66.03
	嘉兴市	329.73	461.40	71.46
	湖州市	187.11	297.50	62.89
	绍兴市	348.07	498.80	69.78
	舟山市	74.70	115.80	64.51
	台州市	404.36	608.00	66.51

2.2 第一产业就业情况

第一产业就业人口是指年满16周岁，在农林牧渔业（不包含相关的服务业）从事一定的社会劳动或经营活动、并取得劳动报酬或经营收入的人口。

表2-4显示了2003～2016年长三角核心区16个城市第一产业就业人口的总量及变动情况。

表2-4　2003～2016年长三角核心区16个城市第一产业就业人口情况　（单位：万人）

	城市	2003年	2004年	2005年	2006年	2007年	2008年	2009年
	上海市	73.7	67.3	61.0	55.3	53.7	49.4	48.5
江苏地区	南京市	51.5	44.9	42.6	37.4	45.2	45.8	45.8
	常州市	38.8	34.6	30.0	27.3	25.9	24.8	24.4
	南通市	172.1	158.5	133.9	108.2	97.4	90.5	84.8
	苏州市	55.0	48.6	43.4	35.9	33.6	32.1	29.5
	泰州市	78.9	73.4	69.4	64.6	66.4	66.8	66.9
	无锡市	39.3	35.1	34.2	30.2	28.3	25.7	18.8
	扬州市	58.0	53.0	50.2	47.4	45.0	42.7	39.7
	镇江市	38.9	36.8	35.4	32.6	30.4	31.9	31.9

续表

	城市	2003年	2004年	2005年	2006年	2007年	2008年	2009年
浙江地区	杭州市	102.3	92.1	91.6	86.9	83.9	80.3	80.2
	湖州市	54.4	51.8	49.1	46.0	43.2	40.5	36.8
	嘉兴市	49.3	44.2	42.4	41.5	39.5	36.9	36.5
	宁波市	88.1	79.5	76.4	70.8	67.5	64.5	69.4
	绍兴市	80.2	75.3	64.5	56.0	52.7	52.7	52.2
	台州市	122.3	106.2	103.8	101.4	88.6	83.8	78.1
	舟山市	19.4	15.5	13.9	12.8	11.7	11.1	10.9

	城市	2010年	2011年	2012年	2013年	2014年	2015年	2016年
	上海市	37.1	37.3	45.7	46.4	44.8	46	45.5
江苏地区	南京市	48.5	48.2	49.1	48.5	47.4	46.7	46.0
	常州市	23.7	22.3	21.8	31.5	30.8	30.7	30.0
	南通市	125.5	121.7	114.5	107.3	101.7	97.2	96.0
	苏州市	27.8	25.6	25.3	25.1	24.5	23.8	23.5
	泰州市	76.9	74.8	72.8	70.8	69.2	63.2	60.1
	无锡市	18.6	18.4	18.2	18.1	17.8	17.6	17.1
	扬州市	55.6	53.4	52.6	51.9	50.7	48.2	46.2
	镇江市	25.5	25.6	24.4	24.2	23.6	22.9	22.2
浙江地区	杭州市	75.7	72.2	70.4	70.1	66.4	67.0	66.2
	湖州市	34.8	30.4	25.8	25.0	23.3	22.9	22.0
	嘉兴市	35.0	33.5	32.5	31.7	31.2	30.3	28.5
	宁波市	32.2	32.5	29.7	28.9	19.4	19.0	18.2
	绍兴市	51.5	51.5	51.4	51.3	46.3	45.8	45.7
	台州市	75.3	75.6	75.5	74.8	73.6	71.7	70.5
	舟山市	10.9	10.9	10.5	10.8	10.5	10.5	10.5

注：限于数据可得性，本表数据只具体到小数点后一位

2.2.1 从数字看形势

2016年长三角核心区16个城市第一产业就业人口648.2万人。其中，上海市为45.5万人，占三角核心区7.02%；江苏地区为341.1万人，占52.63%；浙江地区为261.6

万人，占 40.35%，见表 2-5。16 个城市中，南通市以 96.0 万人列第一位，舟山市以 10.5 万人列最后一位。

表 2-5 长三角核心区 16 个城市第一产业就业人口及增长情况

城市		第一产业就业人口（2003 年）		第一产业就业人口（2016 年）		2016 年比 2003 年增长倍数（倍）	2003～2016 年年均增长率（%）
		总数（万人）	占比（%）	总数（万人）	占比（%）		
	上海市	73.7	6.57	45.5	7.02	-0.38	-3.64
江苏地区	南京市	51.5	4.59	46.0	7.10	-0.11	-0.87
	常州市	38.8	3.46	30.0	4.63	-0.23	-1.96
	南通市	172.1	15.33	96.0	14.81	-0.44	-4.39
	苏州市	55.0	4.90	23.5	3.63	-0.57	-6.33
	泰州市	78.9	7.03	60.1	9.27	-0.24	-2.07
	无锡市	39.3	3.50	17.1	2.64	-0.56	-6.20
	扬州市	58.0	5.17	46.2	7.13	-0.20	-1.73
	镇江市	38.9	3.47	22.2	3.42	-0.43	-4.22
浙江地区	杭州市	102.3	9.11	66.2	10.21	-0.35	-3.29
	湖州市	54.4	4.85	22.0	3.39	-0.60	-6.73
	嘉兴市	49.3	4.39	28.5	4.40	-0.42	-4.13
	宁波市	88.1	7.85	18.2	2.81	-0.79	-11.42
	绍兴市	80.2	7.15	45.7	7.05	-0.43	-4.23
	台州市	122.3	10.90	70.5	10.87	-0.42	-4.15
	舟山市	19.4	1.73	10.5	1.62	-0.46	-4.61
长三角核心区	上海市	73.7	6.57	45.5	7.02	-0.38	-3.64
	江苏地区	532.5	47.45	341.1	52.63	-0.36	-3.37
	浙江地区	516.0	45.98	261.6	40.35	-0.49	-5.09
	总计	1122.2	100.00	648.2	100.00	-0.42	-4.13

注：限于数据可得性，本表就业人口数据只具体到小数点后一位；本表中"占比"和"增长"数据由作者根据国家和地方统计局公布的统计年鉴数据计算而成

图 2-5 为 2003 年、2010 年、2016 年长三角核心区 16 个城市第一产业就业人口情况。图中显示各城市的第一产业就业人口都处于萎缩趋势，萎缩幅度最大的前三位分别是宁波市、湖州市和苏州市。

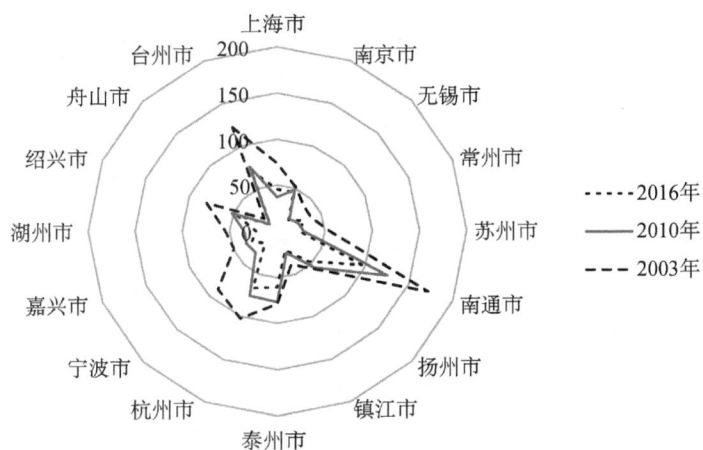

图 2-5　2003 年、2010 年、2016 年长三角核心区 16 个城市第一产业就业人口情况
图中数字表示第一产业就业人口，单位为万人

2016 年 16 个城市第一产业平均就业人口为 40.51 万人。其中，上海市、江苏地区的南京市、南通市、扬州市、泰州市和浙江地区的杭州市、绍兴市、台州市等 8 个城市位于平均水平以上，其余 8 个市低于平均水平，见图 2-6。高于平均水平的 8 个城市的第一产业就业人口占长三角核心区第一产业就业人口总数的 73.47%。

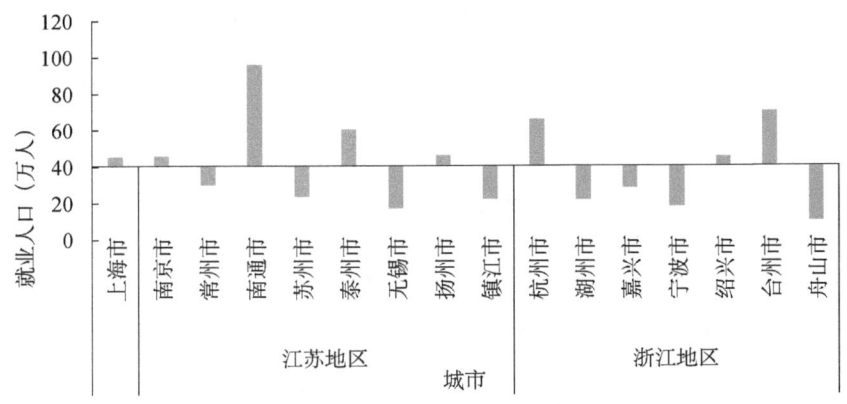

图 2-6　2016 年长三角核心区 16 个城市第一产业就业人口与平均值比较

2.2.2　从增速看发展

自 2003 年起，长三角核心区的第一产业就业人口保持下降趋势，总数由 2003

年的1122.2万人,下降到2016年的648.2万人,下降了42%,年均下降4.13%。其中,上海市下降了38%,年均下降3.64%;江苏地区下降了36%,年均下降3.37%;浙江地区下降了49%,年均下降5.09%。相比之下,浙江地区的下降幅度较大,见图2-7。

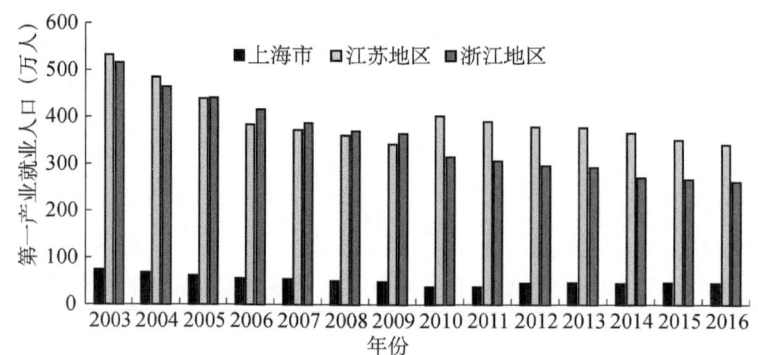

图2-7 2003~2016年上海市、江苏地区、浙江地区第一产业就业人口情况

2004~2016年长三角地区第一产业就业人口大体呈减少趋势,上海市、江苏地区和浙江地区就业人口增长率呈震荡趋势(图2-8)。

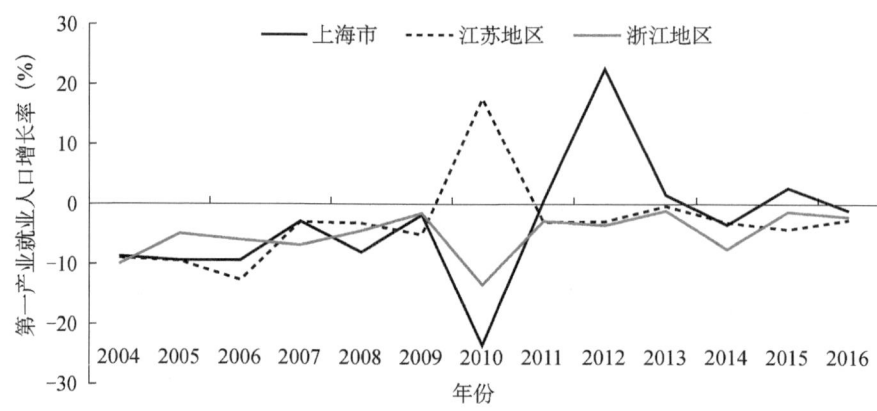

图2-8 2004~2016年上海市、江苏地区、浙江地区第一产业就业人口增长率

2.2.3 从构成看特征

经济社会发展是在一定的资源约束条件下进行的。长三角核心区16个城市的第

一产业就业人口存在不同，单纯的总数往往不能全面地反映就业特征。可通过第一产业就业人口占就业总人口的比重，从构成的角度来审视就业状况。第一产业就业人口比重可以反映该城市的城市化程度和产业结构特征。2016 年长三角地区各城市在第一产业就业人口比重指标上存在着一定的差异。泰州市第一产业就业人口比重最高，为 21.61%，而上海市比重最低，为 3.33%（表 2-6）。

表 2-6　2016 年长三角核心区 16 个城市第一产业就业人口及比重

	城市	第一产业就业人口（万人）	就业总人口（万人）	占就业总人口比重（%）
	上海市	45.5	1365.24	3.33
江苏地区	南京市	46.0	456.00	10.09
	无锡市	17.1	387.00	4.42
	常州市	30.0	281.40	10.66
	苏州市	23.5	691.30	3.40
	南通市	96.0	458.00	20.96
	扬州市	46.2	263.40	17.54
	镇江市	22.2	194.30	11.43
	泰州市	60.1	278.10	21.61
浙江地区	杭州市	66.2	676.95	9.77
	宁波市	18.2	520.00	3.49
	嘉兴市	28.5	329.73	8.66
	湖州市	22.0	187.11	11.75
	绍兴市	45.7	348.07	13.13
	舟山市	10.5	74.70	14.07
	台州市	70.5	404.36	17.43

如图 2-9 所示，2003～2016 年长三角核心区各个地区第一产业就业人口比重都呈现下降趋势，相比较而言，上海市第一产业就业人口比重一直小于江苏地区和浙江地区。2016 年，上海市、江苏地区、浙江地区第一产业就业人口比重分别为 3.33%、11.33%、10.29%。

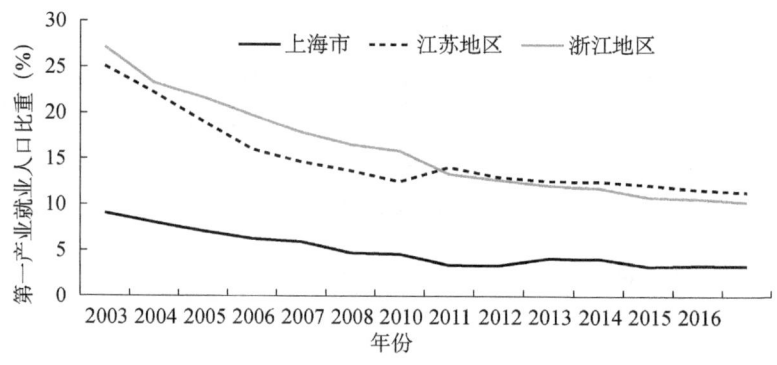

图 2-9　2003～2016 年上海市、江苏地区、浙江地区第一产业就业人口比重

2.3　第二产业就业情况

第二产业就业人口是指年满 16 周岁，在第二产业，即采矿业、制造业、建筑业，以及电力、热力、燃气及水生产和供应业从事一定的社会劳动或经营活动并取得劳动报酬或经营收入的人口。

表 2-7 显示了 2003～2016 年长三角 16 个城市第二产业就业人口的总量情况。

表 2-7　2003～2016 年长三角核心区 16 个城市第二产业就业人口情况　（单位：万人）

	城市	2003 年	2004 年	2005 年	2006 年	2007 年	2008 年	2009 年
	上海市	317.1	316.0	322.3	327.6	342.8	424.2	423.0
江苏地区	南京市	101.0	100.7	131.6	138.8	153.3	153.2	168.8
	常州市	98.9	114.5	118.7	123.5	129.7	136.2	140.9
	南通市	160.1	171.2	178.3	191.0	203.6	201.0	207.2
	苏州市	195.3	211.1	231.7	263.7	307.2	303.9	311.0
	泰州市	86.9	92.5	100.6	104.9	109.5	117.4	118.4
	无锡市	139.5	150.5	159.4	171.8	183.3	199.5	213.7
	扬州市	90.3	96.8	105.2	112.5	128.5	136.5	145.3
	镇江市	60.1	63.2	68.4	75.0	81.0	84.4	87.6

续表

	城市	2003年	2004年	2005年	2006年	2007年	2008年	2009年
	上海市	317.1	316.0	322.3	327.6	342.8	424.2	423.0
浙江地区	杭州市	182.4	229.5	222.2	234.7	245.3	263.5	278.0
	湖州市	69.0	71.7	74.7	77.6	80.7	83.4	85.7
	嘉兴市	100.4	98.1	144.5	166.6	180.6	177.4	187.0
	宁波市	198.4	201.4	213.2	224.2	228.8	232.6	239.1
	绍兴市	136.7	140.0	147.7	156.7	161.6	170.1	171.9
	台州市	127.4	136.9	140.1	142.5	152.8	157.3	162.1
	舟山市	18.3	18.7	20.3	21.2	25.2	26.5	28.0

	城市	2010年	2011年	2012年	2013年	2014年	2015年	2016年
	上海市	443.7	445.1	4400.0	446.1	476.9	459.7	448.0
江苏地区	南京市	151.1	150.0	151.1	150.2	149.9	148.6	148.0
	常州市	151.2	153.2	155.6	147.2	145.8	143.5	142.0
	南通市	211.1	212.8	214.1	216.6	216.0	214.5	213.0
	苏州市	330.1	427.1	427.1	425.9	419.8	414.5	412.0
	泰州市	117.6	119.1	119.3	119.4	119.3	1180.0	112.0
	无锡市	222.7	223.1	223.8	222.5	220.5	219.4	214.9
	扬州市	121.4	120.5	120.8	120.6	118.3	117.9	116.0
	镇江市	91.9	91.7	92.1	91.4	90.0	88.9	88.0
浙江地区	杭州市	286.3	289.1	290.0	291.5	287.0	271.9	257.6
	湖州市	88.9	90.9	92.0	92.4	94.3	94.7	95.7
	嘉兴市	193.4	196.9	197.8	194.2	193.4	270.7	182.0
	宁波市	266.4	273.7	275.3	274.1	273.2	271.9	271.0
	绍兴市	180.6	180.8	180.1	179.1	179.1	178.0	178.3
	台州市	160.3	165.8	170.6	175.2	178.6	180.2	181.5
	舟山市	26.5	26.4	25.3	30.8	30.3	30.2	30.0

注：限于数据可得性，本表数据只具体到小数点后一位。

2.3.1 从数字看形势

2016年长三角核心区第二产业就业人口3090.0万人。其中，上海市为448.0万人，占长三角核心区的 14.50%；江苏地区为 1445.9 万人，占 46.79%；浙江地区为 1196.1 万人，占 38.71%，见表 2-8。16 个城市中，上海市以 448.0 万人列第一位，舟山市以 30.0 万人列最后一位。江苏地区 8 个城市的第二产业的就业人口占长三角核心区比重接近一半，其中苏州市所占长三角核心区的比重最高，为 13.33%；在浙江地区最高的是杭州市和宁波市，占长三角核心区总比重分别为 8.34% 和 8.77%。

表 2-8 长三角核心区 16 个城市第二产业就业人口及增长情况

	城市	第二产业就业人口（2016年）		第二产业就业人口（2003年）		2016年比2003年增长倍数（倍）	2003~2016年年均增长率（%）
		总数（万人）	占比（%）	总数（万人）	占比（%）		
	上海市	448.0	14.50	317.1	15.23	0.41	2.69
江苏地区	南京市	148.0	4.79	101.0	4.85	0.47	2.98
	常州市	142.0	4.60	98.9	4.75	0.44	2.82
	南通市	213.0	6.89	160.1	7.69	0.33	2.22
	苏州市	412.0	13.33	195.3	9.38	1.11	5.91
	泰州市	112.0	3.63	86.9	4.17	0.29	1.97
	无锡市	214.9	6.95	139.5	6.70	0.54	3.38
	扬州市	116.0	3.75	90.3	4.34	0.28	1.95
	镇江市	88.0	2.85	60.1	2.89	0.46	2.98
浙江地区	杭州市	257.6	8.34	182.4	8.76	0.41	2.69
	湖州市	95.7	3.10	69.0	3.32	0.39	2.55
	嘉兴市	182.0	5.89	100.4	4.82	0.81	4.68
	宁波市	271.0	8.77	198.4	9.53	0.37	2.43
	绍兴市	178.3	5.77	136.7	6.57	0.30	2.07
	台州市	181.5	5.87	127.4	6.12	0.42	2.76
	舟山市	30.0	0.97	18.3	0.88	0.64	3.88
长三角核心区	上海市	448.0	14.50	317.1	15.23	0.41	2.69
	江苏地区	1445.9	46.79	932.1	44.78	0.55	3.43
	浙江地区	1196.1	38.71	832.6	39.99	0.44	2.83
	总计	3090.0	100.00	2081.8	100.00	0.48	3.08

注：本表中"占比"和"增长"数据由作者根据国家和地方统计局公布的统计年鉴数据计算而成

2 劳动力和工资

图 2-10 为 2003 年、2010 年、2016 年长三角核心区 16 个城市第二产业就业人口情况。图中显示各城市的第二产业就业人口总量均处于增长状况，未出现规模萎缩的城市。上海市、苏州市、宁波市、杭州市、无锡市、南通市等 6 城市列前六位。

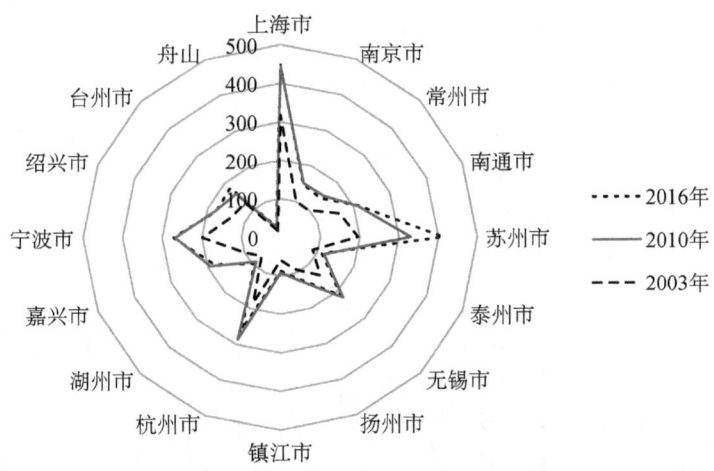

图 2-10 2003 年、2010 年、2016 年长三角核心区 16 个城市第二产业就业人口情况

图中数字表示第二产业就业人口，单位为万人

2016 年 16 个城市第二产业平均就业人口为 193.13 万人。其中，上海市、江苏地区的无锡市、苏州市、南通市和浙江地区的杭州市、宁波市等 6 个城市位于平均水平以上，其余 10 个城市低于平均水平，见图 2-11。高于平均水平的 6 个城市的第二产业就业人口占长三角核心区第二产业就业人口总数的 58.79%。

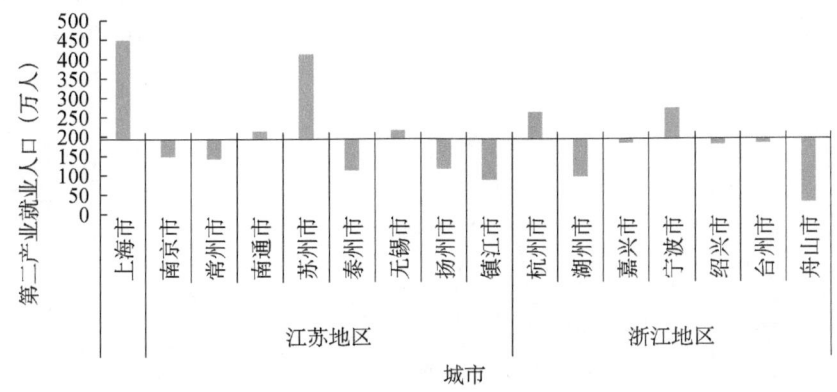

图 2-11 2016 年长三角核心区 16 个城市第二产业就业人口与平均值比较

45

2.3.2 从增速看发展

从 2003 年开始,长三角核心区的第二产业就业人口保持增长势头,总量由 2003 年的 2081.8 万人,增加到 2016 年的 3090.0 万人,增长 0.48 倍,年均增长 3.08%,但低于同期 GDP 的增长速度。其中,上海市增长了 0.41 倍,年均增长 2.69%;江苏地区增长 0.55 倍,年均增长 3.43%;浙江地区增长 0.44 倍,年均增长 2.83%,见表 2-8。相比较而言,江苏地区的增幅略高,见图 2-12。

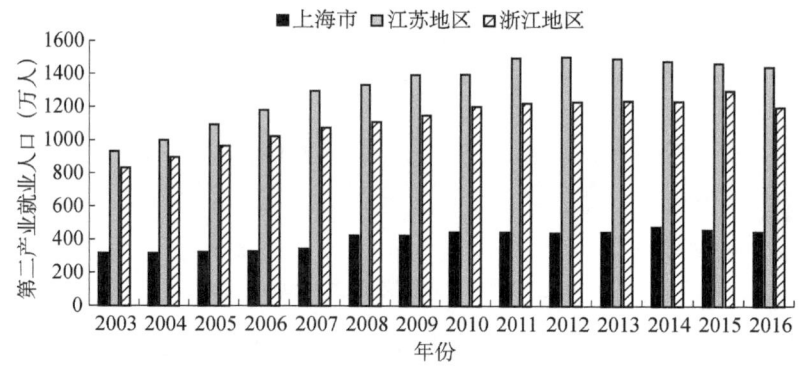

图 2-12　2003~2016 年上海市、江苏地区、浙江地区第二产业就业人口情况

2004~2016 年,上海市、江苏地区和浙江地区第二产业的就业人口增速总体趋缓,尤其是最近两年,增长率已经由正转负,显示第二产业就业人口数量有所下降。其中,上海的增长率波动较大,在 2008 年达到最大增长率 23.75%,而在 2015 年增长率为 -3.61%(图 2-13)。

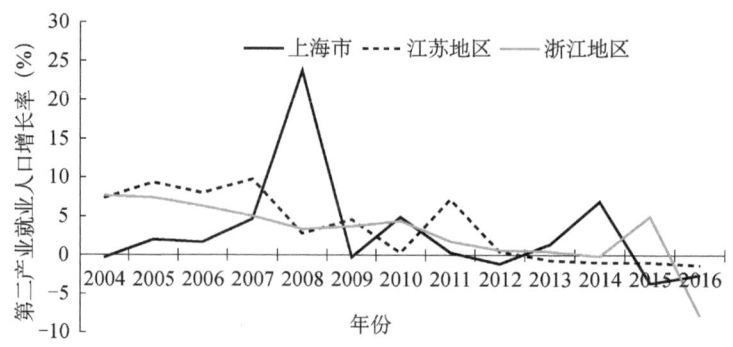

图 2-13　2004~2016 年上海市、江苏地区、浙江地区第二产业就业人口增长率

2.3.3 从构成看特征

经济社会发展是在一定的资源约束条件下进行的。长三角核心区 16 个城市的第二产业就业人口存在不同,单纯的总数往往不能全面地反映就业特征。可以通过第二产业就业人口占就业总人口的比重,从构成的角度来进一步审视就业状况。表 2-9 显示,2016年长三角核心区各城市在第二产业就业人口比重指标上存在着一定的差异。苏州市第二产业就业人数占总就业人数的比重最高,达到了 59.60%;南京市最低,只有 32.46%。

表 2-9　2016 年长三角核心区 16 个城市第二产业就业人口及比重

城市		第二产业就业人口（万人）	就业总人口（万人）	占就业总人口比重（%）
	上海市	448.0	1365.24	32.81
江苏地区	南京市	148.0	456.00	32.46
	无锡市	214.9	387.00	55.53
	常州市	142.0	281.40	50.46
	苏州市	412.0	691.30	59.60
	南通市	213.0	458.00	46.51
	扬州市	116.0	263.40	44.04
	镇江市	88.0	194.30	45.29
	泰州市	112.0	278.10	40.27
浙江地区	杭州市	257.6	676.95	38.05
	宁波市	271.0	520.00	52.12
	嘉兴市	182.0	329.73	55.20
	湖州市	95.7	187.11	51.16
	绍兴市	178.3	348.07	51.23
	舟山市	30.0	74.70	40.16
	台州市	181.5	404.36	44.88

2003~2016 年,江苏地区、浙江地区第二产业就业人口比重总体呈上升趋势,上海市第二产业就业比重大体呈下降趋势（图 2-14）。

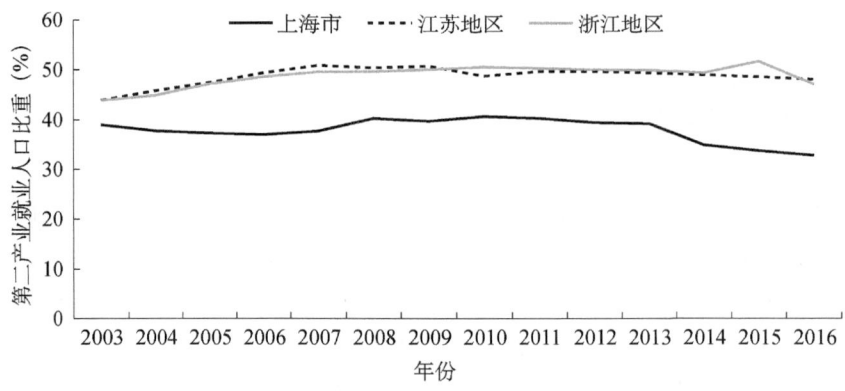

图 2-14 2003~2016 年上海市、江苏地区、浙江地区第二产业就业人口比重

2.4 第三产业就业情况

第三产业就业人口是指在规定年龄范围内在第三产业，即除了第一产业和第二产业以外的其他行业（主要是各类服务业）中，从事一定的社会劳动或经营活动、并取得劳动报酬或经营收入的人口，它可以反映劳动力资源的配置状况，间接体现出一个国家或地区的产业结构状况、经济发达程度与发展水平。表 2-10 反映了 2003~2016 年长三角核心区 16 个城市第三产业就业人口总体情况。

表 2-10 2003~2016 年长三角核心区 16 个城市第三产业就业人口情况 （单位：万人）

	城市	2003年	2004年	2005年	2006年	2007年	2008年	2009年
	上海市	422.21	453.61	479.97	502.55	512.62	579.7	592.86
江苏地区	南京市	128.18	138.31	142.51	151.28	169.41	181.29	193.11
	常州市	62.05	68.32	73.58	74.97	77.65	81.79	86.29
	南通市	98.66	103.05	132.17	150.24	156.24	163.49	168.55
	苏州市	95.86	99.10	118.66	129.81	142.53	159.56	178.17
	泰州市	76.52	77.75	84.51	86.40	89.79	96.90	98.53
	无锡市	81.30	89.08	95.59	105.90	113.69	124.88	131.88
	扬州市	76.41	78.48	81.08	83.98	85.78	94.18	101.17
	镇江市	40.85	45.06	44.68	45.63	45.60	49.12	53.67

续表

	城市	2003年	2004年	2005年	2006年	2007年	2008年	2009年
浙江地区	杭州市	165.92	156.03	167.31	190.64	203.83	225.34	239.28
	湖州市	40.48	42.51	44.46	46.90	48.91	51.32	54.96
	嘉兴市	50.55	59.72	53.98	65.95	68.70	80.19	84.63
	宁波市	99.70	114.60	125.50	134.80	141.50	142.80	135.36
	绍兴市	67.76	69.94	72.66	80.98	86.61	92.55	104.86
	台州市	109.16	121.03	124.78	126.28	131.70	134.47	138.31
	舟山市	17.49	20.10	21.53	21.85	23.21	25.60	27.01

	城市	2010年	2011年	2012年	2013年	2014年	2015年	2016年
	上海市	609.93	621.97	629.84	664.90	843.59	855.76	871.29
江苏地区	南京市	242.10	248.60	251.60	253.70	255.70	259.70	261.10
	常州市	97.10	102.25	103.66	102.20	104.40	106.80	109.20
	南通市	137.40	138.50	140.30	143.30	144.30	148.30	149.00
	苏州市	196.19	238.30	241.90	244.20	249.10	253.10	255.70
	泰州市	89.80	90.80	92.30	94.00	96.50	100.10	105.20
	无锡市	141.00	144.50	147.10	148.60	151.20	153.00	155.00
	扬州市	92.30	92.00	92.40	93.20	96.60	98.40	100.80
	镇江市	68.39	68.74	75.50	76.50	79.10	81.30	84.00
浙江地区	杭州市	264.37	276.44	284.03	—	301.54	324.12	349.06
	湖州市	56.27	58.88	62.48	63.52	65.38	66.88	69.41
	嘉兴市	89.18	90.96	96.85	101.82	107.71	112.54	118.36
	宁波市	177.88	187.63	196.57	200.44	218.95	219.84	229.96
	绍兴市	109.80	110.99	112.44	114.00	120.31	123.01	124.04
	台州市	132.03	139.47	143.24	147.14	150.00	151.37	152.41
	舟山市	29.27	31.73	37.15	30.98	33.60	33.79	34.04

2.4.1 从数字看形势

从表2-11中可以看出，2016年长三角核心区第三产业就业人口为3168.57万人。其中，上海市第三产业就业人口为871.29万人，占长三角核心区27.50%；江苏地区为

1220.00 万人，占 38.50%；浙江地区为 1077.28 万人，占 34.00%。在 16 个城市中，上海市以 871.29 万人列第一位，舟山市以 34.04 万人列末位。3 个地区中江苏地区 8 个市的第三产业就业人口占长三角核心区比例最高。从单个城市来看，上海市和杭州市第三产业就业人口占长三角核心区第三产业就业总人口比重分列前两位。

表 2-11　长三角核心区 16 个城市第三产业就业人口及增长情况

	城市	第三产业就业人口（2016年）		第三产业就业人口（2003年）		2016年比2003年增长倍数（倍）	2003~2016年年均增长率（%）
		总数（万人）	占比（%）	总数（万人）	占比（%）		
	上海市	871.29	27.50	422.21	25.85	1.06	5.73
江苏地区	南京市	261.10	8.24	128.18	7.85	1.04	5.63
	常州市	109.20	3.45	62.05	3.80	0.76	4.44
	南通市	149.00	4.70	98.66	6.04	0.51	3.22
	苏州市	255.70	8.07	95.86	5.87	1.67	7.84
	泰州市	105.20	3.32	76.52	4.69	0.37	2.48
	无锡市	155.00	4.89	81.30	4.98	0.91	5.09
	扬州市	100.80	3.18	76.41	4.68	0.32	2.15
	镇江市	84.00	2.65	40.85	2.50	1.06	5.70
浙江地区	杭州市	349.06	11.02	165.92	10.16	1.10	5.89
	湖州市	69.41	2.19	40.48	2.48	0.71	4.24
	嘉兴市	118.36	3.74	50.55	3.10	1.34	6.76
	宁波市	229.96	7.26	99.70	6.10	1.31	6.64
	绍兴市	124.04	3.91	67.76	4.15	0.83	4.76
	台州市	152.41	4.81	109.16	6.68	0.40	2.60
	舟山市	34.04	1.07	17.49	1.07	0.95	5.26
长三角核心区	上海市	871.29	27.50	422.21	25.85	1.06	5.73
	江苏地区	1220.00	38.50	659.83	40.41	0.85	4.84
	浙江地区	1077.28	34.00	551.06	33.74	0.95	5.29
	总计	3168.57	100.00	1633.10	100.00	0.94	5.23

注：本表中"占比"和"增长"数据由作者根据国家和地方统计局公布的统计年鉴数据计算而成

图 2-15 为 2003 年、2010 年、2016 年长三角核心区 16 个城市第三产业就业人口情况。图中显示各城市的第三产业就业人口除南通市略有波动之外，基本都处于持续

增长状态,未出现第三产业就业人口萎缩的城市。2016 年,上海市、杭州市、南京市、苏州市、宁波市、无锡市 6 个城市位列前六。

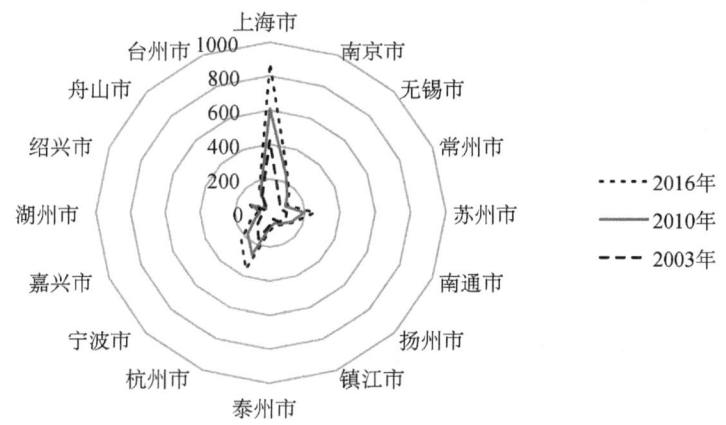

图 2-15　2003 年、2010 年、2016 年长三角核心区 16 个城市第三产业就业人口情况

图中数字表示第三产业就业人口,单位为万人

16 个城市第三产业平均就业人口为 198.04 万人。其中,上海市、江苏地区的南京市、苏州市和浙江地区的杭州市和宁波市 5 个城市位于平均水平以上;其余 11 个城市低于平均水平,见图 2-16。高于平均水平的 5 个城市,也是长三角核心区中经济最发达的 5 个城市,其第三产业就业人口总数比长三角核心区第三产业就业人口总数的一半还多,达到了 62.08%。

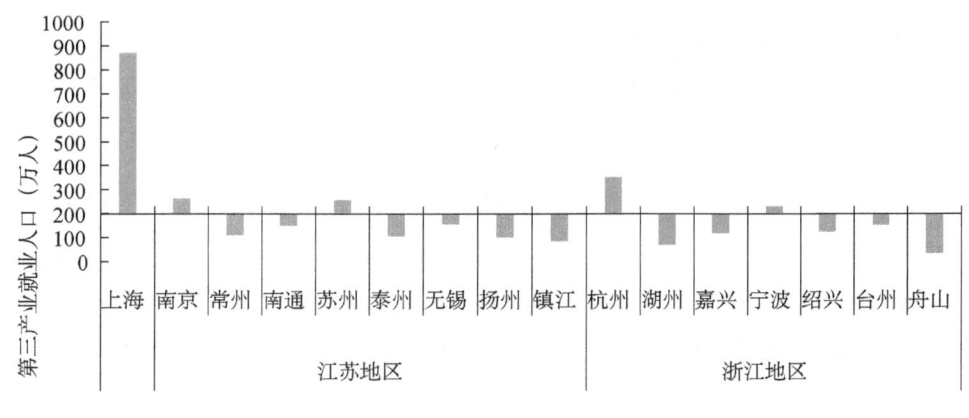

图 2-16　2016 年长三角核心区 16 个城市第三产业就业人口与平均值比较

2.4.2 从增速看发展

自 2003 年以来，长三角核心区的第三产业就业人口一直保持着较快的增长势头，由 2003 年的 1633.10 万人，增长到 2016 年的 3168.57 万人，增长了 0.94 倍，年均增长 5.23%。根据 2003~2016 年长三角核心区 16 个城市第三产业就业人口数据，上海市增长了 1.06 倍，年均增长 5.73%；江苏地区增长了 0.85 倍，年均增长 4.84%；浙江地区增长了 0.95 倍，年均增长 5.29%（表 2-10）。各地区基本处于匀速增长状态（图 2-17）。从增长率的角度来看，上海市增长速度最快，浙江地区其次，江苏地区相对稍慢。

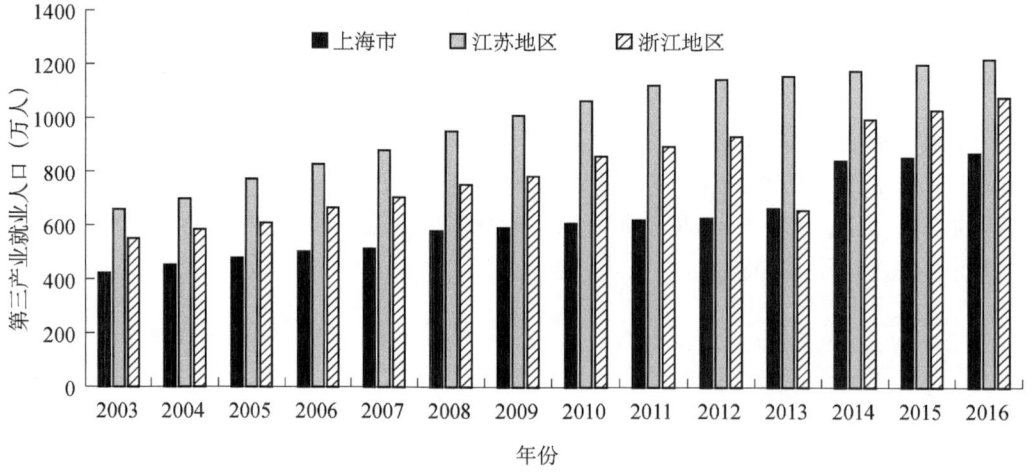

图 2-17　2003~2016 年上海市、江苏地区、浙江地区第三产业就业人口情况

自 2003 年以来，上海市、江苏地区和浙江地区第三产业就业人口维持着比较稳定的增长格局。但近些年增长率出现显著的波动（图 2-18）。上海市第三产业就业人口稳居长三角核心区首位，2003 年上海市的第三产业就业人口数远高于其他 15 个城市，是其他城市的 2.54~24.14 倍，2016 年又进一步扩大至 2.50~25.60 倍。

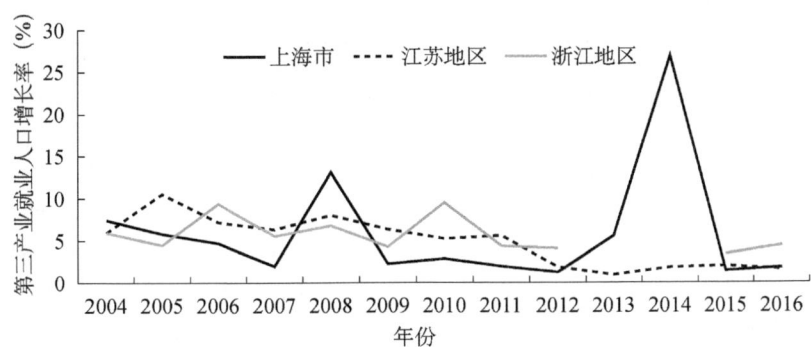

图 2-18　2004~2016 年上海市、江苏地区、浙江地区第三产业就业人口增长率

注：浙江地区杭州市 2013 年第三产业就业人口数据缺失，故浙江地区 2013 年和 2014 年第三产业就业人口增长率不可得，未在本图中显示

2.4.3　从构成看特征

随着现代产业的发展和产业结构的优化升级，劳动力的就业结构发生相应改变。第一、第二产业就业人口占就业总人口的比重不断下降，第三产业就业人口占就业总人口的比重明显上升。表 2-12 显示各城市第三产业就业人口占就业总人口的比重，上海市第三产业就业人口比重最高，达到了 63.82%；其次是南京市，为 57.26%；之后是杭州市，为 51.56%。

表 2-12　2016 年长三角核心区 16 个城市第三产业就业人口及比重

	城市	第三产业就业人口（万人）	就业总人口（万人）	占就业总人口比重（%）
	上海市	871.29	1365.24	63.82
江苏地区	南京市	261.10	456.00	57.26
	无锡市	155.00	387.00	40.05
	常州市	109.20	281.40	38.81
	苏州市	255.70	691.30	36.99
	南通市	149.00	458.00	32.53
	扬州市	100.80	263.40	38.27
	镇江市	84.00	194.30	43.23
	泰州市	105.20	278.10	37.83

续表

	城市	第三产业就业人口（万人）	就业总人口（万人）	占就业总人口比重（%）
	杭州市	349.06	676.95	51.56
	宁波市	229.96	520.00	44.22
	嘉兴市	118.36	329.73	35.90
浙江地区	湖州市	69.41	187.11	37.10
	绍兴市	124.04	348.07	35.64
	舟山市	34.04	74.70	45.57
	台州市	152.41	404.36	37.69

2003～2016年，上海市、江苏地区、浙江地区第三产业就业人口占就业总人口的比重大体呈现上升趋势。在各年份，上海市第三产业比重都显著高于江苏地区和浙江地区（图2-19）。

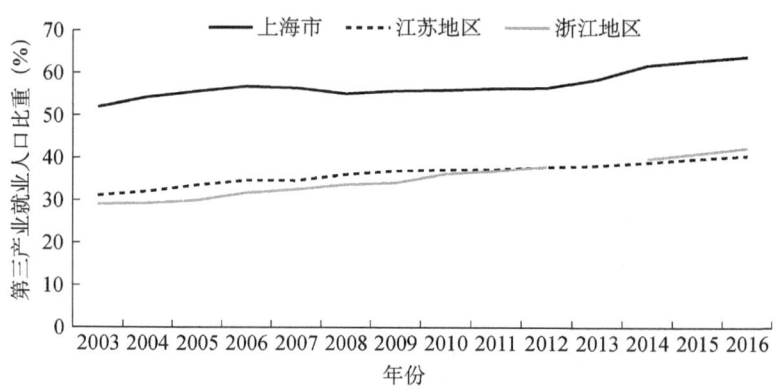

图2-19　2003～2016年上海市、江苏地区、浙江地区第三产业就业人口比重

注：浙江地区杭州市2013年第三产业就业人口数据缺失，故本图中浙江地区2013年第三产业就业比重数据不可得

2.5　城乡从业人员

2.5.1　从业人员

从业人员指从事一定社会劳动并取得劳动报酬或经营收入的人员，包括在岗职

工、再就业的离退休人员、私营业主、个体户主、私营和个体从业人员、乡镇企业从业人员、农村从业人员、其他从业人员（再就业的离退休人员、民办教师、单位聘用的外方和港澳台方人员）。这一指标反映了一定时期内全部劳动力资源的实际利用情况，是研究我国基本国情、国力的重要指标。

"从业人员"和"就业人口"在统计上没有区别。从业人员主要从微观角度反映单位用工状况，而就业人口是从宏观角度反映全社会就业状况。因此，在反映某个单位用工状况时使用从业人员指标，反映全社会就业状况时使用就业人口指标。

2016年，上海市就业人口为1365.24万人，占长三角核心区就业总人口的19.74%，为长三角核心区16个城市中就业人口最多的，其次是苏州市和杭州市，分别为691.30万人和676.95万人，分别占总体就业人口的10.00%和9.79%（表2-2）。

各城市就业人口均保持增长趋势。根据表2-2中的相关数据可知，2016年比2003年就业人口增长倍数上，苏州市、上海市、南京市、杭州市和嘉兴市处于前列，分别为1、0.68、0.62、0.50和0.65倍，以年均增长率表示，则分别达到了5.46%、4.07%、3.80%、3.18%和3.91%，其余城市除了无锡为超过3%之外，其他城市增长率均低于3%，增长相对缓慢。

2016年长三角核心区城市平均就业人口为432.23万人，其中仅有上海市、苏州市、宁波市、杭州市、南京市和南通市就业人口高于平均水平，其他城市均低于平均水平，见图2-2。

从增长速度上看，上海市的就业人口增长率相对江苏地区和浙江地区在个别年份有较大波动，其余年份中，3个地区都相对平稳，总体趋势是增长速度逐渐减缓，就业人口增长逐渐趋近停滞，见图2-4。

2.5.2 城镇从业人员

2016年，上海市城镇从业人员为1206.98万人，占全市从业人员的比重为88%，为长三角核心区城市中城镇从业人员所占比重最高；扬州城镇从业人员为81.95万人，占全市从业人员比重31%，为长三角核心区最低。2003~2016年，长三角核心区主要的7个城市的城镇从业人员均保持高速增长（表2-13）。

表 2-13　长三角核心区 7 个城市城镇从业人员及增长情况

城市	全市城镇从业人员（2016年）		全市城镇从业人员（2003年）		2016年比2003年增长倍数（倍）	2003～2016年年均增长率（%）
	总数（万人）	占全市从业人员比重（%）	总数（万人）	占全市从业人员比重（%）		
上海市	1206.98	88	563.00	69	1.14	6.04
扬州市	81.95	31	44.80	20	0.83	4.75
湖州市	109.49	59	62.66	38	0.75	4.39
嘉兴市	153.09	46	52.20	26	1.93	8.63
宁波市	375.33	72	109.00	28	2.44	9.98
绍兴市	221.92	64	81.99	29	1.71	7.96
舟山市	46.97	63	16.14	29	1.91	8.56

如图 2-20 所示，各城市城镇从业人员均保持增长趋势。

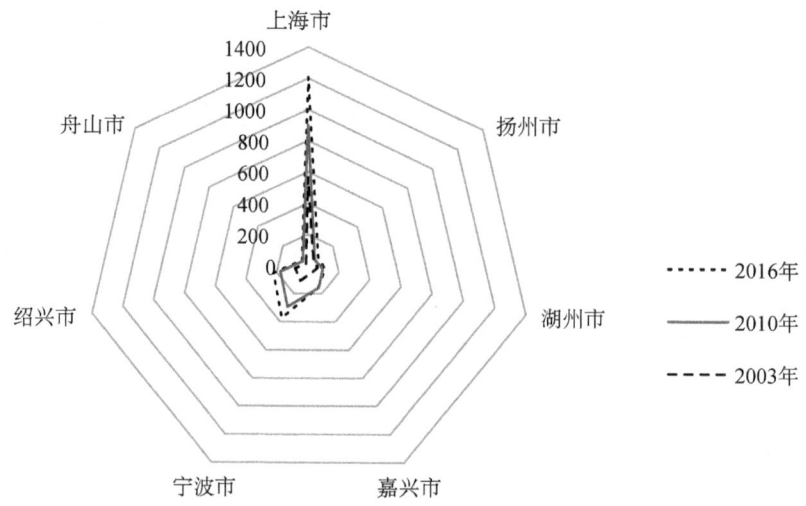

图 2-20　2003 年、2010 年、2016 年长三角核心区 7 个城市城镇从业人员
图中数字表示城镇从业人员，单位为万人

2016 年长三角核心区 7 个城市平均城镇从业人员为 313.68 万人，其中仅有上海市和宁波市高于平均水平，见图 2-21。

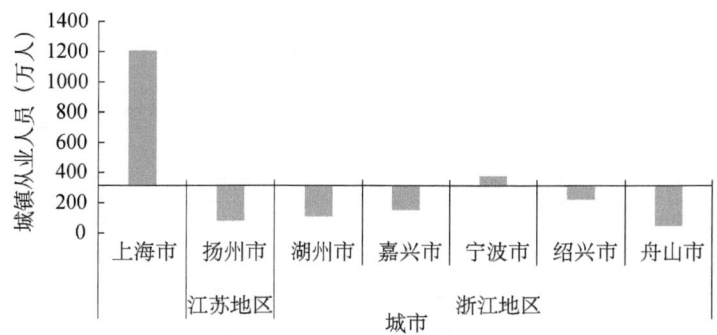

图 2-21 2016年长三角核心区7个城市城镇从业人员与平均值比较

如图 2-22，江苏地区城镇从业人员增长率相对上海和浙江地区有较大波动。

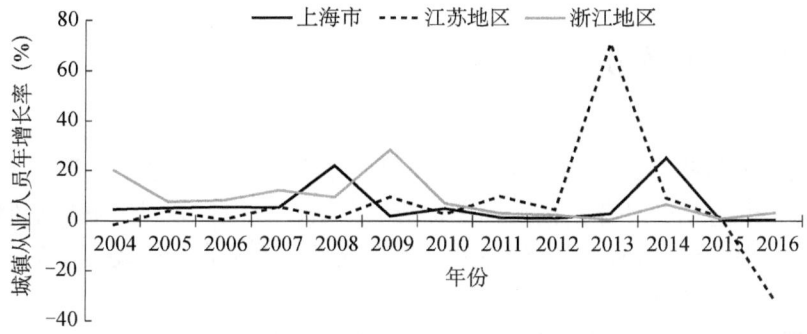

图 2-22 2004～2016年上海市、江苏地区、浙江地区城镇从业人员年增长率

表 2-14 是 2003～2016年长三角核心区8个城市城镇从业人员的变动情况。图中显示，除个别年份以外，各城市城镇从业人员的数量是一直上升的。

表 2-14　2003～2016年长三角核心区8个城市城镇从业人员　（单位：万人）

	城市	2003年	2004年	2005年	2006年	2007年	2008年	2009年
	上海市	563.00	588.82	619.83	654.75	690.32	842.14	858.70
江苏地区	无锡市	106.60	118.26	135.52	159.15	179.70	209.11	—
	扬州市	44.80	44.06	45.79	46.10	48.72	49.21	53.94
浙江地区	湖州市	62.66	67.26	71.83	76.39	80.92	85.43	89.93
	嘉兴市	52.20	103.07	113.34	117.93	130.80	144.83	150.97
	宁波市	109.00	117.90	131.40	145.10	169.40	181.10	263.26
	绍兴市	81.99	82.35	82.43	94.34	100.92	113.87	176.64
	舟山市	16.14	16.65	18.06	18.11	25.41	30.60	32.47

续表

城市		2010年	2011年	2012年	2013年	2014年	2015年	2016年
上海市	上海市	902.06	916.01	928.05	956.14	1197.18	1201.44	1206.98
江苏地区	无锡市	—	—	—	—	—	—	—
	扬州市	55.46	61.00	63.84	109.29	119.47	121.22	81.95
浙江地区	湖州市	94.46	97.26	97.35	97.66	100.33	104.49	109.49
	嘉兴市	158.29	158.12	149.86	148.45	153.00	149.18	153.09
	宁波市	293.54	314.26	338.33	341.92	358.26	358.63	375.33
	绍兴市	176.64	178.89	180.01	181.87	210.58	219.18	221.92
	舟山市	40.98	39.94	43.48	44.60	46.99	46.60	46.97

注：部分数据在统计年鉴中无法找到，在表格中显示为"—"，本书表格均如此处理。

2.5.3 农村从业人员

农村从业人员指乡村人口中 16 岁以上实际参加生产经营活动并取得实物或货币收入的人员，既包括劳动年龄内实际参加劳动人员，也包括超过劳动年龄但实际参加劳动的人员，但不包括户口在家的在外学生、现役军人和丧失劳动能力的人，也不包括待业人员和家务劳动者。

2016 年，上海市农村从业人员为 158.26 万人，占全市从业人员的 11.59%，为长三角核心区城市中农村从业人员所占比重最低；扬州市农村从业人员所占比重为 68.89%，为长三角地区城市中农村从业人员所占比重最高（表 2-15）。

表 2-15 长三角核心区 7 个城市农村从业人员

城市	农村从业人员（2016年）		农村从业人员（2003年）		2016年比2003年年增长倍数（倍）	2003~2016年年均增长率（%）
	总数（万人）	占全市从业人员比重（%）	总数（万人）	占全市从业人员比重（%）		
上海市	158.26	11.59	250.05	30.75	-0.37	-3.46
扬州市	181.45	68.89	163.16	72.61	0.11	0.82
湖州市	77.62	41.48	101.21	61.76	-0.23	-2.02
嘉兴市	176.64	53.57	148.00	73.92	0.19	1.37
宁波市	150.54	28.95	277.20	71.78	-0.46	-4.59
绍兴市	126.15	36.24	202.67	71.20	-0.38	-3.58
舟山市	27.73	37.12	39.10	70.78	-0.29	-2.61

如图 2-23 所示，除湖州市外，其他各城市的农村从业人员均有一定程度的减少，反映出长三角核心区不断城市化的大趋势。

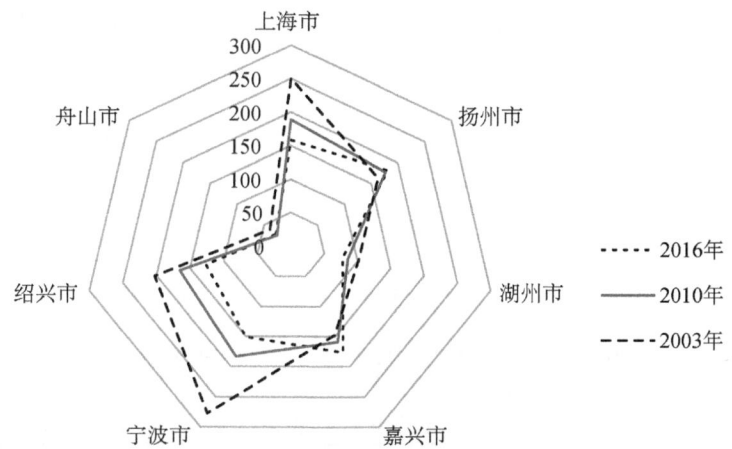

图 2-23　2003 年、2010 年、2016 年长三角核心区 7 个城市农村从业人员情况
图中数字表示农村从业人员，单位为万人

2016 年，长三角核心区 7 个城市平均农村从业人员为 128.34 万人，其中仅舟山市、绍兴市和湖州市低于平均水平，其他城市均高于平均水平，见图 2-24。

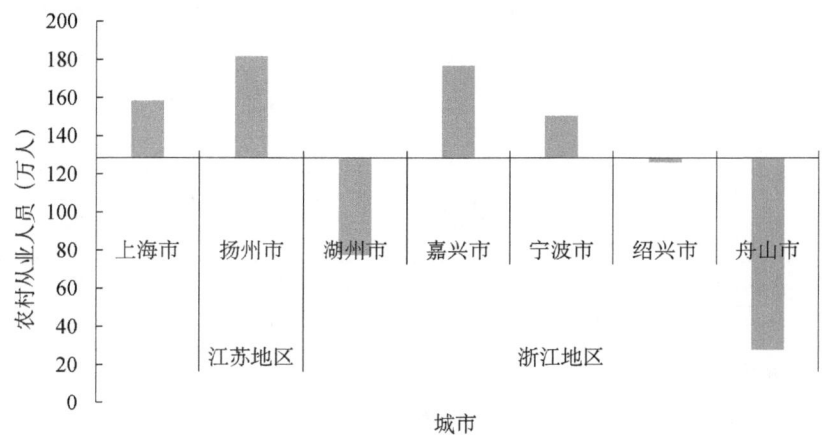

图 2-24　2016 年长三角核心区 7 个城市农村从业人员与平均值比较

2004～2016 年上海市、江苏地区、浙江地区农村就业人数增速起伏不定，见图 2-25。

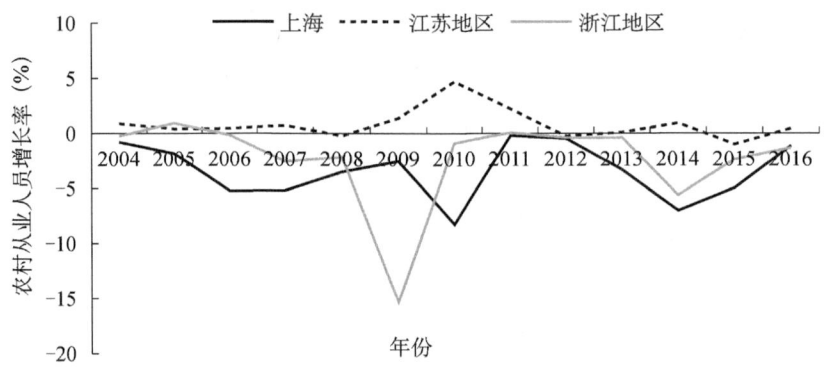

图 2-25 2004～2016 年上海市、江苏地区、浙江地区农村从业人员增长率

表 2-16 显示了 2003～2016 年长三角核心区 7 个城市农村从业人员情况。

表 2-16 2003～2016 年长三角核心区 7 个城市农村从业人员

	城市	2003 年	2004 年	2005 年	2006 年	2007 年	2008 年	2009 年
	上海市	250.05	248.05	243.49	230.76	218.76	211.1	205.72
江苏地区	扬州市	163.16	164.62	165.31	166.05	167.27	166.9	169.2
浙江地区	湖州市	101.21	98.8	96.45	94.15	91.91	89.72	87.59
	嘉兴市	148	149.41	153.42	156.57	158	154.01	157.1
	宁波市	277.2	277.6	283.7	284.7	268.4	258.8	180.6
	绍兴市	202.67	202.88	202.4	199.38	199.96	201.5	165.17
	舟山市	39.1	37.64	37.66	37.73	34.64	32.63	33.48
	城市	2010 年	2011 年	2012 年	2013 年	2014 年	2015 年	2016 年
	上海市	188.7	188.32	187.45	181.21	168.45	160.07	158.26
江苏地区	扬州市	177.14	181.05	180.62	180.78	182.48	180.65	181.45
浙江地区	湖州市	85.46	82.88	82.97	83.24	82.64	79.99	77.62
	嘉兴市	159.31	163.27	177.27	179.25	179.29	179.73	176.64
	宁波市	182.97	179.57	163.25	161.44	153.24	150.87	150.54
	绍兴市	165.17	164.39	163.89	162.52	135.09	127.62	126.15
	舟山市	25.67	29.05	29.42	28.05	29.63	27.9	27.73

2.6 失 业

充分就业是实现宏观经济稳定的目标之一。在我国，反映劳动力市场就业情况主要是通过城镇登记失业人口、城镇登记失业率和城镇调查失业率等指标。城镇登记失业人员指在劳动年龄（16周岁至退休年龄）内，有劳动能力无业而要求就业，并在当地就业服务机构进行失业登记的城镇常住人员。

2.6.1 城镇登记失业人员

排除未公布城市登记失业人员数据的南通、苏州、泰州、扬州、嘉兴、台州等6个城市，长三角核心区其他10个城市2016年总登记失业人数达到75.74万人，与2003年基本持平，年均增长0.03%。其中有3个城市城镇登记失业人员年均增长为负，分别为上海市、南京市和杭州市（表2-17）。

表2-17 长三角核心区10个城市登记失业人员情况

	城市	当年登记失业人员（2016年）		当年登记失业人员（2003年）		2016年比2003年增长倍数（倍）	2003~2016年年均增长率（%）
		总数（万人）	占比（%）	总数（万人）	占比（%）		
	上海市	24.26	32.03	30.11	39.91	-0.194	-1.65
江苏地区	南京市	8.74	11.54	12.24	16.23	-0.286	-2.56
	常州市	7.83	10.34	5.07	6.73	0.544	3.4
	无锡市	12.49	16.49	9.23	12.23	0.353	2.35
	镇江市	5.78	7.63	3.46	4.59	0.671	4.03
浙江地区	杭州市	3.31	4.37	7.09	9.40	-0.533	-5.69
	湖州市	1.59	2.10	1.05	1.39	0.514	3.24
	宁波市	7.01	9.26	4.10	5.44	0.709	4.21
	绍兴市	3.85	5.08	2.39	3.17	0.611	3.74
	舟山市	0.88	1.16	0.69	0.92	0.275	1.89

续表

城市		当年登记失业人员（2016年）		当年登记失业人员（2003年）		2016年比2003年增长倍数（倍）	2003~2016年年均增长率（%）
		总数（万人）	占比（%）	总数（万人）	占比（%）		
长三角核心区	上海	24.26	32.03	30.11	39.91	-0.194	-1.65
	江苏地区	34.84	46.00	30.00	39.78	0.161	1.15
	浙江地区	16.64	21.97	15.32	20.31	0.086	0.64
	总计	75.74	100.00	75.44	100.00	0.004	0.03

注：表中"占比"是占长三角核心区10个城市总失业人口的比值

如图2-26所示，上海市、南京市、杭州市3个城市城镇登记失业人员呈现萎缩趋势，无锡市呈现先增后降的态势，而其他城市城镇登记失业人数呈现缓慢增长的趋势。

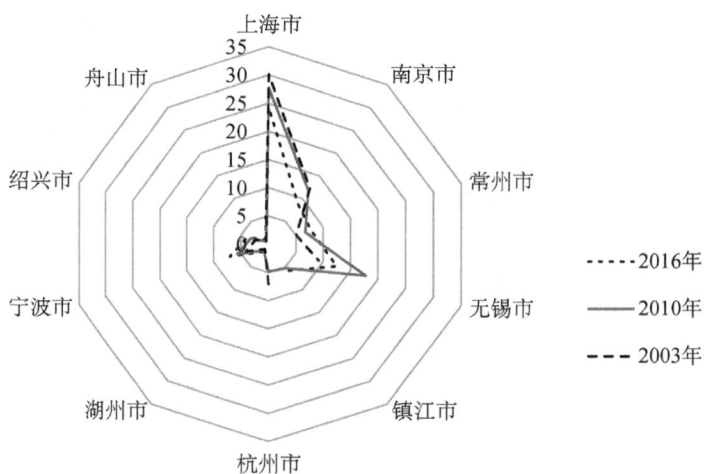

图2-26 2003年、2010年、2016年长三角核心区10个城市城镇登记失业人员情况
图中数字表示城镇登记失业人员，单位为万人

2016年，长三角核心区10个城市平均城镇登记失业人员为7.57万人。其中，浙江地区的城镇登记失业人员普遍低于平均值，分别是杭州市、宁波市、湖州市、绍兴市和舟山市5个城市，见图2-27。

2 劳动力和工资

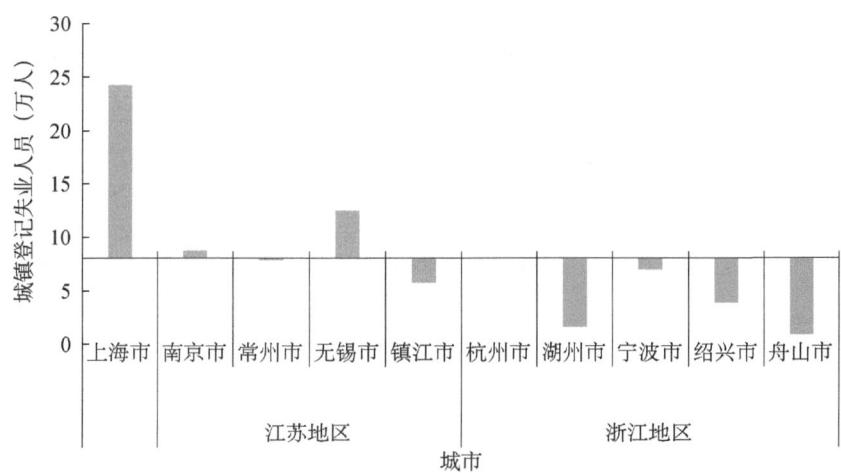

图 2-27 2016 年长三角核心区 10 个城市城镇登记失业人员与平均值比较

从登记失业人员增速来看，上海市城镇登记失业人员总体下降，年均减少 1.65%，江苏地区和浙江地区总体增加，其中江苏地区年均增长 1.15%，浙江地区年均增长 0.64%（图 2-28）。

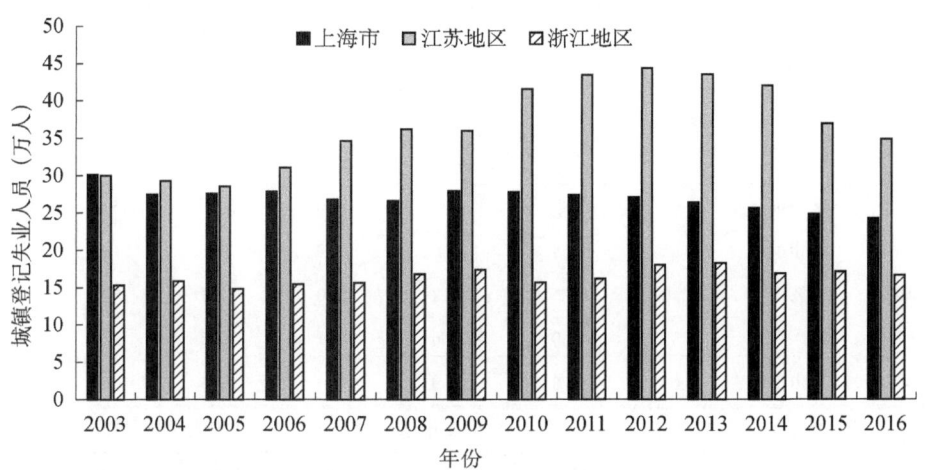

图 2-28 2003~2016 年上海市、江苏地区、浙江地区城镇登记失业人员情况

因为登记失业的人数主要与宏观经济形势和劳动力市场状况有关，所以长三角地区城镇登记失业人员的增速也呈现出一种周期性的变化。如图 2-29 所示，上海市的登记失业人员增长率的变化波动较小，而浙江地区和江苏地区都呈现出较大的波动，表示随着经济状况的变动，失业人员也随之出现变化。

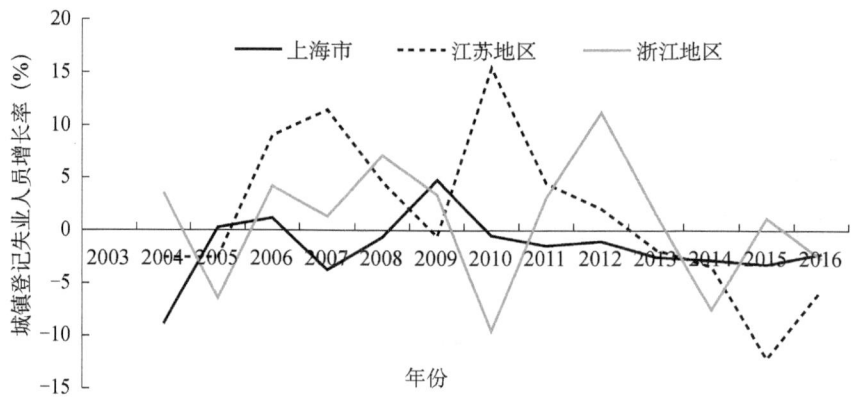

图 2-29 2003~2016 年上海市、江苏地区、浙江地区城镇登记失业人员增长率

表 2-18 显示了 2003~2016 年长三角核心区 10 个城市城镇登记失业人员情况。

表 2-18 2003~2016 年长三角核心区 10 个城市城镇登记失业人员　（单位：万人）

	城市	2003年	2004年	2005年	2006年	2007年	2008年	2009年
	上海市	30.11	27.43	27.5	27.82	26.78	26.6	27.87
江苏地区	南京市	12.24	11.92	10.98	11.28	12.39	12.41	11.31
	常州市	5.07	4.36	3.64	3.41	4.53	5.67	4.81
	无锡市	9.23	9.14	9.73	10.91	13.08	13.75	14.41
	镇江市	3.46	3.81	4.15	5.46	4.61	4.38	5.46
浙江地区	杭州市	7.09	7.27	6.09	6.30	5.96	5.45	5.64
	湖州市	1.05	1.05	1.19	1.23	1.56	1.66	1.65
	宁波市	4.10	4.25	4.22	4.50	4.73	5.80	5.92
	绍兴市	2.39	2.60	2.66	2.71	2.68	3.10	3.42
	舟山市	0.69	0.70	0.69	0.74	0.75	0.77	0.73
	城市	2010年	2011年	2012年	2013年	2014年	2015年	2016年
	上海市	27.73	27.33	27.05	26.37	25.63	24.81	24.26
江苏地区	南京市	11.79	12.16	12.49	12.41	11.62	8.81	8.74
	常州市	6.75	8.71	8.30	8.48	8.46	8.43	7.83
	无锡市	17.79	17.16	17.31	16.96	15.97	13.82	12.49
	镇江市	5.22	5.37	6.21	5.65	5.98	5.84	5.78

续表

	城市	2010年	2011年	2012年	2013年	2014年	2015年	2016年
浙江地区	杭州市	4.85	4.40	3.97	4.60	4.03	3.67	3.31
	湖州市	1.36	1.28	1.31	1.34	1.73	1.68	1.59
	宁波市	5.66	6.45	8.21	6.92	6.72	7.01	7.01
	绍兴市	3.23	3.45	3.93	4.80	3.81	3.99	3.85
	舟山市	0.60	0.60	0.58	0.62	0.61	0.75	0.88

注：南京登记失业人员根据《南京统计年鉴》（历年）中就业人数和登记失业率计算得到

2.6.2 城镇登记失业率

城镇登记失业率是指在报告期内的城镇登记失业人员占期末从业人员与期末实有登记失业人数之和的比重，即

$$城镇登记失业率 = \frac{城镇登记失业人员}{城镇就业人员 + 城镇登记失业人员} \times 100\%$$

2016年，上海市城镇登记失业率为4.10%，为长三角地区城市中最高；常州市、无锡市和镇江市均为1.85%，为长三角地区城市中最低（表2-19）。

表2-19 长三角核心区10个城市登记失业率情况

	城市	2016年登记失业率（%）	2003年登记失业率（%）	2016年比2003年增长倍数（倍）	2003～2016年年均增长率（%）
	上海市	4.10	4.90	-0.16	-1.36
江苏地区	南京市	1.88	4.18	-0.55	-5.96
	常州市	1.85	3.50	-0.47	-4.79
	无锡市	1.85	3.86	-0.52	-5.5
	镇江市	1.85	3.90	-0.53	-5.58
浙江地区	湖州市	2.52	4.00	-0.37	-3.49
	嘉兴市	2.87	—	—	—
	宁波市	2.01	4.02	-0.50	-5.19
	绍兴市	3.85	—	—	—
	舟山市	2.98	4.13	-0.28	-2.48

如图 2-30 所示，除杭州市城镇登记失业率在 2010 年有个波峰，其他城市城镇登记失业率呈逐年下滑趋势。

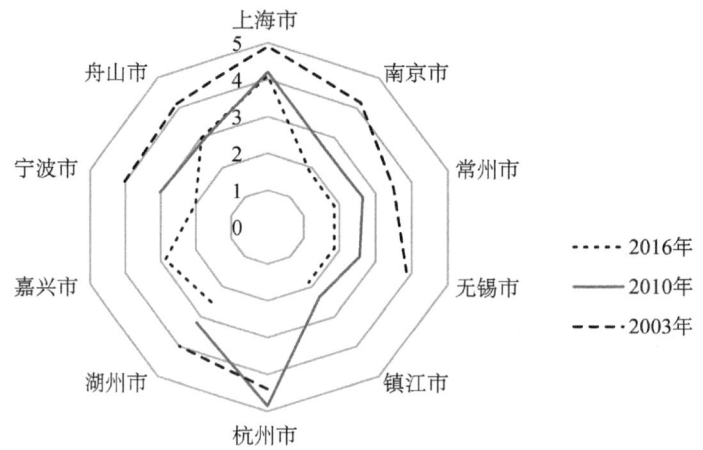

图 2-30　2003 年、2010 年、2016 年长三角核心区 10 个城市城镇登记失业率
图中数字表示城镇登记失业率，单位为%

2016 年，长三角核心区 10 个城市平均城镇登记失业率为 2.43%，其中南京市、常州市、无锡市、镇江市和宁波市低于平均水平，上海市城镇登记失业率最高，然后依次为舟山市、嘉兴市和湖州市，见图 2-31。

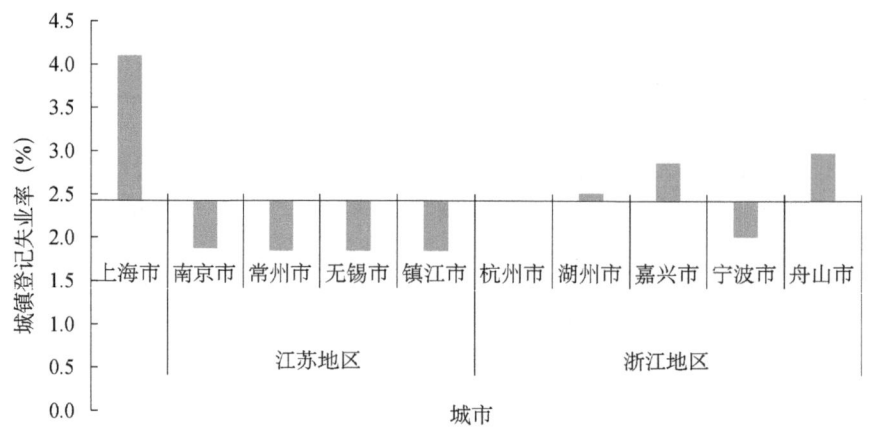

图 2-31　2016 年长三角核心区 10 个城市城镇登记失业率与平均值比较
注：杭州市 2016 年城镇登记失业率数据缺失，故未在本图中显示

根据现有城镇登记失业率数据计算 2013～2016 年上海市、江苏地区和浙江地区

平均城镇登记失业率，结果如图 2-32 所示。各年份中上海登记失业率最高，其次是浙江地区，江苏地区最低。而从时间变化趋势来看，上海市和江苏地区城镇登记失业率保持下行趋势，浙江地区近些年城镇登记失业率有所上升。

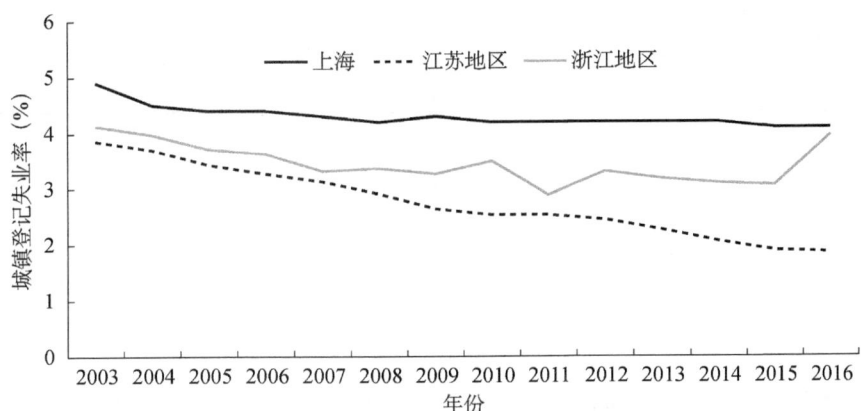

图 2-32　2003~2016 年上海市、江苏地区、浙江地区城镇登记失业率

表 2-20 为 2003~2016 年长三角核心区 9 个城市城镇登记失业率情况。

表 2-20　2003~2016 年长三角核心区 9 个城市城镇登记失业率　（单位：%）

	城市	2003年	2004年	2005年	2006年	2007年	2008年	2009年
	上海市	4.90	4.50	4.40	4.40	4.30	4.20	4.30
江苏地区	南京市	4.18	4.03	3.35	3.33	3.26	3.16	2.70
	常州市	3.50	3.60	3.60	3.40	3.20	2.91	2.71
	无锡市	3.86	3.48	3.27	3.18	3.27	3.04	2.80
	镇江市	3.90	3.70	3.50	3.18	2.78	2.54	2.35
浙江地区	杭州市	4.39	4.33	3.71	3.46	3.21	3.02	2.99
	湖州市	4.00	3.80	3.80	3.80	3.20	3.30	3.20
	宁波市	4.02	3.75	3.45	3.31	3.16	3.31	3.16
	舟山市	4.13	4.03	3.90	3.94	3.69	3.84	3.72
	城市	2010年	2011年	2012年	2013年	2014年	2015年	2016年
	上海市	4.20	4.20	4.20	4.20	4.20	4.10	4.10
江苏地区	南京市	2.60	2.65	2.69	2.67	2.50	1.90	1.88
	常州市	2.64	2.58	2.37	2.14	1.91	1.89	1.85
	无锡市	2.56	2.57	2.40	2.12	1.91	1.89	1.85
	镇江市	2.34	2.33	2.32	2.12	1.91	1.89	1.85

续表

	城市	2010年	2011年	2012年	2013年	2014年	2015年	2016年
浙江地区	杭州市	4.85	2.19	1.86	1.85	1.84	1.74	—
	湖州市	3.20	3.05	3.10	3.07	2.98	2.67	2.52
	宁波市	3.03	3.44	2.55	2.16	1.95	2.01	2.01
	舟山市	2.90	2.87	2.73	2.70	2.71	2.91	2.98

2.7 全市城镇非私营单位从业人员与工资 [①]

单位从业人员指在各类法人单位工作，并由单位支付劳动报酬的人员，包括在岗职工和其他从业人员。其中，在岗职工指在本单位工作且与本单位签订劳动合同，并由单位支付各项工资和社会保险、住房公积金的人员，以及上述人员中由于学习、病伤、产假等原因暂未工作仍由单位支付工资的人员。

其他从业人员指在本单位工作，不能归到在岗职工、劳务派遣人员中的人员。此类人员是实际参加本单位生产或工作并从本单位取得劳动报酬的人员，具体包括：非全日制人员、聘用的正式离退休人员、兼职人员和第二职业者等，以及在本单位中工作的外籍和港澳台方人员。

城镇非私营单位主要指位于城镇，除了私营和个体企业之外的单位，包括独立核算的机关、事业单位和国有、集体、股份制、港澳台投资及外商投资企业等。城镇非私营单位从业人员的人数、占从业人员的比重，以及其工资情况是劳动统计的重要指标。

2.7.1 全市城镇非私营单位从业人员情况

2016年，除上海市之外，长三角核心区城镇非私营单位从业人员的总量为1949.11万人。其中，江苏地区城镇非私营单位从业人员为1140.30万人，占江苏地区从业人员比重为38%；浙江地区为808.81万人，占浙江地区从业人员比重为32%；江苏地区

---

① 由于上海市的相关数据缺失，本小节未对上海市进行分析。

和浙江地区合计非私营单位从业人员占总从业人员比重为35%（表2-21）。从总量上看，苏州市的非私营单位从业人员最多，为288.69万人，舟山市的非私营单位从业人员最少，只有17.33万人。从城镇非私营单位从业人员占全市从业人员比重来看，各城市中南京市所占比重最高，为45%；台州市所占比重最低，为21%。

表 2-21　长三角核心区15个城市城镇非私营单位从业人员及增长

城市		全市城镇非私营单位从业人员（2016年）		全市城镇非私营单位从业人员（2003年）		2016年比2003年增长倍数（倍）	2003~2016年年均增长率（%）
		总数（万人）	占全市从业人员比重（%）	总数（万人）	占全市从业人员比重（%）		
江苏地区	南京市	205.19	45	90.95	32	1.26	6.46
	常州市	68.50	24	35.45	18	0.93	5.2
	南通市	205.34	45	53.35	12	2.85	10.92
	苏州市	288.69	42	346.19	—	-0.17	-1.39
	泰州市	110.00	40	32.65	13	2.37	9.79
	无锡市	112.48	29	50.97	20	1.21	6.28
	扬州市	102.13	39	35.65	16	1.86	8.43
	镇江市	47.97	25	30.28	22	0.58	3.6
浙江地区	杭州市	290.14	43	75.72	17	2.83	10.89
	湖州市	50.23	27	15.27	9	2.29	9.59
	嘉兴市	80.55	24	29.89	15	1.69	7.92
	宁波市	151.86	29	65.34	17	1.32	6.7
	绍兴市	133.25	38	38.91	14	2.42	9.93
	台州市	85.45	21	32.87	9	1.60	7.63
	舟山市	17.33	23	9.72	18	0.78	4.55
	江苏地区	1140.30	38	675.47	32	0.69	4.11
	浙江地区	808.81	32	267.71	14	2.02	8.88
	总计	1949.11	35	943.19	23	1.07	5.74

如图2-33，除苏州市外，长三角核心区其他城市城镇非私营单位从业人员均保持增长态势。

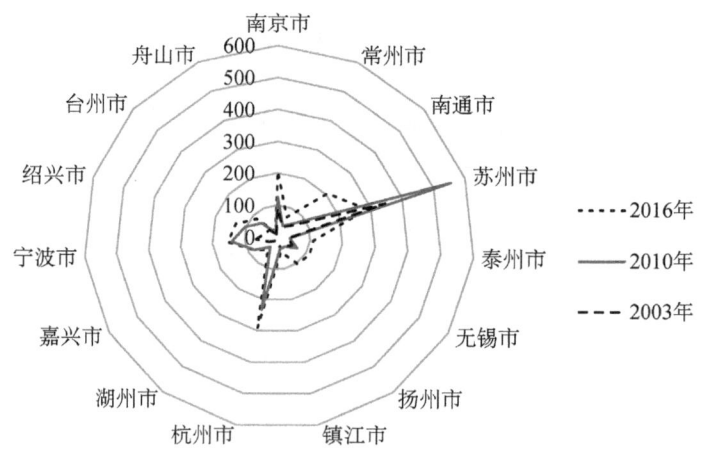

图 2-33　2003 年、2010 年、2016 年长三角核心区 15 个城市城镇非私营单位从业人员

图中数字表示城镇非私营单位从业人员，单位为万人

从图 2-34 中可看到，除上海外，长三角核心区 15 个城市平均非私营单位从业人员为 129.94 万人，且只有南京市、南通市、苏州市、杭州市、宁波市、绍兴市等 6 个城市高于平均水平，占 33.33%。

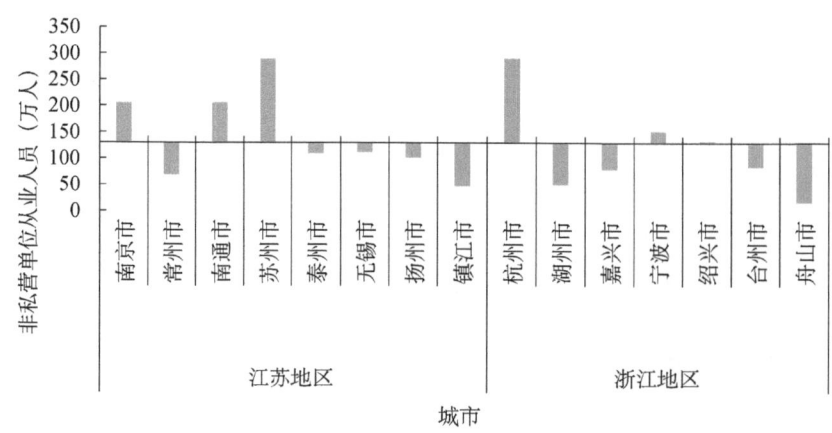

图 2-34　2016 年长三角核心区 15 个城市非私营单位从业人员与平均值比较

从图 2-35 中可看出，2003～2016 年江苏地区和浙江地区各城市的非私营单位从业人员大体保持增长态势，到 2014 年达到峰值，2014 年之后非私营单位从业人员基本不变。另外从表 2-21 可看到，2003～2016 年江苏地区非私营单位从业人员年均增长率为 4.11%，浙江地区非私营单位从业人员年均增长率为 8.88%。其中，南通市非私营单位从业人员年均增长率为 10.92%，为各城市最高；苏州市年均增长率为 −1.39%，

为各城市最低。

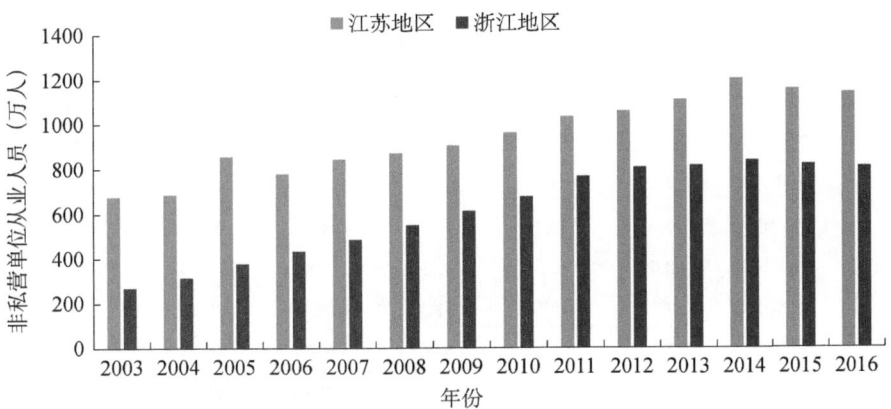

图 2-35 2003~2016 年江苏地区、浙江地区非私营单位从业人员

表 2-22 显示了 2003~2016 年长三角核心区 15 个城市城镇非私营单位从业人员情况。

表 2-22 2003~2016 年长三角核心区 15 个城市城镇非私营单位从业人员（单位：万人）

	城市	2003年	2004年	2005年	2006年	2007年	2008年	2009年
江苏地区	南京市	90.95	89.39	92.78	96.44	97.49	104.13	117.66
	常州市	35.45	35.57	35.93	36.50	36.63	37.04	37.27
	南通市	53.35	53.81	54.88	57.21	59.96	60.56	62.07
	苏州市	346.19	358.82	518.80	429.46	483.40	495.53	518.66
	泰州市	32.65	32.15	32.45	32.76	33.94	34.89	35.52
	无锡市	50.97	52.73	55.73	58.67	62.76	67.81	58.01
	扬州市	35.65	33.48	34.72	34.73	35.73	35.88	37.14
	镇江市	30.28	30.65	30.52	32.71	34.80	36.24	36.62
浙江地区	杭州市	75.72	80.38	101.77	129.32	152.82	182.41	204.36
	湖州市	15.27	20.09	24.26	26.76	29.21	32.70	33.95
	嘉兴市	29.89	46.10	61.18	68.72	72.21	74.60	76.01
	宁波市	65.34	71.15	81.03	95.42	104.73	114.63	132.26
	绍兴市	38.91	47.29	58.09	60.85	68.08	78.34	91.75
	台州市	32.87	36.63	39.13	40.22	47.53	54.92	59.71
	舟山市	9.72	10.62	10.53	10.32	11.19	12.01	14.30

续表

	城市	2010年	2011年	2012年	2013年	2014年	2015年	2016年
江苏地区	南京市	125.64	140.17	147.39	216.10	225.67	213.10	205.19
	常州市	38.16	50.12	48.86	71.48	71.74	69.89	68.50
	南通市	63.11	65.99	68.48	183.85	221.27	209.82	205.34
	苏州市	554.15	575.45	588.27	293.40	315.42	303.93	288.69
	泰州市	37.15	39.40	40.94	94.76	107.26	107.17	110.00
	无锡市	68.89	80.55	81.37	117.89	122.00	117.91	112.48
	扬州市	37.16	40.68	41.33	84.39	89.42	85.18	102.13
	镇江市	37.26	39.27	40.67	46.70	50.73	50.50	47.97
浙江地区	杭州市	232.70	264.30	281.90	282.56	293.45	288.56	290.13
	湖州市	37.91	41.43	47.14	48.53	49.43	50.06	50.23
	嘉兴市	80.40	79.10	79.19	79.75	80.91	80.08	80.55
	宁波市	140.18	171.80	174.70	171.35	171.71	166.83	151.86
	绍兴市	102.99	113.57	117.68	121.24	124.85	123.47	133.25
	台州市	64.81	79.93	88.98	92.63	99.33	92.39	85.45
	舟山市	16.07	15.85	16.79	17.51	17.24	17.18	17.33

注：嘉兴市、南通市、苏州市、泰州市、扬州市、镇江市2016年数据来自《江苏统计年鉴》，其他数据来自各市统计年鉴

2.7.2　全市城镇非私营单位从业人员工资总额

工资总额是指本单位在报告期内（季度或年度）直接支付给本单位人员的劳动报酬总额，包括计时工资、计件工资、奖金、津贴和补贴、加班加点工资、特殊情况下支付的工资。工资总额是税前工资，包括单位从个人工资中直接代扣或代缴的房费、个人所得税、水费、电费、住房公积金和社会保险基金个人缴纳部分等。不论是计入成本的还是不计入成本的，不论是以货币形式支付的还是以实物形式支付的，均应列入工资总额的计算范围。工资总额由基本工资、绩效工资、工资性津贴和补贴、其他工资四部分组成。工资总额不包括病假、事假等情况的扣款。

2016年，江苏地区和浙江地区合计工资总额达到14 454.47亿元，其中江苏地区8412.42亿元，浙江地区6042.04亿元（表2-23）。各城市中，杭州市和苏州市

工资总额最高，分别为2417.60亿元、2314.92亿元，舟山市工资总额最低，为137.88亿元。

表2-23 长三角核心区15个城市城镇非私营单位从业人员工资总额及增长

	城市	全市城镇非私营单位从业人员工资总额（2016年）（亿元）	全市城镇非私营单位从业人员工资总额（2003年）（亿元）	2016年比2003年增长倍数（倍）	2003～2016年年均增长率（%）
江苏地区	南京市	1 723.14	207.62	7.30	17.68
	常州市	503.23	61.94	7.12	17.49
	南通市	1 390.19	72.23	18.25	25.54
	苏州市	2 314.92	685.11	2.38	9.82
	泰州市	630.17	37.81	15.67	24.16
	无锡市	873.83	94.14	8.28	18.7
	扬州市	654.28	50.28	12.01	21.82
	镇江市	322.66	46.47	5.94	16.07
浙江地区	杭州市	2 417.60	186.78	11.94	21.77
	湖州市	318.27	27.96	10.38	20.57
	嘉兴市	569.59	58.86	8.68	19.08
	宁波市	1 238.86	154.78	7.00	17.35
	绍兴市	815.51	74.28	9.98	20.24
	台州市	544.33	66.62	7.17	17.54
	舟山市	137.88	18.27	6.55	16.82
	江苏地区	8 412.42	1 255.60	5.70	15.76
	浙江地区	6 042.04	587.55	9.28	19.63
	总计	14 454.47	1 843.16	6.84	17.17

图2-36显示了2003年、2010年、2016年长三角核心区15个城市城镇非私营单位从业人员工资总额情况，除苏州外，各城市均保持持续增长态势。

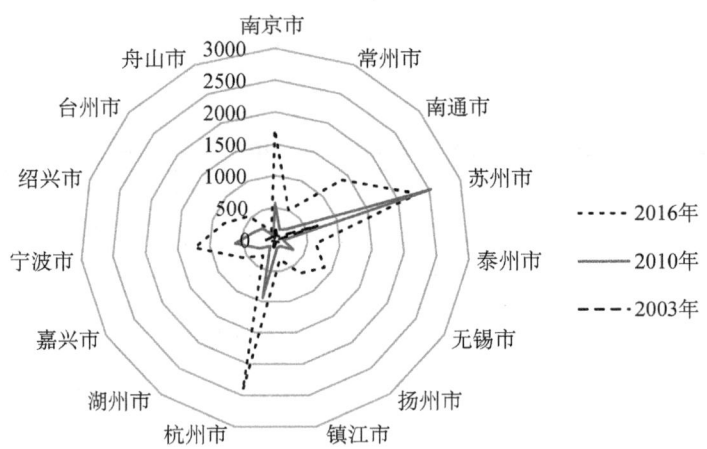

图 2-36 2003 年、2010 年、2016 年长三角核心区 15 个城市城镇非私营单位从业人员工资总额
图中数字表示城镇非私营单位从业人员工资总额，单位为亿元

2016 年，长三角核心区 15 个城市城镇非私营单位从业人员工资总额平均值为 963.63 亿元，各城市中，南京市、南通市、苏州市、杭州市、宁波市明显高于平均值水平，见图 2-37。

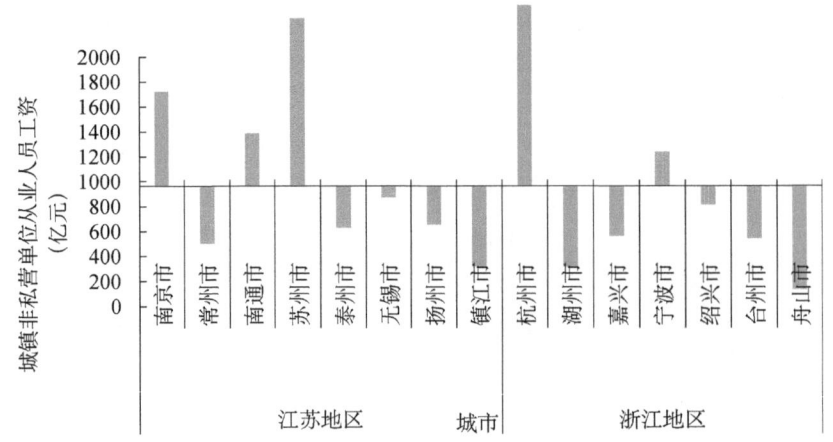

图 2-37 2016 年长三角核心区 15 个城市城镇非私营单位从业人员工资总额与平均值比较

图 2-38 显示了 2003~2016 年江苏地区和浙江地区城镇非私营单位从业人员工资总额情况，江苏地区和浙江地区都保持稳步增长趋势。其中，浙江地区年均增长 19.63%，江苏地区年均增长 15.76%。各城市中，南通市该指标年均增长 25.54%，为各城市最高，而苏州市年均增长 9.82%，为各城市最低。

2 劳动力和工资

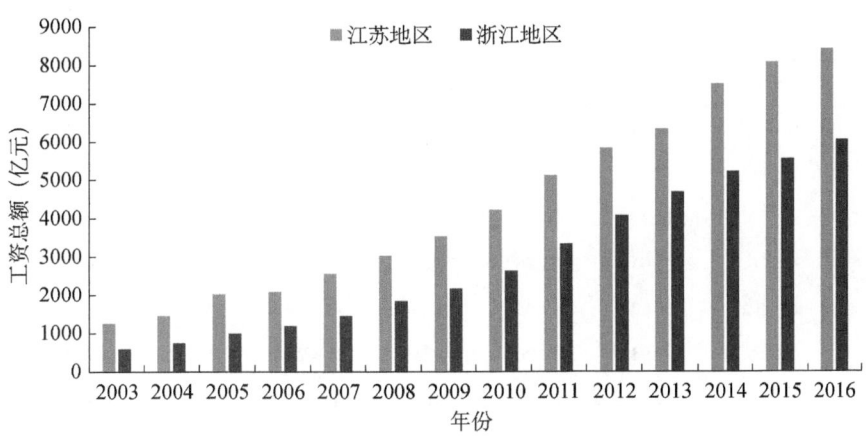

图 2-38　2003~2016 年江苏地区、浙江地区城镇非私营单位从业人员工资总额

表 2-24 显示了 2003~2016 年长三角核心区 15 个城市城镇非私营单位从业人员工资总额情况。

表 2-24　2003~2016 年长三角核心区 15 个城市城镇非私营单位从业人员工资总额

（单位：亿元）

	城市	2003 年	2004 年	2005 年	2006 年	2007 年	2008 年	2009 年
江苏地区	南京市	207.62	235.75	271.61	312.33	343.98	407.62	489.45
	常州市	61.94	71.10	80.34	95.02	110.00	128.08	144.31
	南通市	72.23	85.36	101.16	122.14	153.44	182.91	213.00
	苏州市	685.11	807.70	1297.83	1202.91	1518.06	1788.37	2088.10
	泰州市	37.81	42.72	4.90	55.37	70.69	87.37	101.46
	无锡市	94.14	108.44	132.18	154.06	184.35	226.25	254.53
	扬州市	50.28	54.04	62.48	72.33	86.38	97.92	112.83
	镇江市	46.47	53.48	60.84	73.57	92.64	110.37	122.35
浙江地区	杭州市	186.78	218.82	297.02	381.17	495.48	641.64	754.91
	湖州市	27.96	40.75	55.65	66.80	79.88	100.64	111.60
	嘉兴市	58.86	91.35	120.83	147.81	180.40	214.97	230.29
	宁波市	154.78	183.72	227.98	276.23	303.18	410.76	517.65
	绍兴市	74.28	100.16	141.10	156.57	198.15	238.10	292.37
	台州市	66.62	85.65	116.08	124.30	150.97	183.17	213.01
	舟山市	18.27	23.74	26.56	28.84	37.57	45.51	58.06

续表

	城市	2010年	2011年	2012年	2013年	2014年	2015年	2016年
江苏地区	南京市	570.39	724.06	845.67	1344.31	1499.84	1612.27	1723.14
	常州市	166.52	233.17	266.05	402.77	454.77	487.68	503.23
	南通市	244.29	295.38	333.78	1001.47	1290.92	1355.64	1390.19
	苏州市	2525.04	2972.76	3389.73	1801.95	2111.93	2208.23	2314.92
	泰州市	122.87	147.05	171.54	417.79	544.93	591.23	630.17
	无锡市	319.94	410.90	451.89	714.20	817.98	853.53	873.83
	扬州市	134.36	162.87	184.07	405.97	501.70	650.67	654.28
	镇江市	137.41	165.49	191.94	248.16	286.31	311.48	322.66
浙江地区	杭州市	933.06	1122.28	1483.90	1758.23	1982.27	2152.40	2417.60
	湖州市	134.29	164.90	208.75	241.62	271.26	292.77	318.27
	嘉兴市	278.40	323.02	351.03	423.15	468.96	524.28	569.59
	宁波市	609.44	854.79	982.80	1082.09	1179.17	1223.09	1238.86
	绍兴市	347.94	442.59	531.19	602.64	675.24	717.60	815.51
	台州市	255.15	334.17	414.33	465.09	518.12	510.59	544.33
	舟山市	71.69	85.67	98.47	110.91	118.35	128.41	137.88

2.7.3 全市城镇非私营单位从业人员平均工资

平均工资指在报告期内单位发放工资的人均水平，其计算公式为平均工资=报告期实际支付的全部从业人员工资总额/报告期全部从业人员平均人数，可以用来描述该城市的工资水平。另外，由于上海市的相关数据缺失，本小节没有对上海市进行分析。

2016年，南京市城镇非私营单位从业人员平均工资为 87 559 元，居各城市首位；其次是杭州市，为 85 022 元；泰州市平均工资为 59 685 元，为各城市中最低者（表2-25）。

从年均增长率上看，泰州市 2016 年的平均工资为 2003 年的 5.22 倍，年均增长率为13.56%，居各城市首位；台州市2016年的平均工资为2003年的3.09倍，年均增长率为9.06%，为各城市中最低者。

表2-25 长三角核心区15个城市城镇非私营单位从业人员平均工资及增长

	城市	全市城镇非私营从业人员年人均工资（2016年）（元）	全市城镇非私营从业人员年人均工资（2003年）（元）	2016年比2003年增长倍数（倍）	2003～2016年年均增长率（%）
江苏地区	南京市	87 559	18 853	3.64	12.54
	常州市	75 946	17 188	3.42	12.11
	南通市	69 654	13 547	4.14	13.42
	苏州市	80 187	19 790	3.05	11.36
	泰州市	59 685	11 424	4.22	13.56
	无锡市	78 145	17 365	3.50	12.27
	扬州市	66 706	13 801	3.83	12.88
	镇江市	67 581	15 264	3.43	12.13
浙江地区	杭州市	85 022	24 668	2.45	9.99
	湖州市	62 887	19 250	2.27	9.53
	嘉兴市	71 880	20 067	2.58	10.31
	宁波市	81 578	23 690	2.44	9.98
	绍兴市	61 394	19 342	2.17	9.29
	台州市	64 816	21 000	2.09	9.06
	舟山市	80 311	18 782	3.28	11.83

图2-39为2003年、2010年、2016年长三角核心区15个城市的城镇非私营单位从业人员平均工资情况，各城市均保持增长趋势，其中泰州市和南通市增长最快，绍兴市和台州市增长最慢。

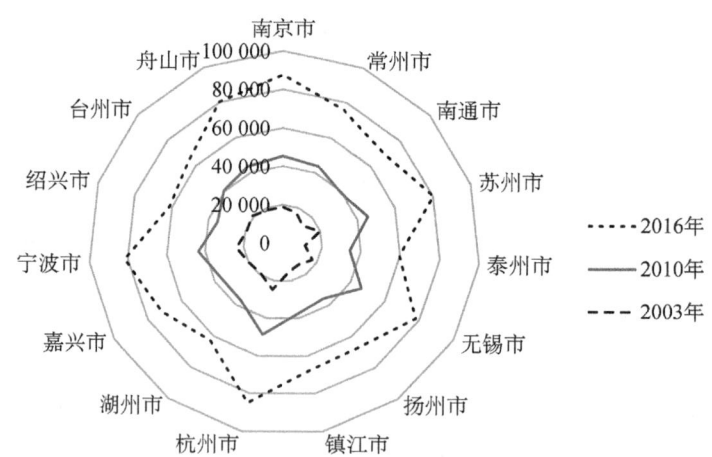

图 2-39　2003 年、2010 年、2016 年长三角核心区 15 个城市城镇非私营单位
从业人员平均工资

图中数字表示城镇非私营单位从业人员平均工资，单位为元

2016 年，长三角核心区 15 个城市城镇非私营单位从业人员平均工资的平均水平为 72 890 元。其中，南京市、常州市、苏州市、无锡市、杭州市、宁波市、舟山市等 7 个城市高于平均水平，其他城市低于平均水平（图 2-40）。

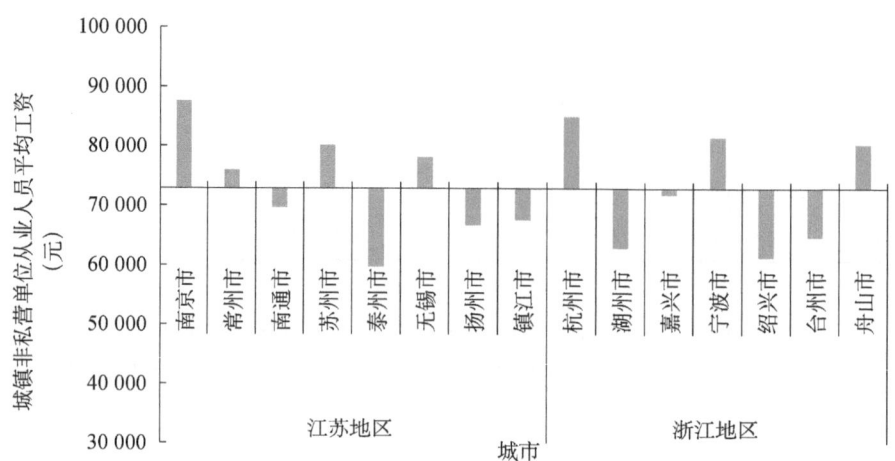

图 2-40　2016 年长三角核心区 15 个城市城镇非私营单位从业人员平均工资和平均值比较

如图 2-41 所示，2003~2016 年江苏地区和浙江地区城镇非私营单位从业人员平均工资水平都保持稳步增长的趋势，2016 年，江苏地区和浙江地区平均工资分别为 73 182 元、72 555 元。

2 劳动力和工资

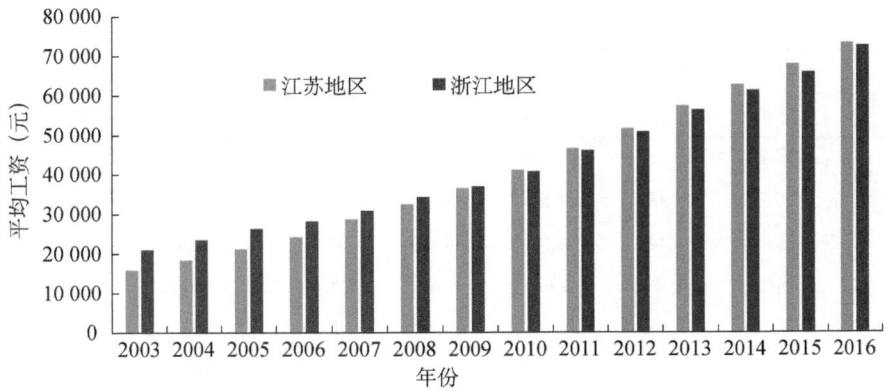

图 2-41 2003~2016 年江苏地区、浙江地区城镇非私营单位从业人员平均工资

表 2-26 显示了 2003~2016 年长三角核心区 16 个城市城镇非私营单位从业人员平均工资情况。

表 2-26 2003~2016 年长三角核心区 16 个城市城镇非私营单位从业人员平均工资

（单位：元）

	城市	2003 年	2004 年	2005 年	2006 年	2007 年	2008 年	2009 年
	上海市	22 160	24 398	26 823	29 569	34 707	39 502	42 789
江苏地区	南京市	18 853	22 180	25 215	28 439	36 721	36 092	40 134
	常州市	17 188	19 946	22 946	26 395	30 178	34 484	38 717
	南通市	13 547	15 901	18 513	21 662	25 947	30 856	35 224
	苏州市	19 790	22 510	25 016	28 010	31 404	36 090	40 261
	泰州市	11 424	13 188	15 248.5	17 309	21 268	25 737	29 807
	无锡市	17 365	20 442	24 047	28 381	33 233	37 987	42 623
	扬州市	13 801	15 735	18 165	20 847	24 286	27 323	30 609
	镇江市	15 264	17 382	19 894	22 924	27 025	30 958	34 209
浙江地区	杭州市	24 668	28 891	31 069	32 791	36 496	40 193	43 947
	湖州市	19 250	21 477	23 488	25 674	28 053	30 862	33 420
	嘉兴市	20 067	20 432	20 552	22 511	25 883	29 219	31 965
	宁波市	23 690	25 822	28 135	28 948	28 948	35 835	39 139
	绍兴市	19 342	21 281	24 440	26 745	29 807	30 636	32 502
	台州市	21 000	24 307	31 077	31 949	33 366	34 126	36 822
	舟山市	18 782	22 246	25377	28 437	33 416	38 714	40 560

续表

	城市	2010年	2011年	2012年	2013年	2014年	2015年	2016年
	上海市	46 757	51 968	56 300	60 435	65 417	71 268	78 045
江苏地区	南京市	45 444	53 753	59 375	64 811	70 507	78 946	87 559
	常州市	43 858	49 267	55 027	60 802	66 852	70 144	75 946
	南通市	39 448	44 574	49 399	57 546	61 383	65 957	69 654
	苏州市	45 566	51 660	57 622	61 416	66 956	72 656	80 187
	泰州市	34 488	38 328	42 985	46 190	52 341	56 613	59 685
	无锡市	46 430	51 518	56 883	60 581	67 048	71 882	78 145
	扬州市	35 429	40 289	44 142	52 582	58 190	63 168	66 706
	镇江市	37 675	42 659	47 626	54 747	57 998	63 367	67 581
浙江地区	杭州市	48 772	54 408	56 417	63 664	69 209	76 073	85 022
	湖州市	36 485	40 531	44 721	49 890	54 749	54 274	62 887
	嘉兴市	36 319	42 990	48 305	53 057	58 885	66 280	71 880
	宁波市	43 476	49 755	56 257	63 152	68 672	73 312	81 578
	绍兴市	35 125	39 810	45 614	50 380	54 762	58 728	61 394
	台州市	40 562	42 199	47 007	51 102	53 703	57 215	64 816
	舟山市	43 642	51 938	57 294	63 283	68 954	74 717	80 311

2.8　全市城镇非私营单位从业人员与工资（按会计制度划分）

根据会计制度，可以进一步把城镇非私营单位分为企业、机关和事业单位三种类型。其中，企业指国有、集体、股份制、合资和外资企业；机关主要指各级各类党政部门，包括国家机关、政党机关和社会团体；事业单位指政府部门设立的从事教育、科技、文化、体育和卫生等活动的社会组织。

2.8.1 企业

2016 年，苏州市企业从业人员为 260.70 万人，居各城市首位；镇江的企业从业人员为 36.53 万人，居末位。从企业从业人员占全市城镇非私营单位从业人员比重来看，南通市最高，达到 90.95%；镇江市最低，为 76.31%。另外，2003~2016 年各个城市的企业从业人员总数都保持稳步的增长速度，其中南通市年均增速最快，为 13.28%；镇江市最慢，为 4.56%（表 2-27）。

表 2-27　长三角核心区 11 个城市城镇非私营单位企业从业人员

城市		全市城镇非私营单位企业从业人员（2016 年）		全市城镇非私营单位企业从业人员（2003 年）		2016 年比 2003 年增长倍数（倍）	2003~2016 年年均增长率（%）
		总数（万人）	占全市城镇非私营单位从业人员比重（%）	总数（万人）	占全市城镇非私营单位从业人员比重（%）		
江苏地区	南京市	169.22	82.85	80.34	74.47	1.11	5.90
	常州市	54.46	79.52	24.79	69.95	1.20	6.24
	南通市	186.57	90.95	36.87	69.12	2.06	13.28
	苏州市	260.70	90.92	63.95	78.87	3.08	11.42
	泰州市	96.88	88.25	21.08	64.57	3.60	12.45
	无锡市	94.66	84.19	35.51	69.67	1.67	7.83
	镇江市	36.53	76.31	20.46	67.59	0.79	4.56
浙江地区	湖州市	40.70	81.70	8.62	56.46	3.72	12.68
	嘉兴市	66.18	83.28	20.29	67.88	2.26	9.52
	绍兴市	121.30	89.16	28.78	73.44	3.22	11.70
	台州市	70.68	83.27	20.22	61.53	2.50	10.11

2016 年，长三角核心区 11 个城市城镇非私营单位企业从业人员平均值为 108.90 万人，其中苏州市、南京市、南通市和绍兴市的企业从业人员较多，高于平均水平，而常州市、镇江市、嘉兴市、湖州市、台州市等城市低于平均水平，见图 2-42。

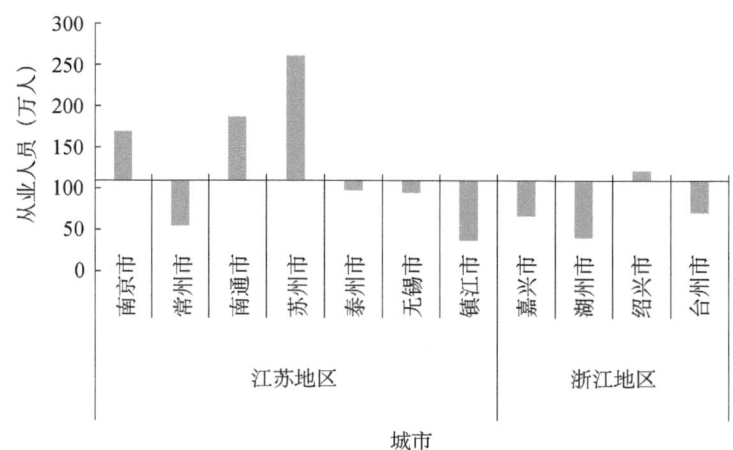

图 2-42　2016 年长三角核心区 11 个城市城镇非私营单位企业从业人员与平均值比较

从地区上看，2016 年，江苏地区城镇非私营单位企业从业人员平均人数为 143.75 万人，而浙江地区为 74.72 万人。2003~2016 年，江苏地区、浙江地区各年份从业人员平均人数都呈先上升后平稳的趋势，见图 2-43。

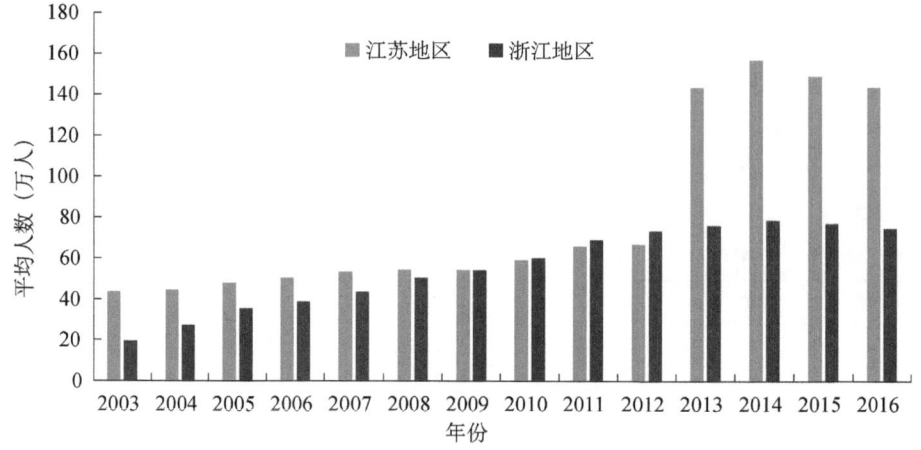

图 2-43　江苏地区、浙江地区城镇非私营单位企业从业人员平均人数

2016 年，城镇非私营单位企业从业人员平均工资，南京市最高，为 84 669 元；台州市最低，为 54 473 元。各地平均工资都保持稳步增长，其中泰州市年均增长最快，为 15.43%；台州市年均增长最慢，为 8.86%（表 2-38）。

2 劳动力和工资

表 2-28　长三角核心区 11 个城市全市城镇非私营单位企业从业人员平均工资及增长

	城市	全市城镇非私营单位企业从业人员平均工资（2016年）（元）	全市城镇非私营单位企业从业人员平均工资（2003年）（元）	2016年比2003年增长倍数（倍）	2003~2016年年均增长率（%）
江苏地区	南京市	84 669	17 495	3.84	12.90
	常州市	69 471	15 279	3.55	12.36
	南通市	64 914	—	—	—
	苏州市	76 118	17 241	3.41	12.10
	泰州市	56 308	8 723	5.46	15.43
	无锡市	73 086	17 537	3.17	11.60
	镇江市	61 462	13 182	3.66	12.57
浙江地区	嘉兴市	63 925	16 727	2.82	10.86
	宁波市	73 113	20 946	2.49	10.09
	绍兴市	54 811	15 014	2.65	10.47
	台州市	54 473	18 072	2.01	8.86

图 2-44 显示了 2003 年、2010 年、2016 年长三角核心区 11 个城市城镇非私营单位企业从业人员平均工资情况，可以看出各城市平均工资均呈现较大幅度增长。

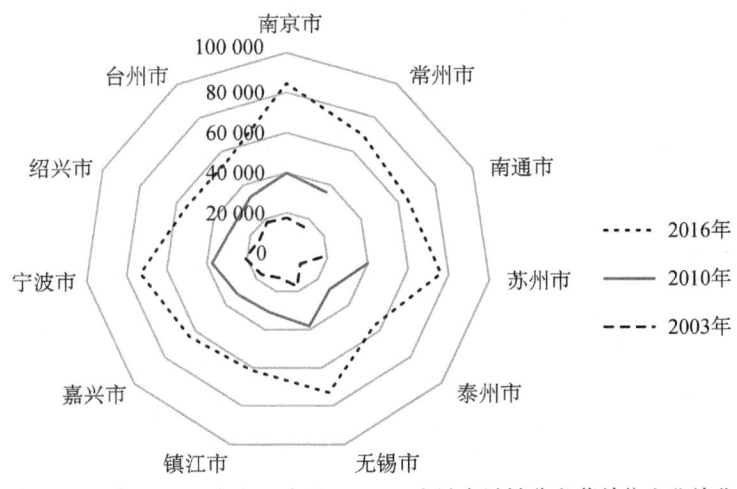

图 2-44　2003 年、2010 年、2016 年长三角核心区 11 个城市城镇非私营单位企业从业人员平均工资
图中数字表示城镇非私营单位企业从业人员平均工资，单位为元

2016 年，江苏地区城镇非私营单位企业从业人员平均工资数额为 60 753 元，浙江

地区为 42 921 元。2003~2016 年，两个地区都保持明显增长趋势（图 2-45）。

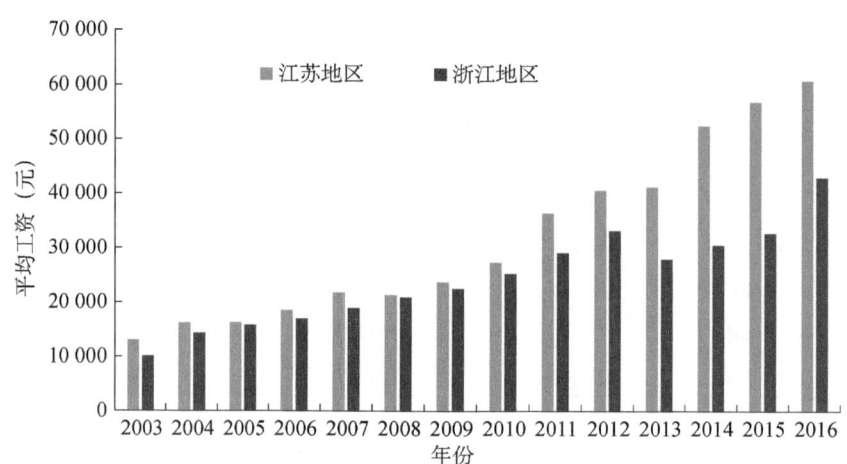

图 2-45　2003~2016 年江苏地区、浙江地区城镇非私营单位企业从业人员平均工资

2.8.2　事业单位

2016 年，各城市中城镇非私营单位事业单位从业人员人数最高的是南京市，为 27.36 万人；最低的是湖州市，为 6.26 万人。事业单位从业人员占全市城镇非私营单位从业人员比重最高的是常州市，为 15.05%；最低的是南通市，6.60%。从事业单位从业人员的增速上看，2003~2016 年，苏州市年均增速最快，为 3.00%；镇江市年均增速最慢，为 0.50%，见表 2-29。

表 2-29　长三角核心区 11 个城市城镇非私营单位事业单位从业人员及增长

城市		全市城镇非私营单位事业单位从业人员（2016 年）		全市城镇非私营单位事业单位从业人员（2003 年）		2016 年比 2003 年增长倍数（倍）	2003~2016 年年均增长率（%）
		总数（万人）	占全市城镇非私营单位从业人员比重（%）	总数（万人）	占全市城镇非私营单位从业人员比重（%）		
江苏地区	南京市	27.36	13.33	21.62	23.78	0.27	1.83
	常州市	10.31	15.05	7.93	22.37	0.30	2.04
	南通市	13.55	6.60	12.40	23.24	0.09	0.68
	苏州市	19.53	6.77	13.30	3.84	0.47	3.00

续表

城市		全市城镇非私营单位事业单位从业人员（2016年）		全市城镇非私营单位事业单位从业人员（2003年）		2016年比2003年增长倍数（倍）	2003~2016年年均增长率（%）
		总数（万人）	占全市城镇非私营单位从业人员比重（%）	总数（万人）	占全市城镇非私营单位从业人员比重（%）		
江苏地区	泰州市	9.43	8.57	8.82	27.01	0.07	0.52
	无锡市	13.23	11.76	12.09	23.72	0.09	0.70
	镇江市	7.70	16.05	7.22	23.84	0.07	0.50
浙江地区	湖州市	6.26	12.47	4.68	30.65	0.34	2.26
	嘉兴市	9.95	12.35	7.37	24.66	0.35	2.34
	绍兴市	10.61	7.96	7.73	19.86	0.37	2.47
	台州市	10.03	11.74	9.36	28.48	0.07	0.53
江苏地区		101.11	8.87	83.38	12.34	0.21	1.49
浙江地区		36.85	4.56	29.14	10.89	0.26	1.82
总计		137.97	7.08	112.52	11.93	0.23	1.58

2016年长三角核心区 11 个城市城镇非私营单位事业单位从业人员平均人数为 12.54 万人，超过平均值的有 4 个城市，分别为南京市、南通市、苏州市和无锡市，其余城市均低于平均水平，见图 2-46。

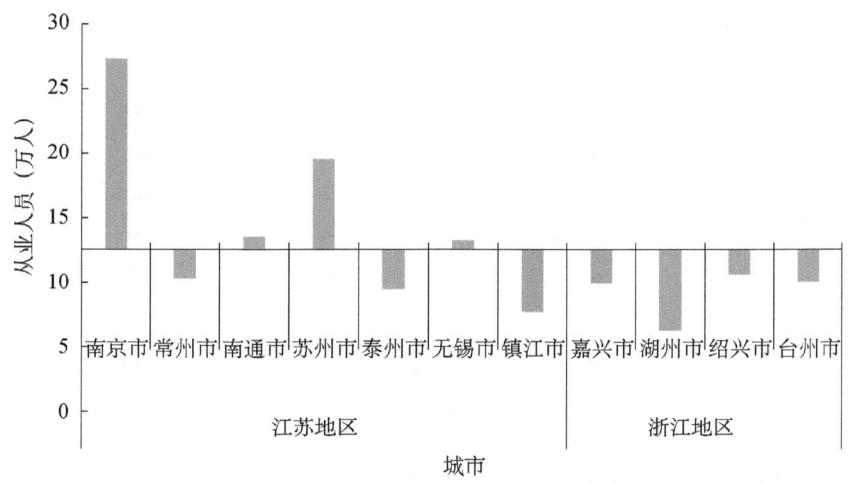

图 2-46 2016年长三角核心区 11 个城市城镇非私营单位事业单位从业人员与平均值比较

图 2-47 显示，2003～2016 年江苏地区城镇非私营单位事业单位从业人员平均人数一直高于浙江地区。2016 年，江苏地区平均人数为 15.57 万人，浙江地区为 9.21 万人。

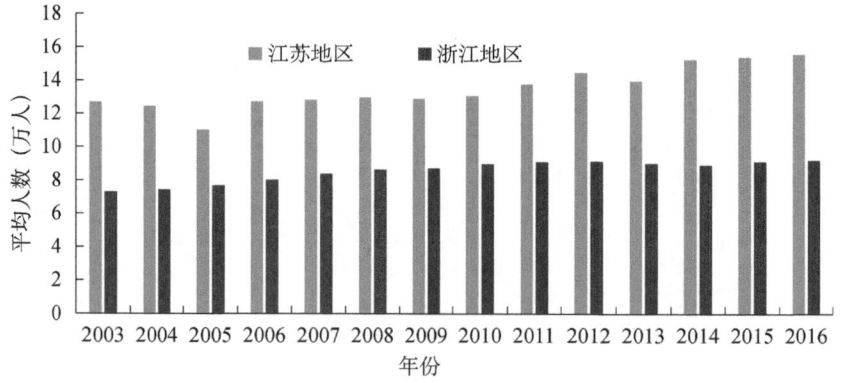

图 2-47　2003～2016 年江苏地区、浙江地区城镇非私营单位事业单位从业人员平均人数

2016 年，长三角核心区 12 个城市城镇非私营单位事业单位从业人员平均工资宁波市最高，为 118 284 元；泰州市最低，为 77 827 元。南通市平均工资年均增长率最高，为 14.61%；绍兴市最低，为 10.57%，见表 2-30。

表 2-30　长三角核心区 12 个城市城镇非私营单位事业单位从业人员平均工资

	城市	全市城镇非私营单位事业单位从业人员平均工资（2016 年）（元）	全市城镇非私营单位事业单位从业人员平均工资（2003 年）（元）	2016 年比 2003 年增长倍数（倍）	年均增长（%）
江苏地区	南京市	113 840	20 844	4.46	13.95
	常州市	97 054	19 903	3.88	12.96
	南通市	92 806	15 773	4.88	14.61
	苏州市	113 791	26 589	3.28	11.83
	泰州市	77 827	15 279	4.09	13.34
	无锡市	101 179	20 730	3.88	12.97
	镇江市	91 249	18 653	3.89	12.99
浙江地区	湖州市	99 058	—	—	—
	嘉兴市	108 394	25 455	3.26	11.79
	宁波市	118 284	29 018	3.08	11.41
	绍兴市	112 521	30 463	2.69	10.57
	台州市	109 812	25 536	3.30	11.87

图 2-48 显示了 2003 年、2010 年、2016 年长三角核心区 11 个城市城镇非私营单位事业单位从业人员平均工资情况，可以看出各城市平均工资均有较大幅度增长。

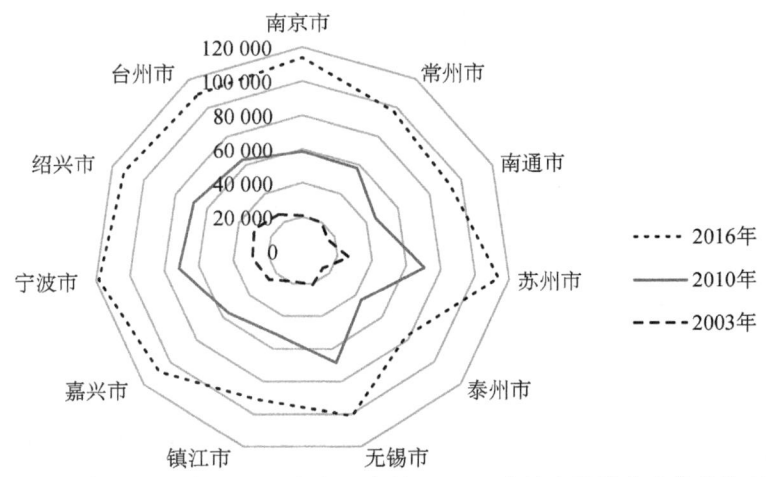

图 2-48　2003 年、2010 年、2016 年长三角核心区 11 个城市城镇非私营单位事业单位从业人员平均工资

图中数字表示城镇非私营单位事业单位从业人员平均工资，单位为元

2.8.3　机关

2016 年，全市城镇非私营单位机关单位从业人员南京最高，为 7.67 万人；湖州市最低，为 2.85 万人。从比例上看，镇江市所占全市城镇非私营单位从业人员比重最高，为 7.59%；苏州市所占比重最低，只有 2.26%。从整个地区来看，江苏地区机关单位从业人员占城镇非私营单位从业人员比重达到 3.03%，而浙江地区只有 1.79%。

2003~2016 年，就机关单位从业人员增长率而言，苏州市年均增长率最高，为 4.14%，泰州年均增长率最低，为 1.80%，见表 2-31。

表 2-31 长三角核心区 11 个城市城镇非私营单位机关单位从业人员及增长

城市		全市城镇非私营单位机关单位从业人员（2016 年）		全市城镇非私营单位机关单位从业人员（2003 年）		2016 年比 2003 年增长倍数（倍）	2003～2016 年年均增长率（%）
		总数（万人）	占全市城镇非私营单位从业人员比重（%）	总数（万人）	占全市城镇非私营单位从业人员比重（%）		
江苏地区	南京市	7.67	3.74	5.91	6.50	0.30	2.03
	常州市	3.71	5.42	2.72	7.68	0.36	2.42
	南通市	5.01	2.44	4.08	7.64	0.23	1.59
	苏州市	6.51	2.26	3.84	1.11	0.70	4.14
	泰州市	3.47	3.15	2.75	8.42	0.26	1.80
	无锡市	4.54	4.04	3.37	6.61	0.35	2.32
	镇江市	3.64	7.59	2.59	8.57	0.40	2.65
浙江地区	湖州市	2.85	5.68	1.97	12.89	0.45	2.88
	嘉兴市	3.34	4.15	2.23	7.46	0.50	3.16
	绍兴市	4.14	3.11	2.68	6.88	0.55	3.40
	台州市	4.17	4.88	3.28	9.99	0.27	1.86
	江苏地区	34.56	3.03	25.26	3.74	0.37	2.44
	浙江地区	14.51	1.79	10.16	3.79	0.43	2.78
	总计	49.07	2.52	35.42	3.76	0.39	2.54

2016 年长三角核心区 11 个城市城镇非私营单位机关单位从业人员平均为 4.46 万人。图 2-49 显示了 2016 年长三角核心区 11 个城市城镇非私营单位机关单位从业人员与平均值比较情况，其中有 4 个城市高于平均水平，分别为南京市、南通市、苏州市和无锡市。

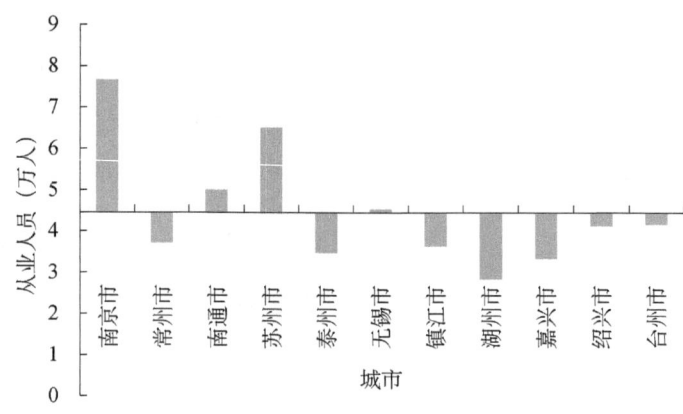

图 2-49 2016 年长三角核心区 11 个城市城镇非私营单位机关单位从业人员与平均值比较

图 2-50 显示，2003～2016 年江苏地区城镇非私营单位机关单位从业人员平均人数一直高于浙江地区。2016 年，江苏地区平均人数为 5.15 万人，浙江地区为 3.63 万人。

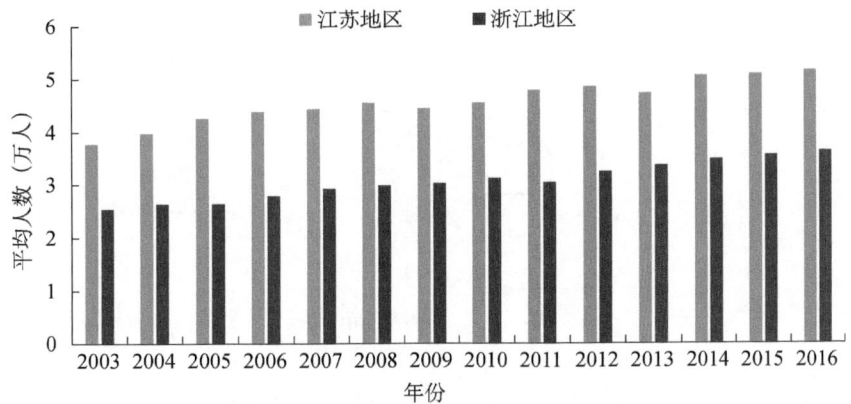

图 2-50　2003～2016 年江苏地区、浙江地区城镇非私营单位机关单位从业人员平均人数

如表 2-32 所示，2016 年长三角核心区 12 个城市城镇非私营单位机关单位从业人员平均工资，苏州市最高，为 135 058 元；镇江市最低，为 98 642 元。南通市平均工资年均增长率最高，为 14.23%；宁波市最低，为 9.96%。

表 2-32　长三角核心区 12 个城市城镇非私营单位机关单位从业人员平均工资

	城市	全市城镇非私营单位机关单位从业人员平均工资（2016 年）（元）	全市城镇非私营单位机关单位从业人员平均工资（2003 年）（元）	2016 年比 2003 年增长倍数（倍）	2003～2016 年年均增长率（%）
江苏地区	南京市	128 510	30 587	3.20	11.67
	常州市	111 463	27 170	3.10	11.47
	南通市	104 924	18 610	4.64	14.23
	苏州市	135 058	37 462	2.61	10.37
	泰州市	100 263	19 675	4.10	13.34
	无锡市	117 167	26 728	3.38	12.04
	镇江市	98 642	22 490	3.39	12.04
浙江地区	湖州市	108 691	—	—	—
	嘉兴市	133 107	33 140	3.02	11.29
	宁波市	127 304	37 068	3.43	9.96
	绍兴市	129 663	35 183	2.69	10.55
	台州市	127 084	25 577	3.97	13.12

图 2-51 显示了 2003 年、2010 年、2016 年长三角核心区 10 个城市城镇非私营单位机关单位从业人员平均工资情况，可以看出各城市平均工资均呈现较大幅度增长。

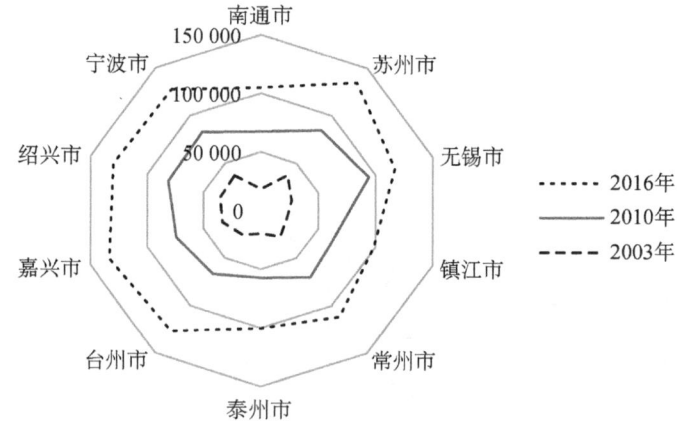

图 2-51　2003 年、2010 年、2016 年长三角核心区 10 个城市城镇非私营单位机关单位从业人员平均工资

图中数字表示城镇非私营单位机关单位从业人员平均工资，单位为元

2.9　城镇非私营单位从业人员（按登记类型划分）

按照就业单位登记的类型，可以分成国有、集体和其他三类。其中，国有单位指资产归国家所有的经济组织，以及中央、地方各级国家机关、事业单位和社会团体；集体单位指生产资料归集体所有的经济组织；其他单位包括股份合作制、联营单位、有限责任公司、股份有限公司、港澳台商和外商投资单位等。

2.9.1　国有单位

2016 年，全市城镇非私营单位国有单位从业人员南京市最多，为 49.86 万人；舟山市最少，为6.46万人。舟山市所占全市城镇非私营单位从业人员比重最高，为37.27%。就从业人员增速而言，宁波市年均增长率最高，为1.84%；镇江市年均增长率最低，为-1.63%，见表2-33。

表2-33 长三角核心区12个城市城镇非私营单位国有单位从业人员

	城市	全市城镇非私营单位国有单位从业人员（2016年）		全市城镇非私营单位国有单位从业人员（2003年）		2016年比2003年增长倍数（倍）	2003~2016年年均增长率（%）
		总数（万人）	占全市城镇非私营单位从业人员比重（%）	总数（万人）	占全市城镇非私营单位从业人员比重（%）		
江苏地区	南京市	49.86	24.30	53.03	58.31	-0.06	-0.47
	常州市	15.98	23.33	16.44	46.39	-0.03	-0.22
	南通市	20.58	10.02	22.08	41.39	-0.07	-0.54
	苏州市	29.59	10.25	25.53	7.37	0.16	1.14
	扬州市	17.91	17.54	19.76	55.43	-0.09	-0.75
	镇江市	13.78	28.73	17.06	56.33	-0.19	-1.63
浙江地区	湖州市	9.05	18.02	8.08	52.91	0.12	0.88
	嘉兴市	13.50	16.76	11.70	39.16	0.15	1.11
	宁波市	29.46	19.40	23.25	35.59	0.27	1.84
	绍兴市	14.95	11.22	13.41	34.46	0.11	0.84
	台州市	15.48	18.12	15.04	45.76	0.03	0.22
	舟山市	6.46	37.27	5.52	0.57	0.17	1.22
	江苏地区	147.71	12.95	153.90	22.78	-0.04	-0.32
	浙江地区	88.90	10.99	77.00	28.76	0.15	1.11
	总计	236.60	12.14	230.90	24.48	0.02	0.19

图2-52显示了2016年长三角核心区12个城市城镇非私营单位国有单位从业人员与平均值比较情况。2016年，长三角核心区12个城市城镇非私营单位国有单位从业人员平均人数为19.72万人。其中，有4个城市高于平均水平，分别是南京市、南通市、苏州市和宁波市。

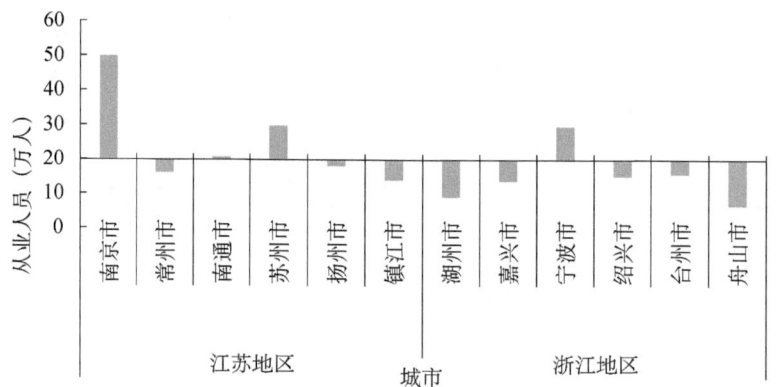

图2-52　2016年长三角核心区12个城市城镇非私营单位国有单位从业人员与平均值比较

图2-53显示了2003~2016年江苏地区、浙江地区城镇非私营单位国有单位从业人员平均人数，可以看出江苏地区一直显著高于浙江地区。2016年，江苏地区国有单位从业人员平均人数为29.00万人，浙江地区为14.82万人。

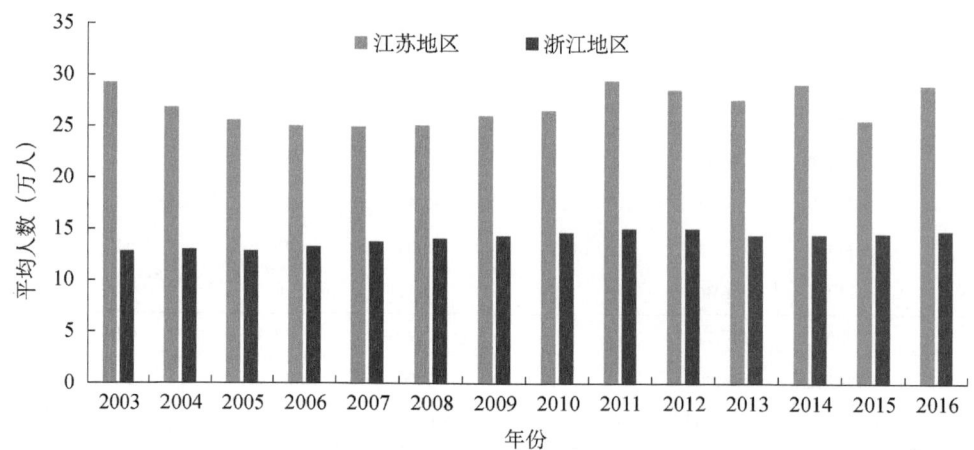

图2-53　江苏地区、浙江地区城镇非私营单位国有单位从业人员平均人数

如表2-34，2016年长三角核心区12个城市城镇非私营单位国有单位从业人员平均工资，南京市最高，为111 820元；扬州市最低，为76 033元。南通市平均工资年均增长率最高，为14.17%；绍兴最低，为11.21%。

2 劳动力和工资

表 2-34 长三角核心区 12 个城市城镇非私营单位国有单位从业人员平均工资

	城市	全市城镇非私营单位国有单位从业人员平均工资（2016年）（元）	全市城镇非私营单位国有单位从业人员平均工资（2003年）（元）	2016年比2003年增长倍数（倍）	2003~2016年年均增长率（%）
江苏地区	南京市	111 820	—	—	—
	常州市	98 012	20 091	3.88	12.97
	南通市	94 828	16 931	4.60	14.17
	苏州市	115 684	25 338	3.57	12.39
	扬州市	76 033	16 557	3.59	12.44
	镇江市	88 993	17 734	4.02	13.21
浙江地区	杭州市	—	29 121	—	—
	湖州市	104 295	23 752	3.39	12.05
	宁波市	117 661	—	—	—
	绍兴市	117 993	29 636	2.98	11.21
	台州市	114 402	26 191	3.37	12.01
	舟山市	102 153	21 926	3.66	12.57

图 2-54 显示了 2003 年、2010 年、2016 年长三角核心区 11 个城市城镇非私营单位国有单位从业人员平均工资情况，可以看出各城市平均工资均呈现较大幅度增长。

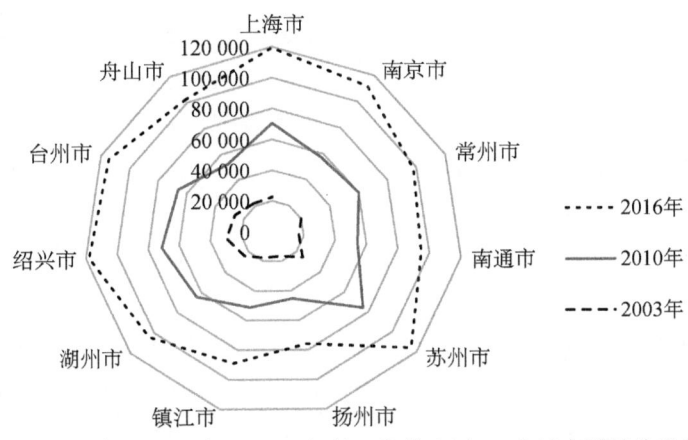

图 2-54 2003 年、2010 年、2016 年长三角核心区 11 个城市城镇非私营单位国有单位从业人员平均工资

图中数字表示城镇非私营单位国有单位从业人员平均工资，单位为元。南京市 2003 年数据缺失

2.9.2 城镇集体

2016年，全市城镇非私营单位城镇集体从业人员台州市最高，为4.49万人；湖州市最低，为0.27万人。台州市所占全市城镇非私营单位从业人员比重最高，为5.25%。就从业人员增速而言，台州市年均增长率为正，为1.40%，其他城市年均增长率为负，见表2-35。

表2-35 长三角核心区12个城市城镇非私营单位城镇集体从业人员

城市		全市城镇非私营单位城镇集体从业人员（2016年）		全市城镇非私营单位城镇集体从业人员（2003年）		2016年比2003年增长倍数（倍）	2003~2016年年均增长率（%）
		总数（万人）	占全市城镇非私营单位从业人员比重（%）	总数（万人）	占全市城镇非私营单位从业人员比重（%）		
江苏地区	南京市	2.22	1.08	6.12	6.73	−0.64	−7.50
	常州市	1.41	2.06	3.75	10.57	−0.62	−7.25
	南通市	2.33	1.13	5.62	10.53	−0.59	−6.55
	苏州市	4.34	1.50	4.95	1.43	−0.12	−1.01
	扬州市	2.45	2.40	3.99	11.19	−0.39	−3.68
	镇江市	1.60	3.34	4.18	13.80	−0.62	−7.12
浙江地区	湖州市	0.27	0.54	1.28	8.38	−0.79	−11.28
	嘉兴市	0.35	0.43	1.83	6.13	−0.81	−11.95
	宁波市	2.46	1.62	4.30	6.58	−0.43	−4.20
	绍兴市	0.88	0.66	5.07	13.02	−0.83	−12.60
	台州市	4.49	5.25	3.75	11.41	0.20	1.40
	舟山市	0.35	2.01	—	—	—	—
江苏地区		14.36	1.26	28.61	4.24	−0.50	−5.16
浙江地区		8.80	1.09	16.23	6.06	−0.46	−4.60
总计		23.15	1.19	44.83	4.75	−0.48	−4.96

图2-55显示了2016年长三角核心区12个城市城镇非私营单位城镇集体从业人

员与平均值比较情况。2016年各城市城镇集体从业人员平均水平为1.93万人,其中有6个城市高于平均水平,分别为南京市、南通市、苏州市、扬州市、宁波市和台州市。

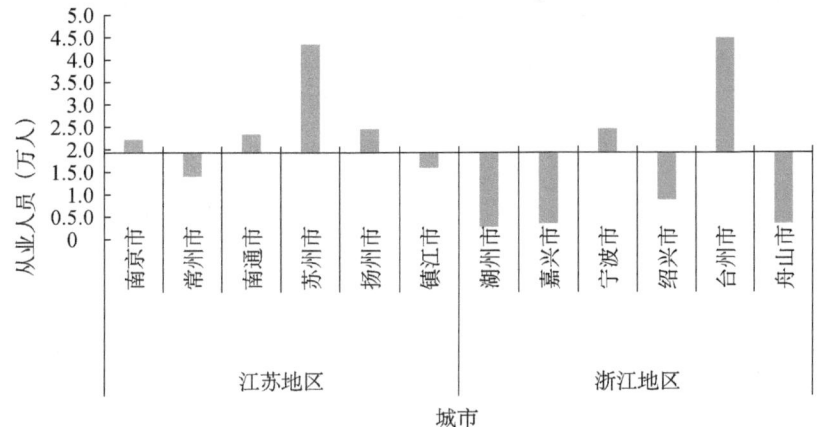

图2-55 2016年长三角核心区12个城市城镇非私营单位城镇集体从业人员与平均值比较

图2-56显示了2003~2016年江苏地区、浙江地区城镇非私营单位城镇集体从业人员平均人数情况。2004年以后,江苏地区城镇集体从业人员平均人数一直高于浙江地区。2016年,江苏地区平均人数为2.39万人,浙江地区为1.69万人。

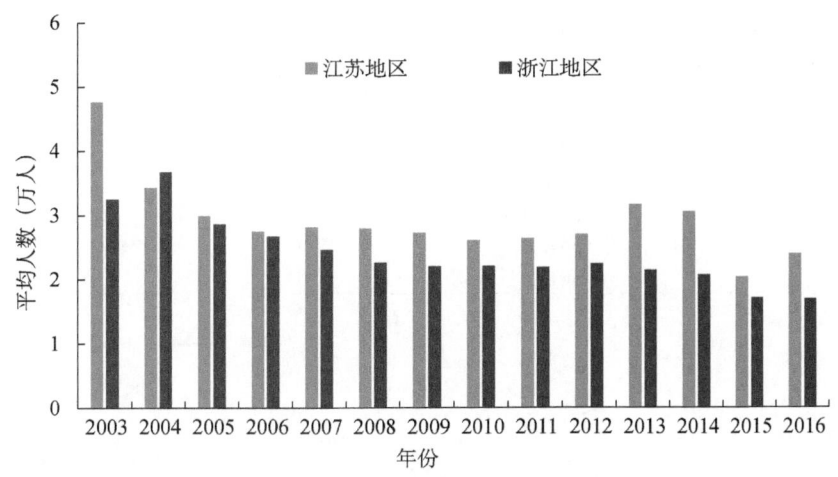

图2-56 江苏地区、浙江地区城镇非私营单位城镇集体从业人员平均人数

如表2-36所示,2016年长三角核心区12个城市城镇非私营单位城镇集体从业人员平均工资宁波市最高,为93 470元;台州市最低,为42 052元。扬州市平均工资年

均增长率最高，为18.23%；台州市最低，8.17%。

表 2-36　长三角核心区 12 个城市城镇非私营单位城镇集体从业人员平均工资及增长

城市		全市城镇非私营单位城镇集体从业人员平均工资（2016年）（元）	全市城镇非私营单位城镇集体从业人员平均工资（2003年）（元）	2016年比2003年增长倍数（倍）	年均增长（%）
江苏地区	南京市	76 037	—	—	—
	常州市	71 900	12 375	4.81	14.49
	南通市	58 125	9 531	5.10	14.92
	苏州市	85 816	14 262	5.02	14.80
	扬州市	60 538	6 862	7.82	18.23
	镇江市	65 673	9 867	5.66	15.70
浙江地区	杭州市	—	18 154	—	—
	湖州市	80 566	15 366	4.24	13.59
	宁波市	93 470	—	—	—
	绍兴市	52 952	14 839	2.57	10.28
	台州市	42 052	15 142	1.78	8.17
	舟山市	52 629	15 131	2.48	10.06

图 2-57 显示了 2003 年、2010 年、2016 年长三角核心区 11 个城市城镇非私营单位城镇集体从业人员平均工资情况，可以看出各城市平均工资均呈现较大幅度增长。

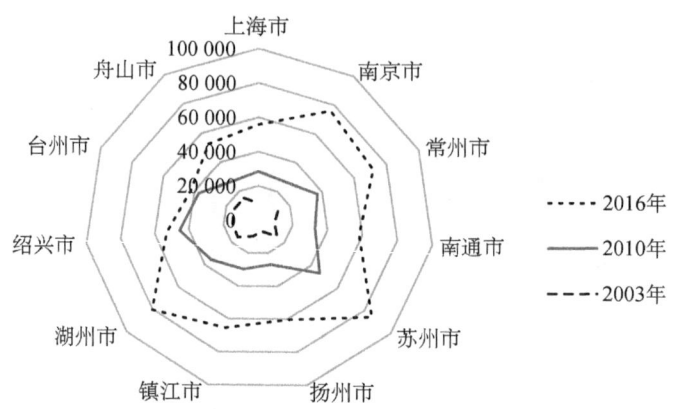

图 2-57　2003 年、2010 年、2016 年长三角核心区 11 个城市城镇非私营单位城镇集体从业人员平均工资

图中数字表示城镇非私营单位城镇集体从业人员平均工资，单位为元

2.9.3 其他

2016 年，全市城镇非私营单位其他从业人员人数苏州市最高，为 254.76 万人；舟山市最低，为 10.52 万人。南通市所占全市城镇非私营单位从业人员比重最高，为 88.85%。就从业人员增速而言，南通市年均增长率最高，为 16.29%；舟山市年均增长率最低，为 8.81%（表 2-37）。

表 2-37　长三角核心区 12 个城市城镇非私营单位其他从业人员及增长

城市		全市城镇非私营单位其他从业人员（2016 年）		全市城镇非私营单位其他从业人员（2003 年）		2016 年比 2003 年增长倍数（倍）	2003~2016 年年均增长率（%）
		总数（万人）	占全市城镇非私营单位从业人员比重（%）	总数（万人）	占全市城镇非私营单位从业人员比重（%）		
江苏地区	南京市	153.10	74.61	31.80	34.96	3.81	12.85
	常州市	51.11	74.61	—	—	—	—
	南通市	182.44	88.85	25.65	48.08	6.11	16.29
	苏州市	254.76	88.25	50.61	14.62	4.03	13.24
	扬州市	81.78	80.07	11.90	33.38	5.87	15.98
	镇江市	32.58	67.92	9.04	29.86	2.60	10.36
浙江地区	湖州市	34.65	68.99	—	—	—	—
	嘉兴市	56.79	70.51	14.43	48.28	2.94	11.11
	宁波市	119.95	78.98	37.79	57.84	2.17	9.29
	绍兴市	117.42	88.12	20.43	52.51	4.75	14.40
	台州市	65.48	76.63	14.08	42.84	3.65	12.55
	舟山市	10.52	60.72	3.51	0.36	2.00	8.81
江苏地区		755.77	66.28	128.99	19.10	4.86	14.57
浙江地区		404.81	50.05	90.24	33.71	3.49	12.24
总计		1160.58	59.54	219.24	23.24	4.29	13.68

图 2-58 显示了 2016 年长三角核心区 12 个城市城镇非私营单位其他从业人员与

平均值比较情况。2016年，各城市其他从业人员平均水平为96.72万人，其中有5个城市高于平均水平，分别为南京市、南通市、苏州市、宁波市和绍兴市。

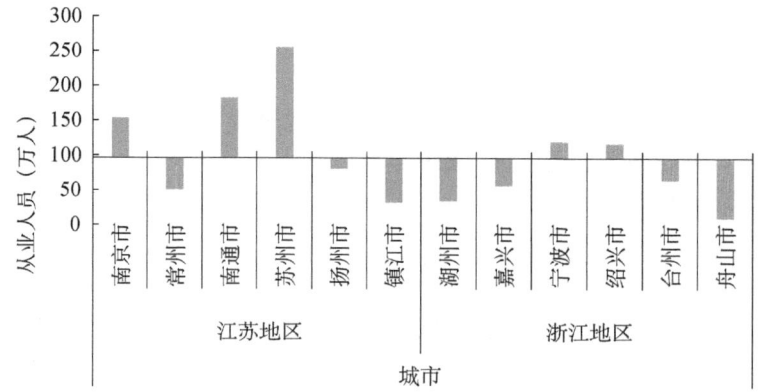

图2-58 2016年长三角核心区12个城市城镇非私营单位其他从业人员与平均值比较

图2-59显示了2003~2016年江苏地区、浙江地区城镇非私营单位其他从业人员平均人数情况。2013年是转折点，2013年之后，江苏地区其他从业人员平均人数显著高于浙江地区。2016年，江苏地区平均人数为140.93万人，浙江地区为74.03万人。

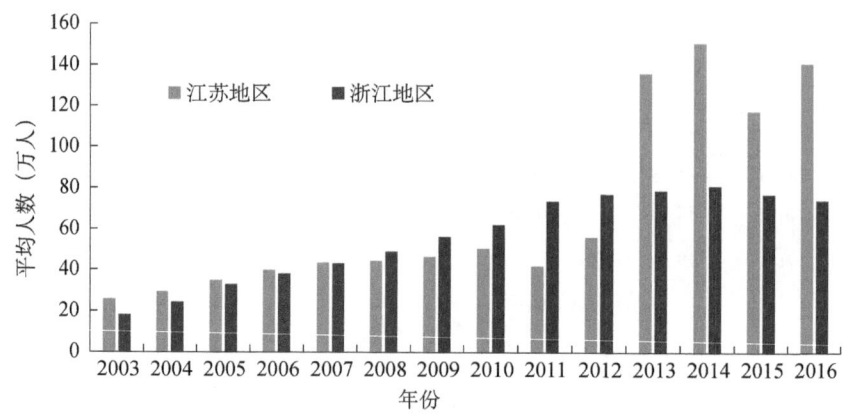

图2-59 2003~2016年江苏地区、浙江地区城镇非私营单位其他从业人员平均人数

如表2-38所示，2016年，长三角核心区11个城市城镇非私营单位其他从业人员平均工资宁波市最高，为72 221元；湖州市最低，为53 389元。南通市平均工资年均增长率最高，为14.22%；苏州市最低，为9.03%。

2 劳动力和工资

表 2-38　长三角核心区 11 个城市城镇非私营单位其他从业人员平均工资及增长

城市		全市城镇非私营单位其他从业人员平均工资（2016 年）（元）	全市城镇非私营单位其他从业人员平均工资（2003 年）（元）	2016 年比 2003 年增长倍数（倍）	2003～2016 年年均增长率（%）
江苏地区	常州市	—	99 976	—	—
	南通市	64 762	11 499	4.63	14.22
	苏州市	53 442	17 379	2.08	9.03
	扬州市	64 851	11 629	4.58	14.13
	镇江市	60 682	13 237	3.58	12.43
浙江地区	杭州市	—	19 757	—	—
	湖州市	53 389	13 219	3.04	11.34
	宁波市	72 221	—	—	—
	绍兴市	54 273	13 646	2.98	11.20
	台州市	54 497	16 856	2.23	9.45
	舟山市	67 378	14 614	3.61	12.48

图 2-60 显示了 2003 年、2010 年、2016 年长三角核心区 9 个城市城镇非私营单位其他从业人员平均工资情况，可以看出各城市平均工资均呈现较大幅度增长。

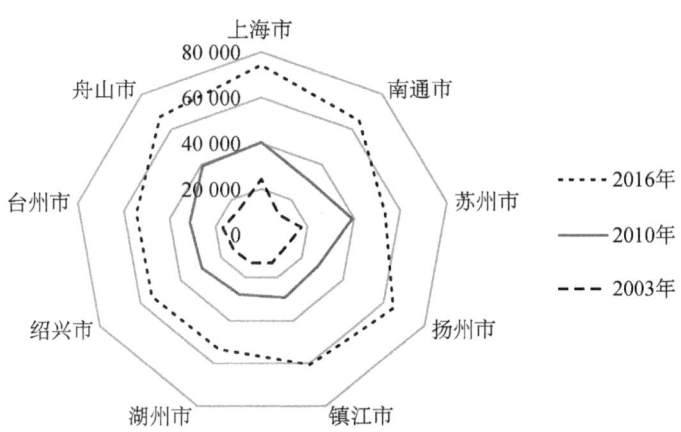

图 2-60　2003 年、2010 年、2016 年长三角核心区 9 个城市城镇非私营单位其他从业人员平均工资
图中数字表示城镇非私营单位其他从业人员平均工资，单位为元

3 人民生活——城镇

3.1 城镇居民家庭生活基本情况

城镇居民家庭生活情况主要以 3 个指标体现：平均每户家庭常住人口、平均每户家庭就业人口和家庭人均住房面积，分别从人口、就业、住房角度反映城镇居民家庭生活基本情况。在总体分析的基础上，把城镇家庭人均可支配收入按照从低到高的顺序排序，可将所有调查家庭划分成低收入户、中等偏下收入户、中等收入户、中等偏上收入户、高收入户五类，由此得到的数据称之为分组数据。本节具体将涉及以下三个分组指标：分组家庭平均每户人口、分组家庭人均可支配收入、分组家庭人均消费支出。

3.1.1 平均每户家庭常住人口

平均每户家庭常住人口由城镇常住人口除以城镇户数而得，这一指标可以反映城镇家庭规模的大小。

2016 年长三角核心区 14 个城市年末平均每户家庭常住人口情况见表 3-1。表中显示，14 个城市中，上海市、南京市、常州市、杭州市、宁波市、绍兴市 6 个城市的平均每户家庭常住人口少于 3 人，其余城市均大于等于 3 人。其中，泰州市的平均每户家庭常住人口最多，为 3.30 人；上海市最少，为 2.69 人。

表 3-1 2003 年、2010 年、2016 年长三角核心区 14 个城市年末平均每户家庭常住人口

城市		平均每户家庭常住人口		
		2016 年	2010 年	2003 年
	上海市	2.69	2.90	2.99
江苏地区	南京市	2.82	2.68	2.91
	无锡市	3.00	2.86	2.84
	常州市	2.93	2.80	2.86
	苏州市	3.15	2.77	2.84
	南通市	3.10	2.77	2.84

续表

城市		平均每户家庭常住人口		
		2016年	2010年	2003年
江苏地区	扬州市	3.03	2.94	3.20
	泰州市	3.30	2.65	3.01
	镇江市	3.20	2.70	2.90
浙江地区	杭州市	2.80	2.70	2.92
	宁波市	2.71	2.66	2.87
	嘉兴市	3.28	2.65	2.81
	绍兴市	2.90	2.57	2.78
	台州市	3.00	2.90	2.77

2016年长三角核心区家庭常住人口平均值为2.99。图3-1显示14个城市家庭常住人口与平均值的比较。其中，上海市、南京市、常州市、杭州市、宁波市、绍兴市等6个城市位于平均值以下；而无锡市、苏州市、南通市、扬州市、泰州市、镇江市、嘉兴市、台州市等8个城市位于平均值之上。

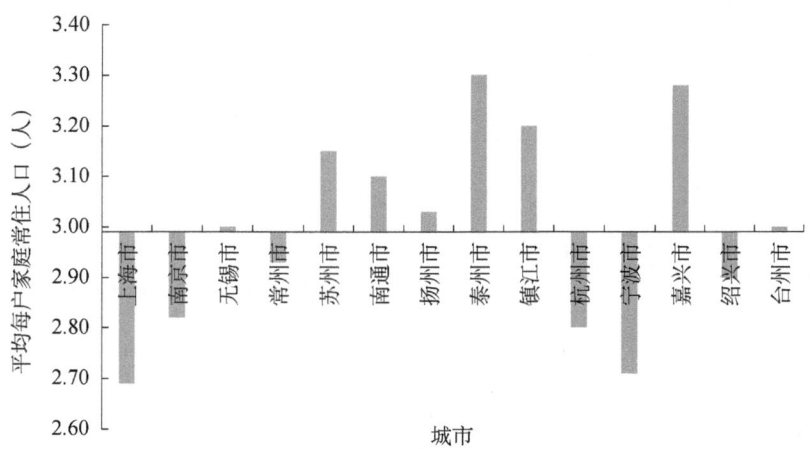

图3-1 2016年长三角核心区14个城市平均每户家庭常住人口与平均值比较

图3-2为2003年、2010年、2016年长三角核心区14个城市年末平均每户家庭常住人口情况。图中显示2010年14个城市平均每户家庭常住人口数普遍低于2003年，2016年则普遍高于2003年和2010年。苏州市、南通市、泰州市、镇江市、嘉兴市等城市平均每户家庭常住人口增长相对较为明显，其余城市基本保持稳定状态。

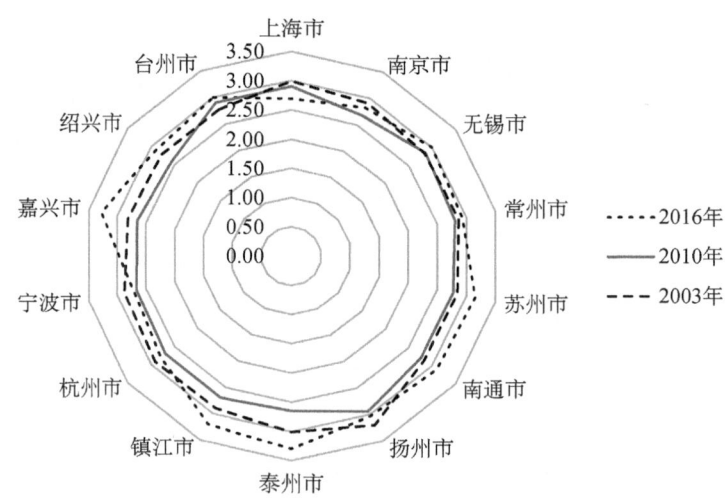

图 3-2 2003 年、2010 年、2016 年长三角核心区 14 个城市平均每户家庭常住人口情况
图中数字表示平均每户家庭常住人口，单位为人

2004 年长三角核心区有 8 个城市统计了分组家庭平均每户家庭人口情况，见表 3-2。表中显示，所有城市均呈现出收入等级越高人口越少的趋势。所有城市的低收入家庭平均每户人口数都多于高收入家庭。在低收入家庭中，所有城市除了绍兴市之外，平均每户人口均超过 3 人；相反在高收入家庭中，所有城市的平均每户人口都低于 3 人。

表 3-2　2004 年长三角核心区 8 个城市分组家庭平均每户家庭人口情况　（单位：人）

城市		分组家庭平均每户家庭人口数				
		低收入户（20%）	中等偏下收入户（20%）	中等收入户（20%）	中等偏上收入户（20%）	高收入户（20%）
	上海市	3.28	3.01	3.05	3.00	2.86
江苏地区	南京市	3.11	3.15	2.86	2.74	2.55
	常州市	3.16	2.98	2.73	2.90	2.48
	苏州市	3.35	2.81	2.85	2.45	2.65
	扬州市	3.47	3.48	3.10	2.95	2.71
浙江地区	宁波市	3.07	2.90	2.86	2.81	2.60
	嘉兴市	3.01	2.81	2.80	2.71	2.50
	绍兴市	2.90	2.81	2.77	2.50	2.71

注：2003 年多数城市无分组数据，故选用 2004 年数据

2012 年上述 8 个城市分组家庭平均每户家庭人口情况见表 3-3。表中显示，大多

数城市大多数收入组,仍然保持收入等级越高人口数越少的趋势。上海市和江苏地区的南京市、常州市、苏州市、扬州市低收入家庭平均每户人口均超过3人,浙江地区的宁波市、嘉兴市、绍兴市低收入家庭平均每户人口均不到3人。

表3-3 2012年长三角核心区8个城市分组家庭平均每户家庭人口情况 (单位:人)

城市		分组家庭平均每户家庭人口数				
		低收入户(20%)	中等偏下收入户(20%)	中等收入户(20%)	中等偏上收入户(20%)	高收入户(20%)
上海市		3.09	2.90	2.85	2.79	2.79
江苏地区	南京市	3.02	2.64	2.60	2.59	2.48
	常州市	3.02	2.90	2.63	2.48	2.40
	苏州市	3.24	2.65	2.84	2.80	2.82
	扬州市	3.28	2.90	3.08	2.78	2.68
浙江地区	宁波市	2.76	2.67	2.48	2.56	2.53
	嘉兴市	2.97	2.95	2.67	2.61	2.45
	绍兴市	2.98	2.82	2.45	2.76	2.63

注:2013年后多数城市无分组数据,故选用2012年数据。

图3-3进一步显示了2012年上述8个城市分组家庭平均每户人口情况。8个城市中,低收入户的平均每户家庭人口数全都大于高收入户。其中,上海市、南京市、常州市、嘉兴市4个城市家庭人均可支配收入越高,平均每户家庭人口数越小。苏州市中等偏下收入户平均每户家庭人口数小于更高收入的三类家庭;扬州市中等收入户平均每户家庭人口数仅低于低收入户;宁波市和绍兴市的中等收入户平均每户家庭人口数在所有家庭中最小。

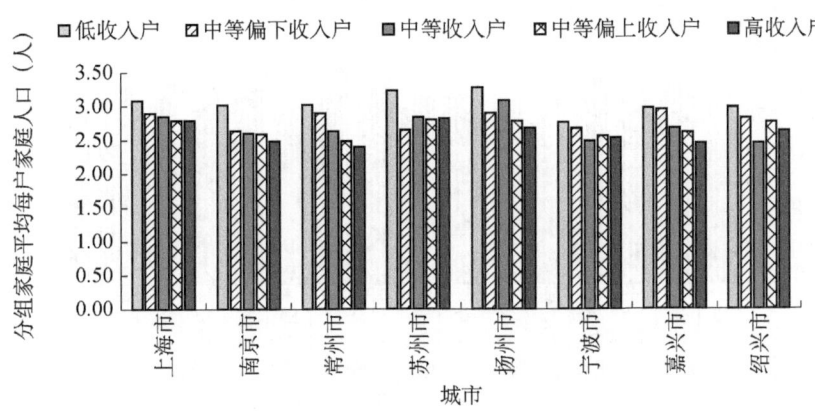

图3-3 2012年长三角核心区8个城市分组家庭平均每户家庭人口情况

图3-4对于分组的五类家庭的平均每户人口进行城市之间的对比。低收入户中，扬州市平均每户家庭人口最多，宁波市最少；中等偏下收入户中，嘉兴市平均每户家庭人口最多，南京市最少；中等收入户中，扬州市平均每户家庭人口最多，绍兴市最少；中等偏上收入户中，苏州市平均每户家庭人口最多，常州市最少；高收入户中，苏州市平均每户家庭人口最多，常州市最少。

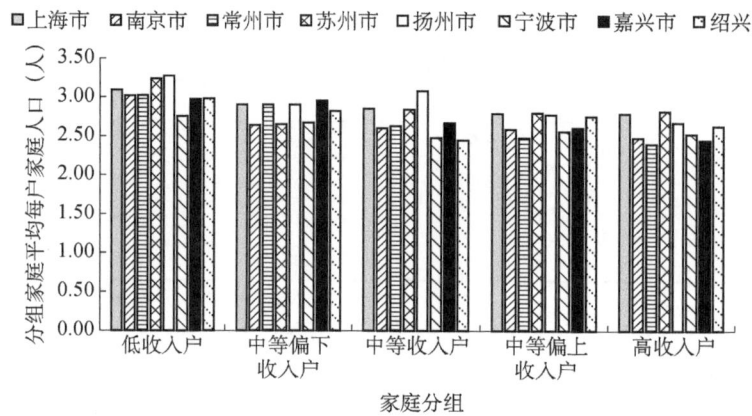

图3-4 2012年长三角核心区8个城市分组家庭平均每户家庭人口城市间对比

图3-5为2004年、2012年长三角核心区8个城市分组家庭平均每户家庭人口情况。图中显示，2004~2012年，上海市、南京市、常州市、苏州市、扬州市、宁波市6个城市的五类分组家庭平均每户人口均呈下降状态；嘉兴市和绍兴市的五类分组家庭平均每户人口变化不明显，有增有减。

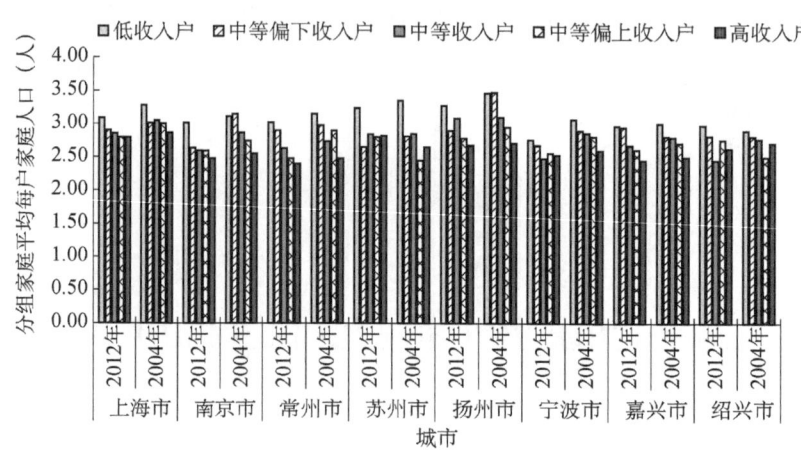

图3-5 2004年和2012年长三角核心区8个城市分组家庭平均每户家庭人口情况

3.1.2 平均每户家庭就业人口

就业人口是指16周岁及以上，从事一定的社会劳动或经营活动并取得劳动报酬或经营收入的人口。平均每户家庭就业人口即平均每户家庭中符合上述条件的人口，该指标可以反映城镇家庭的就业情况。

2016年长三角核心区12个城市年末平均每户家庭就业人口情况见表3-4（不含湖州市、绍兴市、舟山市、台州市）。表中显示，12个城市中，泰州市、镇江市、宁波市、嘉兴市4个城市的平均每户家庭就业人口大于等于2人，其余城市均小于2人。其中，镇江市的平均每户家庭就业人口最多，为2.20人；上海市最少，为1.25人。

表 3-4　长三角核心区 12 个城市年末平均每户家庭就业人口　　（单位：人）

	城市	平均每户家庭就业人口		
		2016年	2010年	2003年
	上海市	1.25	1.60	1.55
江苏地区	南京市	1.57	1.27	1.41
	无锡市	1.73	1.37	1.31
	常州市	1.65	1.48	1.47
	苏州市	1.93	1.34	1.17
	南通市	1.70	1.38	1.32
	扬州市	1.77	1.60	1.51
	泰州市	2.00	1.27	1.42
	镇江市	2.20	1.20	1.40
浙江地区	杭州市	1.49	1.25	1.51
	宁波市	2.09	1.92	1.63
	嘉兴市	2.06	1.46	1.60

注：湖州市、绍兴市、舟山市、台州市无相关数据，故未纳入。

2016年长三角核心区12个城市家庭就业人口平均值为1.79。图3-6显示，上海市、南京市、无锡市、常州市、南通市、扬州市、杭州市7个城市位于平均水平以下；苏州市、泰州市、镇江市、宁波市、嘉兴市5个城市位于平均水平之上。其中，上海市平均每户家庭就业人口数最小，镇江市平均每户家庭就业人口数最大。

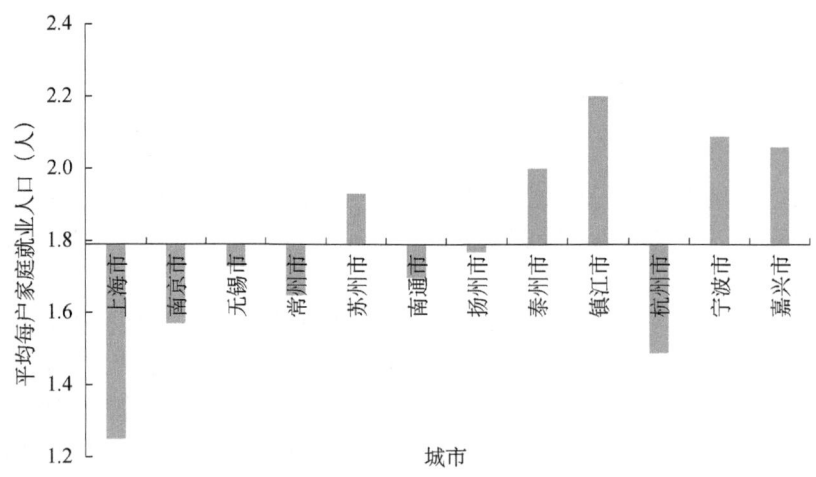

图 3-6 2016 年长三角核心区 12 个城市平均每户家庭就业人口与平均值比较

图 3-7 显示了 2003 年、2010 年、2016 年长三角核心区 12 个城市年末平均每户家庭就业人口情况。从整体来看，2003~2010 年，长三角核心区各城市平均每户家庭就业人口基本保持稳定状态，或小幅变动；2010~2016 年，除上海市外，长三角核心区 12 个城市平均每户家庭就业人口基本呈增长趋势。上海市情况特殊，这与上海市在此期间平均每户家庭常住人口呈下降趋势有关。无锡市、苏州市、南通市、泰州市、镇江市、嘉兴市等城市平均每户家庭就业人口增长幅度相对较大。

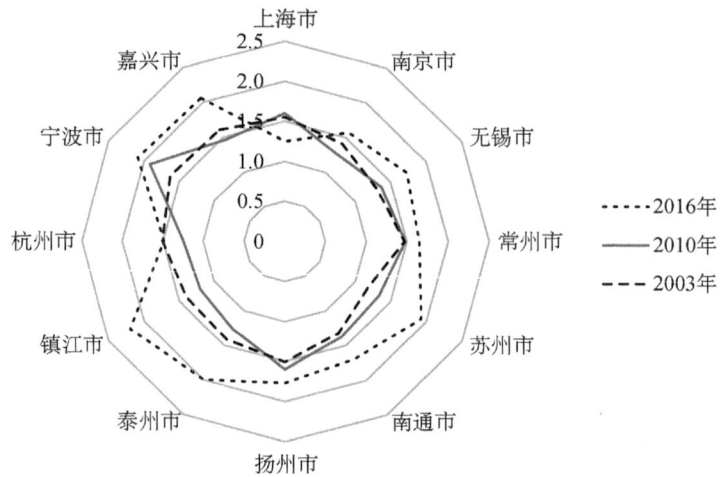

图 3-7 2003 年、2010 年、2016 年长三角核心区 12 个城市平均每户家庭就业人口情况
图中数字表示平均每户家庭就业人口，单位为人

3.1.3 家庭人均住房面积

2016年长三角核心区14个城市家庭人均住房情况[①]见表3-5。表中显示，除上海市和舟山市以外的12个城市中，南京市、杭州市、嘉兴市、湖州市4个城市的家庭人均住房建筑面积小于40米^2，其余城市均超过40米^2。其中，泰州市的家庭人均住房建筑面积最大，为49.00米^2。

表3-5 长三角核心区14个城市人均住房建筑面积　　　　（单位：米^2）

	城市	人均住房建筑面积			
		2016年	2013年	2010年	2003年
	上海市	—	17.50	16.70	13.80
江苏地区	南京市	36.70	35.40	27.44	21.11
	无锡市	45.34	37.96	35.81	24.83
	常州市	44.30	31.30	24.91	20.35
	南通市	43.00	45.40	32.83	25.25
	扬州市	46.40	38.00	37.76	21.50
	泰州市	49.00	43.00	30.49	26.75
	镇江市	44.70	33.90	35.00	23.20
浙江地区	杭州市	35.80	34.90	30.90	22.90
	宁波市	41.82	33.58	30.22	23.22
	嘉兴市	39.14	39.45	35.24	26.51
	湖州市	38.50	36.50	36.60	25.09
	绍兴市	44.10	40.20	36.62	32.63
	舟山市	—	33.18	31.70	29.24

注：①苏州市、台州市数据不全，故未纳入；②上海市无人均住房建筑面积数据，故用人均住房居住面积代替；③上海市、舟山市无2016年数据。

2013年长三角核心区14个城市人均住房面积平均水平为35.73米^2。图3-8显示，上海市、南京市、常州市、镇江市、杭州市、宁波市、舟山市7个城市低于平均水平，

[①] 该指标采用人均住房建筑面积表示，其中由于上海市无人均住房建筑面积数据，故用人均住房实际居住面积代替。

无锡市、南通市、扬州市、泰州市、嘉兴市、湖州市、绍兴市7个城市高于平均水平。其中，上海市人均住房（居住）面积最少，仅为17.50米^2，远低于其他城市[①]。

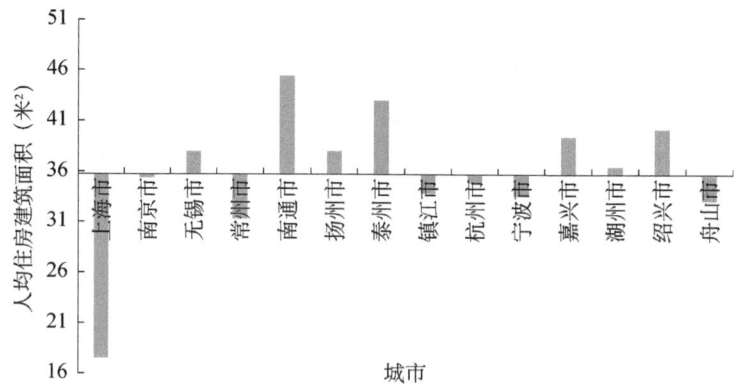

图3-8 2013年长三角核心区14个城市人均住房建筑面积与平均值比较

图3-9显示了2003年、2010年、2013年长三角核心区14个城市人均住房面积情况。从整体来看，2003～2013年长三角核心区14个城市人均住房面积大多呈现较为明显的增长趋势。其中，南通市和泰州市增长幅度最大，上海市增长幅度最小。截至2013年底，上海市人均住房面积仅为17.50米^2，其余各城市均超过30米^2。

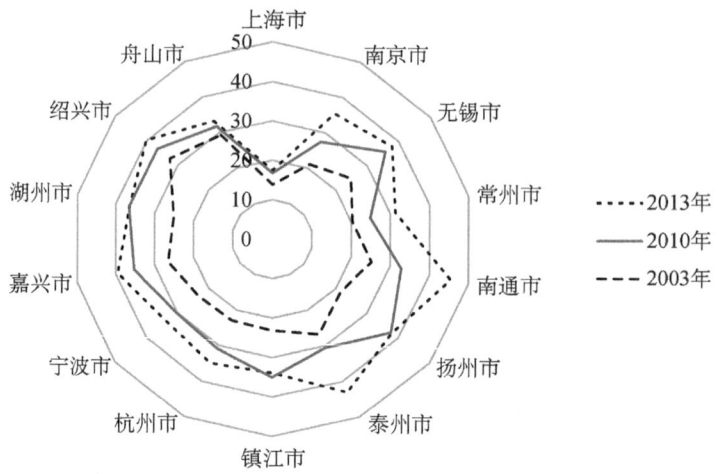

图3-9 2003年、2010年、2013年长三角核心区14个城市人均住房建筑面积情况

图中数字表示人均住房建筑面积，单位为平方米

---

① 可能是因为上海市采用人均实际居住面积作为替代指标。

3 人民生活——城镇

3.2 城镇居民人均可支配收入

城镇居民人均可支配收入是指城镇居民家庭全部收入中能用于安排家庭日常生活的那部分收入。它是家庭总收入扣除交纳的所得税、个人交纳的社会保障费及记账补贴后的收入。从收入来源看,城镇居民人均可支配收入由工资性收入、经营净收入、财产净收入和转移净收入四大类构成。

3.2.1 从数字看形势

2016 年长三角核心区 16 个城市城镇居民人均可支配收入在 35 659~57 692 元。其中,上海市为 57 692 元;江苏地区在 35 659~54 341 元;浙江地区在 45 794~52 185 元。16 个城市中,上海市以 57 692 元列第一位,扬州市以 35 659 元列末位,最高的上海市是扬州市的 1.62 倍。苏州市为 54 341 元,列第二位,接近上海市。与 2003 年相比,16 个城市的城镇居民人均可支配收入的年均增长率均达到 10%以上(表 3-6)。

表 3-6 长三角核心区 16 个城市城镇居民人均可支配收入及增长情况

城市		城镇居民人均可支配收入			
		2016 年(元)	2003 年(元)	2016 年比 2003 年增长倍数(倍)	2003~2016 年年均增长率(%)
上海市		57 692	14 867	2.88	10.99
江苏地区	南京市	49 997	10 196	3.90	13.01
	无锡市	48 628	11 647	3.18	11.62
	常州市	46 058	11 303	3.07	11.41
	苏州市	54 341	12 361	3.40	12.06
	南通市	41 628	9 598	3.34	11.95
	扬州市	35 659	8 705	3.10	11.46
	泰州市	36 828	8 517	3.32	11.92
	镇江市	41 794	9 451	3.42	12.12

续表

城市		城镇居民人均可支配收入			
		2016年（元）	2003年（元）	2016年比2003年增长倍数（倍）	2003~2016年年均增长率（%）
浙江地区	杭州市	52 185	12 898	3.05	11.35
	宁波市	51 560	13 852	2.72	10.64
	嘉兴市	48 926	12 954	2.78	10.76
	湖州市	45 794	12 607	2.63	10.43
	绍兴市	50 305	13 535	2.72	10.63
	舟山市	48 423	12 213	2.96	11.18
	台州市	47 162	13 609	2.47	10.03
	上海市	57 692	14 867	2.88	10.99
	江苏地区	44 367	10 222	3.34	11.95
	浙江地区	49 194	13 095	2.76	10.72

注：表中"2016年比2003年增长倍数"和"年均增长率"由作者根据国家和地方统计局公布的统计年鉴和统计公报数据计算而成

2016年长三角核心区16个城市城镇居民人均可支配收入平均值为47 311.25元。其中，上海市，江苏地区的苏州市、南京市、无锡市和浙江地区的杭州市、宁波市、绍兴市、嘉兴市、舟山市等9个市位于平均水平之上，其余7个市低于平均水平（图3-10）。

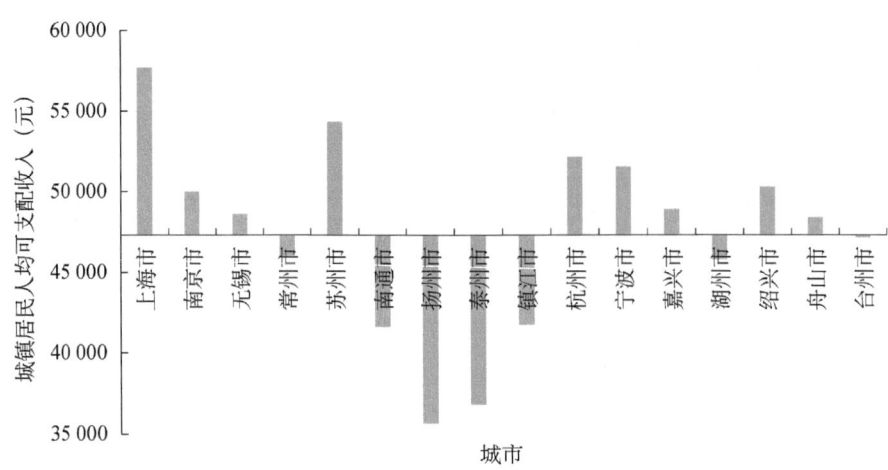

图3-10 2016年长三角核心区16个城市城镇居民人均可支配收入与平均值比较

图 3-11 为 2003 年、2010 年、2016 年长三角核心区 16 个城市城镇居民人均可支配收入情况，图中显示各城市的城镇居民人均可支配收入都处于增长状态，没有收入下降的城市。

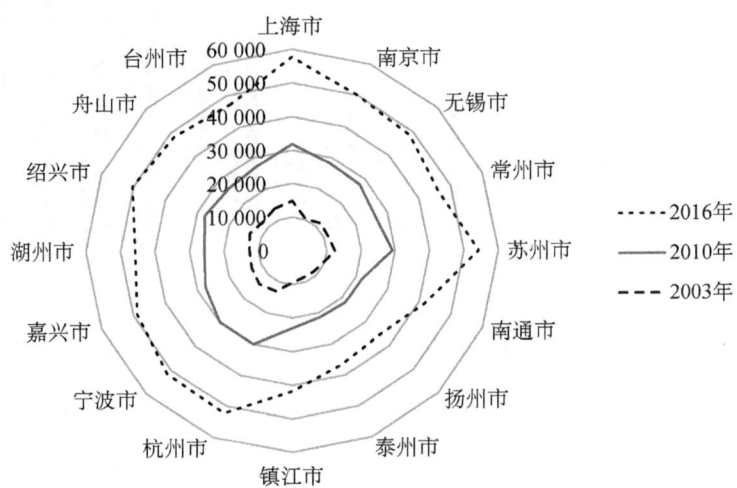

图 3-11　2003 年、2010 年、2016 年长三角核心区 16 个城市城镇居民人均可支配收入情况
图中数字表示城镇居民人均可支配收入，单位为元

3.2.2　从增速看发展

自 2003 年以来，长三角核心区的城镇居民人均可支配收入保持着较快的增长势头，由 2003 年的 11 769.56 元，增长到 2016 年的 47 311.25 元，增长了 3.02 倍，年增长率 11.30%，高于同期 GDP 的增长速度。根据长三角核心区 16 个城市 2003～2016 年城镇居民人均可支配收入情况，上海市增长了 2.88 倍，年均增长 10.99%；江苏地区总增长了 3.34 倍，年均增长 11.95%；浙江地区总增长了 2.76 倍，年均增长 10.72%。

自 2003 年以来，长三角核心区上海市、江苏地区、浙江地区三地城镇居民人均可支配收入维持着比较稳定的增长格局，未出现显著的波动，见图 3-12。

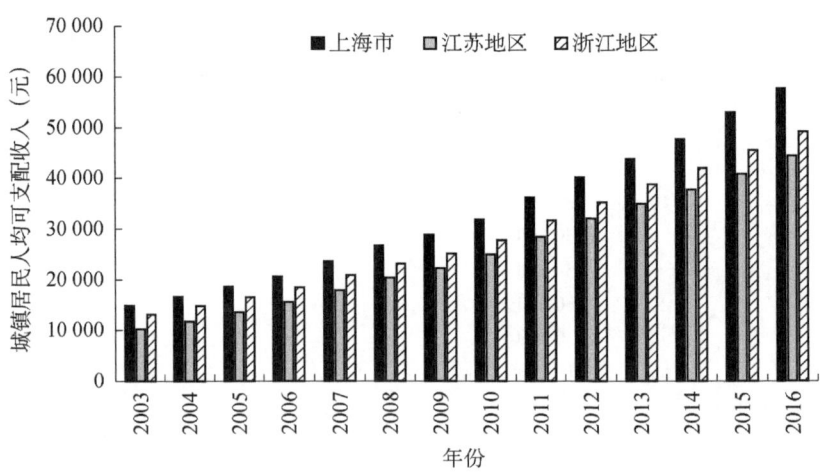

图 3-12 长三角核心区上海市、江苏地区、浙江地区城镇居民人均可支配收入情况

上海市城镇居民人均可支配收入总量稳居长三角核心区各城市首位，浙江地区居次位，江苏地区居末位。各城市详细变化情况见表3-7。

表 3-7 2003~2016年长三角核心区16个城市城镇居民人均可支配收入情况　（单位：元）

城市		2003年	2004年	2005年	2006年	2007年	2008年	2009年
	上海市	14 867	16 683	18 645	20 668	23 623	26 675	28 838
江苏地区	南京市	10 196	11 602	14 997	17 538	20 317	23 123	25 504
	无锡市	11 647	13 588	16 005	18 189	20 898	23 605	25 027
	常州市	11 303	12 867	14 589	16 649	19 089	21 592	23 751
	苏州市	12 361	14 451	16 276	18 532	21 260	23 867	26 320
	南通市	9 598	10 937	11 590	14 058	15 261	17 540	19 469
	扬州市	8 705	9 851	11 379	12 945	15 057	17 398	19 416
	泰州市	8 517	9 695	11 122	12 682	14 940	17 198	18 079
	镇江市	9 451	10 858	12 394	14 291	16 775	19 044	20 949
浙江地区	杭州市	12 898	14 565	16 601	19 027	21 689	24 104	26 864
	宁波市	13 852	15 614	17 394	19 642	22 332	25 196	27 237
	嘉兴市	12 954	14 693	16 189	17 828	20 128	22 481	24 693
	湖州市	12 607	13 664	15 375	17 503	19 663	21 604	23 280
	绍兴市	13 535	15 676	17 319	19 178	21 717	23 509	25 418
	舟山市	12 213	13 747	15 524	17 525	19 856	22 257	24 082
	台州市	13 609	16 113	17 394	19 036	20 942	22 738	24 429

3 人民生活——城镇

续表

	城市	2010年	2011年	2012年	2013年	2014年	2015年	2016年
	上海市	31 838	36 230	40 188	43 851	47 710	52 962	57 692
江苏地区	南京市	28 312	32 200	36 322	39 115	42 568	46 104	49 997
	无锡市	27 750	31 638	35 663	38 999	41 731	45 129	48 628
	常州市	26 269	29 829	33 587	36 946	39 483	42 710	46 058
	苏州市	29 219	33 243	37 531	41 143	46 677	50 390	54 341
	南通市	21 825	25 094	28 292	31 059	33 374	36 291	39 247
	扬州市	21 766	24 780	28 001	30 690	30 322	32 946	35 659
	泰州市	21 359	24 344	27 460	29 112	31 346	34 092	36 828
	镇江市	23 075	26 181	29 454	32 352	35 752	38 666	41 794
浙江地区	杭州市	30 035	34 065	37 511	40 925	44 632	48 316	52 185
	宁波市	29 977	34 321	38 043	41 729	44 155	47 852	51 560
	嘉兴市	27 487	31 520	35 696	38 671	42 143	45 499	48 926
	湖州市	25 668	29 367	32 987	36 220	38 959	42 238	45 794
	绍兴市	27 626	31 368	34 563	39 567	43 167	46 747	50 305
	舟山市	26 242	30 496	34 224	37 646	41 466	44 845	48 423
	台州市	27 212	30 490	33 979	37 038	39 763	43 266	47 162

3.2.3 从构成看特征

增长与分配是评价经济发展的两个维度。持续增长的城镇居民人均可支配收入以及相对公平的分配共同构成了衡量区域经济健康发展的基本标准。长三角核心区16个城市不仅在经济规模上存在着显著的差异，而且在收入分布上也有不同。所以单纯的城镇居民人均可支配收入不能全面地反映长三角地区各城市经济特征，而通过城镇居民人均可支配收入与全市居民人均可支配收入之比，可以从构成的角度来审视城镇居民人均可支配收入状况，进一步揭示该市的城乡收入差异。

表3-8显示，2016年长三角核心区各城市在比重指标上存在着较显著的差异，城镇居民人均可支配收入均高于居民人均可支配收入。具体到各城市中，南通市差距最大，上海市差距最小。

表 3-8 2016 年长三角核心区 16 个城市城镇居民人均可支配收入与居民人均可支配收入之比

城市		城镇居民人均可支配收入与居民人均可支配收入之比（%）
	上海市	106.24
江苏地区	南京市	113.61
	无锡市	113.73
	常州市	119.83
	苏州市	116.62
	南通市	130.46
	扬州市	124.54
	泰州市	130.32
	镇江市	122.69
浙江地区	杭州市	113.16
	宁波市	115.50
	嘉兴市	121.96
	湖州市	123.13
	绍兴市	121.20
	舟山市	116.50
	台州市	127.76

根据收入的来源，人均可支配收入又可以分为工资性收入、经营净收入、财产净收入和转移净收入四大类。其中，工资性收入指就业人员通过各种途径得到的全部劳动报酬和各种福利，包括受雇于单位或个人、从事各种自由职业、兼职和零星劳动得到的全部劳动报酬和福利；经营净收入指住户或住户成员从事生产经营活动所获得的净收入，是全部经营收入中扣除经营费用、生产性固定资产折旧和生产税之后得到的净收入；财产净收入指住户或住户成员将其所拥有的金融资产、住房等非金融资产和自然资源交由其他机构单位、住户或个人支配而获得的回报并扣除相关的费用之后得到的净收入，不包括转让资产所有权的溢价所得；转移净收入指国家、单位、社会团体对住户的各种经常性转移支付和住户之间的经常性收入转移，在扣减调查户对国家、单位、住户或者个人的经常性或义务性转移支付后的净收入。

2016年长三角核心区15个城市工资性收入在21 538~34 339元,上海市以34 339元列第一位,扬州市以21 538元列最后一位;经营净收入在1400~9614元,绍兴市以9614元列第一位,上海市以1400元列最后一位;财产净收入在3272~8604元,苏州市以8604元列第一位,南通市以3272元列最后一位;转移净收入在5103~13 466元,上海市以13 466元列第一位,宁波市以5103元列最后一位,见表3-9。

从各收入来源占比来看,在所有城市中工资性收入占比较高,均超过50%,其中无锡市和镇江市分列第一和第二,分别达到了68.49%和65.35%,而最低的为湖州市和绍兴市,比例为55.08%和55.60%。

在其他收入来源占比上,各城市呈现出了更大的差异。在经营净收入上,占比最高的是湖州市和绍兴市,占比达到了20.33%和19.11%,而占比最低的上海只有2.43%。在财产净收入上,占比最高的为苏州市、杭州市和上海市,占比均在15%左右,具体数字分别为15.83%、15.15%和14.71%,而占比较低的无锡市和南通市只有8.45%和8.34%。在转移净收入上,占比最高的是上海市,达到了23.34%,其次是杭州市和南京市,分别为18.36%和16.39%,相对较低的是宁波市和台州市,分别只有9.90%和10.84%。

表3-9 2016年长三角核心区15个城市城镇居民人均可支配收入构成情况

	城市	人均年可支配收入(元)	工资性收入		经营净收入		财产净收入		转移净收入	
			收入(元)	占比(%)	收入(元)	占比(%)	收入(元)	占比(%)	收入(元)	占比(%)
	上海市	57 692	34 339	59.52	1 400	2.43	8 487	14.71	13 466	23.34
江苏地区	南京市	49 997	31 083	62.17	5 382	10.76	5 335	10.67	8 197	16.39
	无锡市	48 628	33 305	68.49	4 479	9.21	4 109	8.45	6 735	13.85
	常州市	46 058	28 559	62.01	6 516	14.15	4062	8.82	6 921	15.03
	苏州市	54 341	35 074	64.54	4 676	8.60	8 604	15.83	5 987	11.02
	南通市	39 247	22 766	58.01	7 018	17.88	3 272	8.34	6 191	15.77
	扬州市	35 659	21 538	60.40	5 099	14.30	3 423	9.60	5 599	15.70
	泰州市	36 828	23 389	63.51	4 613	12.53	3 645	9.90	5 181	14.07
	镇江市	41 794	27 314	65.35	5 470	13.09	3 828	9.16	5 182	12.40
浙江地区	杭州市	52 185	30 090	57.66	4 607	8.83	7 906	15.15	9 582	18.36
	宁波市	51 560	30 910	59.95	8 999	17.45	6 548	12.70	5 103	9.90
	嘉兴市	48 926	30 857	63.07	6 202	12.68	4 353	8.90	7 515	15.36

续表

城市		人均年可支配收入（元）	工资性收入		经营净收入		财产净收入		转移净收入	
			收入（元）	占比（%）	收入（元）	占比（%）	收入（元）	占比（%）	收入（元）	占比（%）
浙江地区	湖州市	45 794	25 224	55.08	9 310	20.33	4 511	9.85	6 750	14.74
	绍兴市	50 305	27 968	55.60	9 614	19.11	6 213	12.35	6 510	12.94
	台州市	47 162	27 644	58.61	8 241	17.47	6 167	13.08	5 111	10.84

注：舟山市无相关数据，故未纳入

2003年长三角核心区12个城市工资性收入5104~11 656元，绍兴市以11 656元列第一位，扬州市以5104元列最后一位；经营净收入在282~955元，常州市以955元列第一位，南京市以282元列最后一位；财产净收入在48~544元，嘉兴市以544元列第一位，南京市以48元列最后一位；转移净收入在2375~4467元，湖州市以4467元列第一位，绍兴市以2375元列最后一位，见表3-10。

表3-10　2003年长三角核心区12个城市城镇居民人均可支配收入构成情况

城市		人均年可支配收入（元）	工资性收入		经营净收入		财产净收入		转移净收入	
			收入（元）	占比（%）	收入（元）	占比（%）	收入（元）	占比（%）	收入（元）	占比（%）
	上海市	14 867	10 097	67.92	377	2.54	130	0.87	4 263	28.67
江苏地区	南京市	10 196	7 039	69.04	282	2.77	48	0.47	3 514	34.46
	无锡市	11 647	7 693	66.05	889	7.63	282	2.42	3 819	32.79
	常州市	11 303	8 116	71.80	955	8.45	143	1.27	3 120	27.60
	南通市	9 598	6 218	64.78	478	4.98	87	0.91	3 611	37.62
	扬州市	8 705	5 104	58.63	554	6.36	243	2.79	3 106	35.68
	泰州市	8 517	5 464	64.15	459	5.39	238	2.79	2 709	31.81
	镇江市	9 451	6 464	68.39	284	3.00	180	1.90	3 368	35.64
浙江地区	杭州市	12 898	9 607	74.48	426	3.30	218	1.69	3 869	30.00
	嘉兴市	12 954	9 563	73.82	842	6.50	544	4.20	3 290	25.40
	湖州市	12 607	8 463	67.13	463	3.67	184	1.46	4 467	35.43
	绍兴市	13 535	11 656	86.12	525	3.88	156	1.15	2 375	17.55

注：①苏州市、宁波市、泰州市、舟山市无相关数据，故未纳入；②除上海市外，其他城市2003年数据统计口径均为家庭总收入=工资性收入+经营净收入+财产净收入+转移净收入，故四项收入之和不等于可支配收入（人均可支配收入=家庭人均总收入-交纳的所得税-个人交纳的社会保障支出-记账补贴）。从2012年四季度起，国家统计局对分别进行的城乡住户调查实施了一体化改革，规范了城乡划分范围，统一了城乡居民收入指标名称、分类和统计标准，建立了城乡统一的一体化住户调查，并据此采集全国居民有关数据，所以自2013年起统计口径全部由家庭总收入改为人均可支配收入

从各收入来源占比来看，在所有城市中工资性收入占比较高，均超过50%，其中最高的是绍兴市和杭州市，分别达到了86.12%和74.48%，而最低的为扬州市和泰州市，比例为58.63%和64.15%。

在其他收入来源占比上，各城市呈现出了更大的差异。在经营净收入上，占比最高的是常州市和无锡市，达到了8.45%和7.63%，而占比最低的上海只有2.54%。在财产净收入上，占比最高的为嘉兴市，占比为4.20%，而占比较低的南京市和上海市只有0.47%和0.87%。在转移净收入上，占比最高的是南通市，达到了37.62%，最低的是绍兴市和嘉兴市，分别只有17.55%和25.40%。

图3-13为2016年长三角核心区15个城市城镇居民人均可支配收入构成情况。图中显示，在15个城市（不含舟山市）的城镇居民人均可支配收入中，工资性收入比重最大。其中，无锡市的工资性收入占其城镇居民人均可支配收入的比重最大，湖州市最小。其余三类收入来源在各城市的城镇居民人均可支配收入中占的比例相对较小。

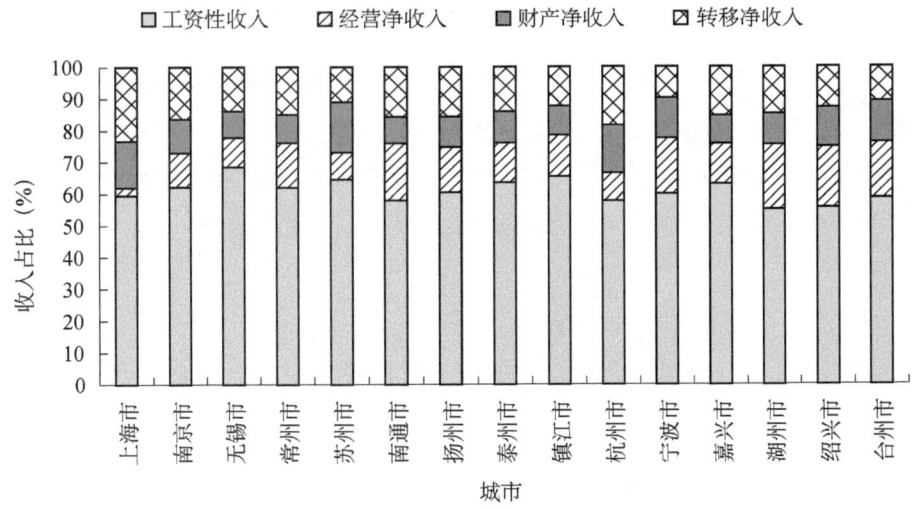

图3-13 2016年长三角核心区15个城市城镇居民人均可支配收入构成情况
注：舟山市无相关数据，故未纳入

图3-14为2003年、2010年、2016年长三角核心区12个城市城镇居民人均可支配收入构成情况。图中显示上海市、常州市、杭州市、嘉兴市、湖州市、绍兴市6个城市的工资性收入占各自城镇居民人均可支配收入的比重都呈下降趋势，无锡市、泰州市、镇江市3个城市的工资性收入所占比重呈现先减后增的状态，南京市和南通市

基本保持稳定，扬州市呈现小幅上升趋势。经营净收入占城镇居民人均可支配收入的比重在所有城市中全部处于增长状态，而转移净收入占城镇居民人均可支配收入的比重在所有城市中则全部处于下降状态。

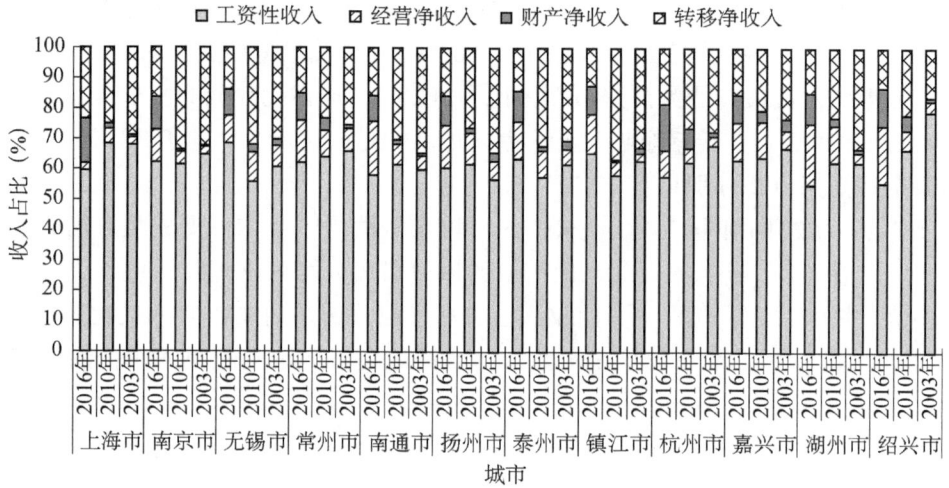

图 3-14 2003 年、2010 年、2016 年长三角核心区 12 个城市城镇居民人均可支配收入构成情况

图 3-15 显示了 2003 年、2010 年、2016 年长三角核心区 12 个城市城镇居民工资性收入情况。可以看到，所有城市城镇居民工资性收入均呈现稳步增长趋势。

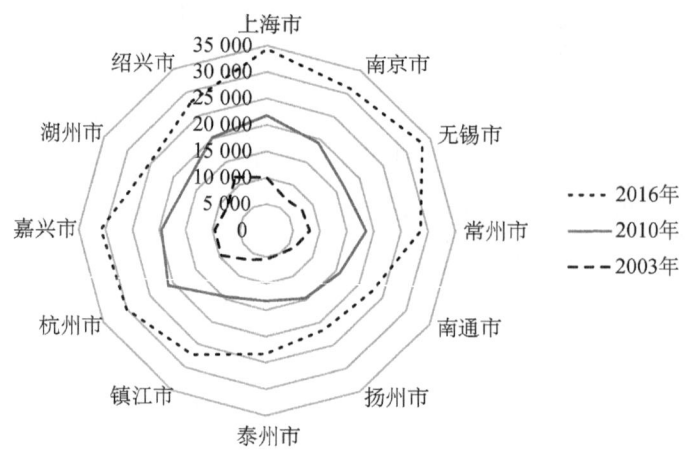

图 3-15 2003 年、2010 年、2016 年长三角核心区 12 个城市城镇居民工资性收入情况
图中数字表示城镇居民工资性收入，单位为元

图 3-16 显示了 2003 年、2010 年、2016 年长三角核心区 12 个城市城镇居民经营净收入情况。可以看到，除上海市以外，其他城市城镇居民经营净收入均呈现稳步增长趋势。上海市 2016 年城镇居民经营净收入相比 2010 年有所下降。

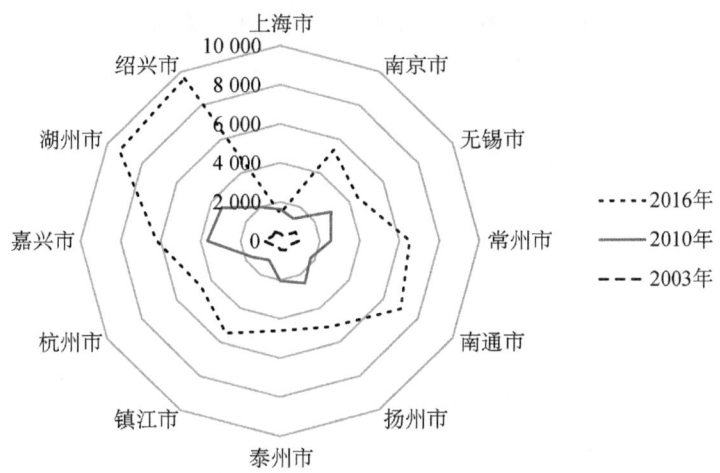

图 3-16　2003 年、2010 年、2016 年长三角核心区 12 个城市城镇居民经营净收入情况
图中数字表示城镇居民经营净收入，单位为元

图 3-17 为 2003 年、2010 年、2016 年长三角核心区 12 个城市城镇居民财产净收入情况。图中显示，所有城市城镇居民财产净收入均呈现稳步增长趋势，上海市和杭州市的城镇居民财产净收入增长尤为显著。

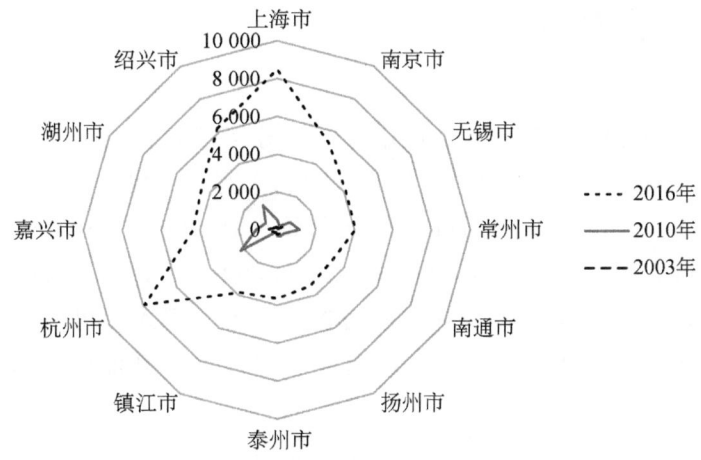

图 3-17　2003 年、2010 年、2016 年长三角核心区 12 个城市城镇居民财产净收入情况
图中数字表示城镇居民财产净收入，单位为元

图 3-18 显示了 2003 年、2010 年、2016 年长三角核心区 12 个城市城镇居民转移净收入情况。其中，上海市城镇居民转移净收入呈现稳步上升趋势。南京市、无锡市、南通市、扬州市、泰州市和镇江市 6 个城市（全部在江苏地区）2016 年的城镇居民转移净收入相比 2010 年反而有所下降。常州市、杭州市、嘉兴市、湖州市和绍兴市 5 个城市 2016 年的城镇居民转移净收入与 2010 年基本持平，变化不明显。

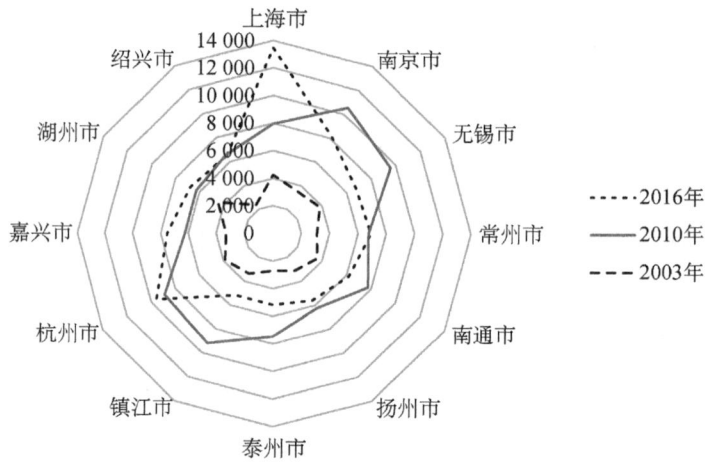

图 3-18　2003 年、2010 年、2016 年长三角核心区 12 个城市城镇居民转移净收入情况

图中数字表示城镇居民转移净收入，单位为元

3.2.4　从分组看差距

2012 年长三角核心区有 11 个城市统计了分组家庭人均可支配收入情况，见表 3-11。表中显示，在 11 个城市中，低收入户的家庭人均可支配收入都低于 20 000 元，中等偏下收入户的家庭人均可支配收入都处于 20 000～30 000 元，中等收入户的家庭人均可支配收入都处于 25 000～35 000 元，中等偏上收入户的家庭人均可支配收入都处于 34 000～45 000 元，高收入户的家庭人均可支配收入除了扬州市相对较低（只有 45 358 元）之外，南通近 60 000 元，其他城市都处于 60 000～90 000 元。

表 3-11　2012 年长三角核心区 11 个城市分组家庭人均可支配收入　（单位：元）

	城市	分组家庭人均可支配收入				
		低收入户（20%）	中等偏下收入户（20%）	中等收入户（20%）	中等偏上收入户（20%）	高收入户（20%）
	上海市	19 059	27 597	34 351	44 474	78 522
江苏地区	南京市	16 904	25 770	32 412	42 943	68 950
	常州市	15 147	23 132	29 901	39 963	67 218
	苏州市	17 312	25 323	32 791	45 208	72 848
	南通市	14 509	21 338	28 722	36 979	59 901
	扬州市	15 777	21 278	26 794	34 039	45 358
浙江地区	杭州市	19 849	29 960	37 129	48 180	85 403
	宁波市	15 716	24 965	32 884	44 525	75 017
	嘉兴市	17 180	26 089	32 384	41 436	70 639
	湖州市	16 902	24 568	30 055	37 817	60 065
	绍兴市	13 735	22 766	30 124	41 503	68 297

注：①2013 年后多数城市无分组数据，故选用 2012 年数据；②常州市统计口径为市区，其余城市统计口径为全市

2004 年长三角核心区有 11 个城市统计了分组家庭人均可支配收入情况，见表 3-12。表中显示，在 11 个城市中，低收入户的家庭人均可支配收入都处于 4000～8000 元；中等偏下收入户的家庭人均可支配收入都处于 6000～11 000 元；除扬州市和南通市低于 10 000 元，中等收入户的家庭人均可支配收入都处于 10 000～15 000 元；除扬州市、南通市和南京市低于 14 000 元，中等偏上收入户的家庭人均可支配收入都处于 14 000～20 000 元；高收入户的家庭人均可支配收入除了扬州市、南通市相对较低，只有不到 22 000 元之外，其他城市都处于 24 000～35 000 元。

表 3-12　2004 年长三角核心区 11 个城市分组家庭人均可支配收入　（单位：元）

	城市	分组家庭人均可支配收入				
		低收入户（20%）	中等偏下收入户（20%）	中等收入户（20%）	中等偏上收入户（20%）	高收入户（20%）
	上海市	7 065	10 664	14 149	19 371	34 404
江苏地区	南京市	4 582	7 570	10 439	13 537	24 337
	常州市	5 250	7 976	10 724	14 907	28 013
	苏州市	5 338	8 901	12 145	17 535	31 072
	南通市	5 107	7 419	9 476	12 734	21 868
	扬州市	4 124	6 222	8 609	11 362	21 650

续表

城市		分组家庭人均可支配收入				
		低收入户（20%）	中等偏下收入户（20%）	中等收入户（20%）	中等偏上收入户（20%）	高收入户（20%）
浙江地区	杭州市	7 378	10 614	14 093	19 245	30 685
	宁波市	6 202	9 885	13 789	18 550	33 066
	嘉兴市	6 087	9 653	12 816	17 355	29 946
	湖州市	5 596	8 115	11 298	17 237	28 041
	绍兴市	6 257	9 437	14 114	18 483	31 236

注：①2003年多数城市无分组数据，故选用2004年数据；②常州市统计口径为市区，其余城市统计口径为全市

图3-19为2012年长三角核心区11个城市分组家庭人均可支配收入情况。图中显示，11个城市中，杭州市的高收入户与低收入户之间的家庭人均可支配收入差距最大，其次是上海市和宁波市，而扬州市的收入差距最小。

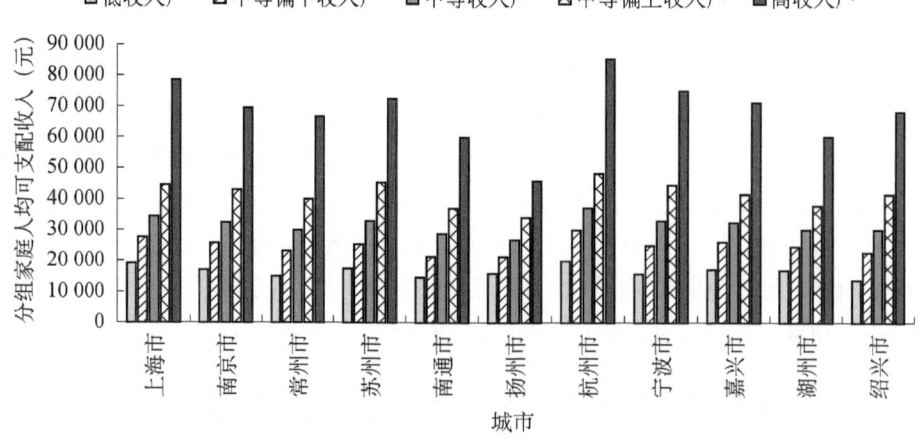

图3-19 2012年长三角核心区11个城市分组家庭人均可支配收入情况

图3-20对分组的五类家庭人均可支配收入进行城市之间的对比。低收入户中，杭州市家庭人均可支配收入最多，绍兴市最少；中等偏下收入户中，杭州市家庭人均可支配收入最多，扬州市最少；中等收入户中，杭州市家庭人均可支配收入最多，扬州市最少；中等偏上收入户中，杭州市家庭人均可支配收入最多，扬州市最少；高收入户中，杭州市家庭人均可支配收入最多，扬州市最少。

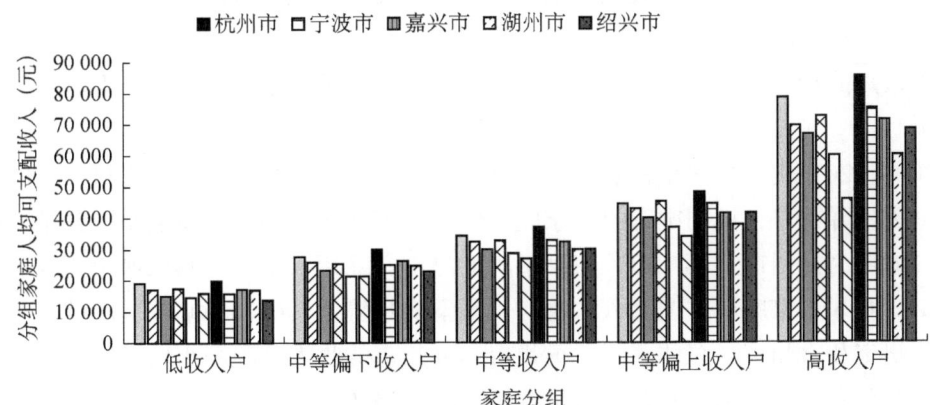

图 3-20　2012 年长三角核心区分组家庭人均可支配收入城市间对比

图 3-21 为 2004 年、2012 年长三角核心区 11 个城市分组家庭人均可支配收入情况。图中显示各城市的五类分组家庭人均可支配收入都处于增长状态，未出现下降的城市。

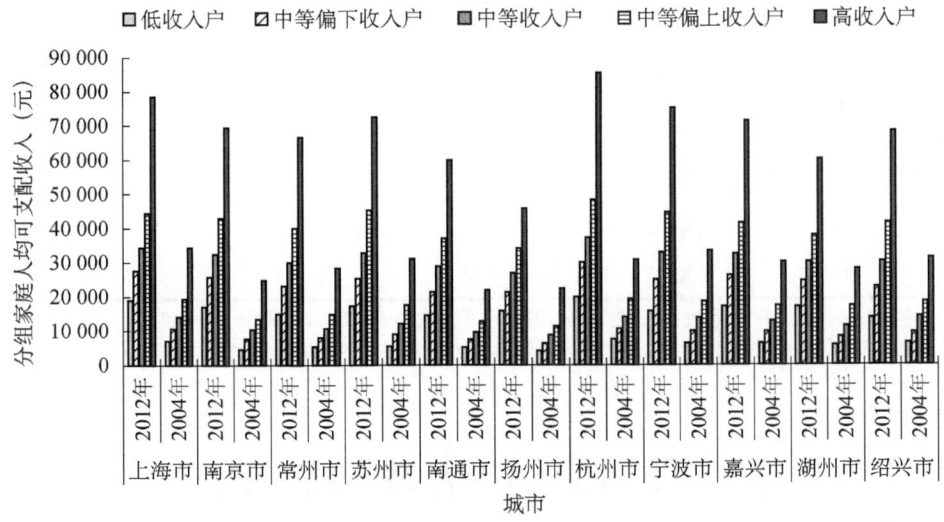

图 3-21　2004 年、2012 年长三角核心区 11 个城市分组家庭人均可支配收入情况

根据 2004 年和 2012 年长三角核心区各城市分组家庭平均每户家庭人口数和分组家庭人均可支配收入可计算得到不同收入层次家庭可支配收入之比的情况，见表 3-13。

其中，中等收入户家庭与低收入户家庭收入之比反映了低收入户与中等收入户家庭的相对收入变化情况；而高收入户家庭与中等收入户家庭收入之比则反映了高收入户与中等收入户的相对收入变化情况。这两个比例共同刻画了整个收入分布上家庭收入变化情况。

2004~2012年，长三角核心区8个城市中等收入组与低收入组家庭可支配收入之比均呈现下降趋势，说明中等收入家庭与低收入家庭收入差距不断缩小，其中，降幅较大的城市为扬州市、苏州市、南京市和上海市。除绍兴市外，其余城市高收入组家庭与中等收入组家庭可支配收入之比均呈现下降趋势，其中，降幅较大的城市为扬州市、苏州市和常州市。总体来看，扬州市、苏州市的收入差距缩小较为明显，绍兴市的收入差距有扩大迹象，其余城市呈现缓慢缩小趋势。

表3-13 2004年、2012年长三角核心区8个城市分组家庭可支配收入对比情况

城市		中等收入户家庭收入/低收入户家庭收入		高收入户家庭收入/中等收入户家庭收入	
		2004年	2012年	2004年	2012年
	上海市	1.85	1.66	2.38	2.24
江苏地区	南京市	1.96	1.65	2.22	2.03
	常州市	1.78	1.72	2.38	2.05
	苏州市	1.99	1.66	2.54	2.21
	扬州市	1.96	1.59	2.19	1.47
浙江地区	宁波市	2.00	1.88	2.45	2.33
	嘉兴市	1.89	1.69	2.14	2.00
	绍兴市	1.85	1.80	2.38	2.43

注：本表数据是根据表3-2、表3-3、表3-11、表3-12中的数据计算而成。具体计算方法为分组（低收入户、中等收入户、高收入户）家庭收入=分组家庭人均可支配收入×分组家庭平均每户家庭人口数

3.3 城镇居民人均消费支出

人均消费支出指居民用于满足家庭日常生活消费的全部支出，包括购买实物支出和服务性消费支出。消费支出按商品和服务的用途可分为食品、衣着、生活用品及服

务、医疗保健、交通通信、教育文化娱乐、居住、其他用品和服务等八大类。这一指标可以反映居民的生活水平和质量。

3.3.1 从数字看形势

2016年长三角核心区各城市城镇居民人均消费支出在21 064～39 857元。其中，上海市为39 857元；江苏地区在21 064～33 305元；浙江地区在27 731～35 686元。16个城市中，上海市以39 857元列首位，扬州市以21 064元列末位。杭州市为35 686元，接近上海市，位居第二。上海市是扬州市的1.89倍，见表3-14。

进入2000年来，长三角核心区的城镇居民人均消费支出保持着较快的增长势头。根据长三角核心区16个城市2003～2016年城镇居民人均消费支出情况，上海市增长了2.61倍，年均增长10.38%；江苏地区总额增长了3.58倍，年均增长10.31%。浙江地区总额增长了3.27倍，年均增长9.54%，见表3-14。16个城市中，泰州市的城镇居民人均消费支出的年均增长率最高，为11.07%，而常州市最低，为8.90%。江苏地区除常州市外，其余城市的城镇居民人均可支配收入的年均增长率均超过10%；浙江地区除了杭州市年增长率超过10%；其他城市都低于10%。

表3-14　2016年长三角核心区16个城市城镇居民人均消费支出情况

城市		城镇居民人均消费支出			
		2016年（元）	2003年（元）	2016年比2003年增长倍数（倍）	2003～2016年年均增长率（%）
上海市		39 857	11 040	2.61	10.38
江苏地区	南京市	29 772	7 725	2.85	10.94
	无锡市	31 438	8 360	2.76	10.73
	常州市	27 080	8 944	2.03	8.90
	苏州市	33 305	9 272	2.59	10.34
	南通市	24 382	6 808	2.58	10.31
	扬州市	21 064	5 910	2.56	10.27
	泰州市	22 480	5 743	2.91	11.07
	镇江市	24 388	6 969	2.50	10.12

续表

城市		城镇居民人均消费支出			
		2016年（元）	2003年（元）	2016年比2003年增长倍数（倍）	2003～2016年年均增长率（%）
浙江地区	杭州市	35 686	9 950	2.59	10.32
	宁波市	31 584	9 984	2.16	9.26
	嘉兴市	28 313	8 748	2.24	9.46
	湖州市	27 731	8 431	2.29	9.59
	绍兴市	28 858	9 305	2.10	9.10
	舟山市	30 762	9 009	2.41	9.91
	台州市	30 021	9 735	2.08	9.05
上海市		39 857	11 040	2.61	10.38
江苏地区		26 739	7 466	3.58	10.31
浙江地区		30 422	9 309	3.27	9.54

注：表中"2016年比2003年增长倍数"和"年均增长率"由作者根据国家和地方统计局公布的统计年鉴数据计算而成

2016年长三角核心区16个城市城镇居民人均消费支出平均值为29 170.06元。其中，上海市、江苏地区的苏州市、南京市、无锡市、浙江地区的杭州市、宁波市、台州市、舟山市8个城市位于平均水平之上，其余8个城市低于平均水平，见图3-22。

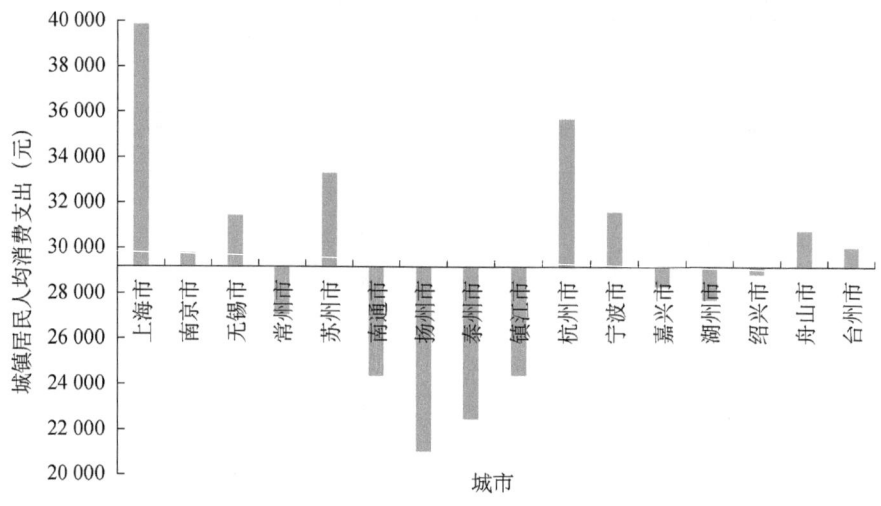

图3-22 2016年长三角核心区16个城市城镇居民人均消费支出与平均值比较

3 人民生活——城镇

图 3-23 为 2003 年、2010 年、2016 年长三角核心区 16 个城市城镇居民人均消费支出情况。图中显示各城市的城镇居民人均消费支出都处于增长状态，未出现下降的城市。

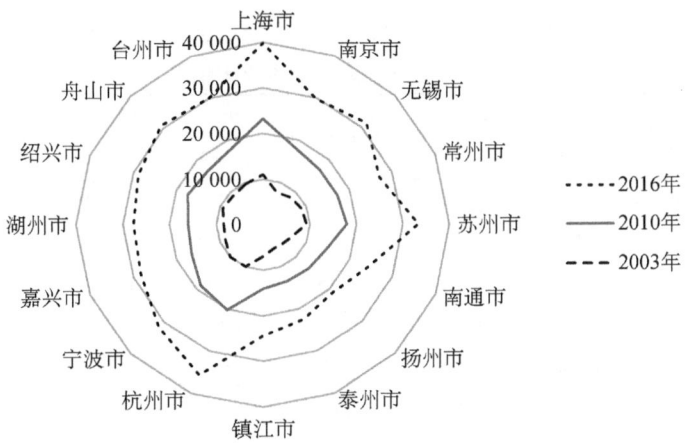

图 3-23　2003 年、2010 年、2016 年长三角核心区 16 个城市城镇居民人均消费支出情况

图中数字表示城镇居民人均消费支出，单位为元

3.3.2　从增速看发展

自 2003 年以来，上海市、江苏地区、浙江地区城镇居民人均消费支出维持着比较稳定的增长格局，未出现显著的波动，见图 3-24。

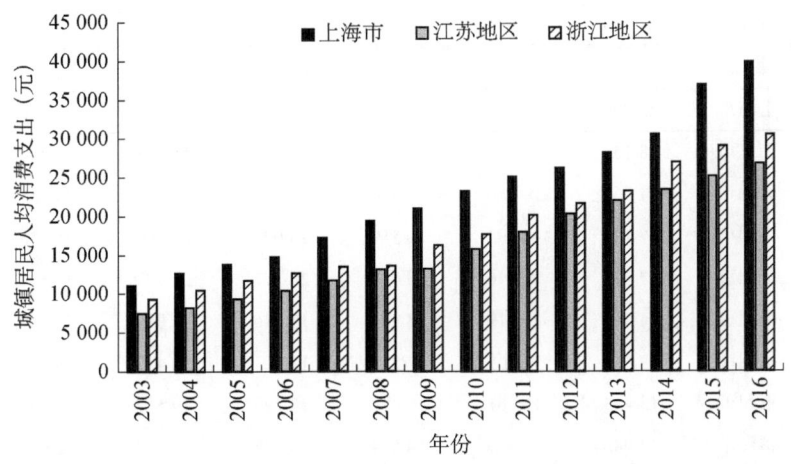

图 3-24　2003~2016 年上海市、江苏地区、浙江地区城镇居民人均消费支出

上海市城镇居民人均消费支出稳居长三角核心区各城市首位，浙江地区居次位，江苏地区居末位。各城市详细变化情况见表3-15。

表3-15 2003～2016年长三角核心区16个城市城镇居民人均消费支出情况 （单位：元）

	城市	2003年	2004年	2005年	2006年	2007年	2008年	2009年
	上海市	11 040	12 631	13 773	14 762	17 255	19 398	20 992
江苏地区	南京市	7 725	8 350	10 704	12 234	13 278	15 133	16 339
	无锡市	8 360	9 517	10 774	11 372	12 257	13 563	15 619
	常州市	8 944	9 878	10 718	12 503	13 789	14 967	15 961
	苏州市	9 272	9 783	11 163	12 472	13 959	15 183	16 402
	南通市	6 808	7 768	7 805	8 366	9 413	10 864	13 103
	扬州市	5 910	6 509	7 388	8 273	9 696	11 562	12 888
	泰州市	5 743	6 318	7 556	8 184	9 021	10 985	12 163
	镇江市	6 969	7 374	8 335	9 196	12 008	12 217	13 031
浙江地区	杭州市	9 950	11 213	13 438	14 472	14 896	16 719	18 595
	宁波市	9 984	11 027	11 818	13 147	14 009	6 102	17 621
	嘉兴市	8 748	9 933	10 754	11 887	12 379	14 346	15 361
	湖州市	8 431	9 380	11 051	11 685	12 304	13 404	14 602
	绍兴市	9 305	10 660	11 270	12 301	13 077	14 837	16 220
	舟山市	9 009	9 835	10 950	11 886	12 978	14 288	15 236
	台州市	11 040	12 631	13 773	14 762	17 255	19 398	20 992
	城市	2010年	2011年	2012年	2013年	2014年	2015年	2016年
	上海市	23 200	25 102	26 253	28 155	30 520	36 946	39 857
江苏地区	南京市	18 156	20 763	23 493	24 129	25 855	27 794	29 772
	无锡市	17 068	19 780	23 000	25 392	27 358	29 466	31 438
	常州市	17 124	18 893	20 519	23 090	23 590	25 358	27 080
	苏州市	17 879	21 046	23 092	25 197	28 973	31 136	33 305
	南通市	14 492	15 613	18 981	19 646	22 035	23 680	24 382
	扬州市	13 679	16 003	17 550	19 153	18 417	19 780	21 064
	泰州市	13 445	15 461	17 071	18 223	19 517	21 008	22 480
	镇江市	14 080	16 419	18 519	20 985	21 310	22 859	24 388

续表

	城市	2010 年	2011 年	2012 年	2013 年	2014 年	2015 年	2016 年
浙江地区	杭州市	20 219	22 642	22 800	24 833	32 165	33 818	35 686
	宁波市	18 845	21 695	22 887	24 685	27 893	29 645	31 584
	嘉兴市	16 559	19 535	21 720	21 105	23 032	25 544	28 313
	湖州市	16 034	18 166	19 898	23 196	24 875	26 815	27 731
	绍兴市	17 400	19 881	22 635	23 171	26 231	28 156	28 858
	舟山市	16 717	19 183	20 958	23 461	27 807	30 128	30 762
	台州市	23 200	25 102	26 253	28 155	30 520	36 946	39 857

3.3.3 从构成看特征

城镇居民人均消费支出由食品、衣着、居住、生活用品及服务、交通通信、教育文化娱乐、医疗保健、其他用品和服务八大项构成。

2016 年长三角核心区 14 个城市的具体支出情况如下：食品支出在 6479～10 015 元，上海市以 10 015 元位第一位，泰州市以 6479 元列最后一位；衣着支出在 1659～2729 元，无锡市以 2729 元列第一位，嘉兴市以 1659 元列最后一位；居住支出在 4255～13 216 元，上海市以 13 216 元列第一位，扬州市以 4255 元列最后一位；生活用品及服务支出在 1136～1868 元，上海市以 1868 元列一位，泰州市以 1136 元列最后第一位；交通通信支出在 1210～6114 元，嘉兴市以 6114 元列第一位，湖州市以 1210 元列最后一位；教育文化娱乐支出在 2651～5311 元，南京市以 5311 元列第一位，泰州市以 2651 元列最后一位；医疗保健支出在 1116～3086 元，湖州市以 3086 元列第一位，扬州市以 1116 元列最后一位；其他用品和服务支出在 590～1102 元，上海市以 1102 元列第一位，扬州市以 590 元列最后一位，见表 3-16。

表 3-16　2016 年长三角核心区 14 个城市城镇居民人均消费支出构成情况　（单位：元）

城市	城镇居民人均消费支出							
	总额	食品	衣着	居住	生活用品及服务	交通通信	教育文化娱乐	医疗保健	其他用品和服务
上海市	39 857	10 015	1 835	13 216	1 868	4 447	4 534	2 840	1 102

续表

城市		城镇居民人均消费支出							
		总额	食品	衣着	居住	生活用品及服务	交通通信	教育文化娱乐	医疗保健	其他用品和服务
江苏地区	南京市	29 772	7 642	2 192	6 514	1 792	3 710	5 311	1 734	844
	无锡市	31 438	8 818	2 729	6 574	1 748	4 760	3 923	1 886	1 000
	常州市	27 080	7 357	2 017	5 601	1 629	4 168	3 848	1 780	681
	苏州市	33 305	8 882	2 084	7 540	1 796	5 918	4 728	1 411	946
	南通市	25 217	7 227	1 913	5 790	1 468	3 620	2 827	1 635	737
	扬州市	21 064	6 551	1 664	4 255	1 180	2 380	3 328	1 116	590
	泰州市	22 480	6 479	2 020	5 159	1 136	2 837	2 651	1 452	755
	镇江市	24 388	6 939	2 054	5 456	1 496	3 268	3 227	1 128	820
浙江地区	杭州市	35 686	9 945	2 302	9 685	1 841	5 050	3 815	2 143	905
	宁波市	31 584	9 222	2 071	6 973	1 453	5 472	4 010	1 363	1 020
	嘉兴市	28 313	7 892	1 659	5 991	1 612	6 114	2 810	1 511	724
	湖州市	27 731	8 533	2 094	6 416	1 500	1 210	4 276	3 086	616
	绍兴市	28 858	7 966	2 107	7 544	1 260	4 205	3 191	1 856	731

注：台州市、舟山市数据不全，故未纳入。

2003年长三角核心区14个城市的具体支出情况如下：食品支出在2404~4102元，上海市以4102元位第一位，扬州市以2404元列最后一位；衣着支出在498~865元，宁波市以865元列第一位，扬州市以498元列最后一位；居住支出在388~1280元，上海市以1280元列第一位，扬州市以388元列最后一位；生活用品及服务支出在388~874元，杭州市以874元列一位，泰州市以388元列最后第一位；交通通信支出在395~1259元，上海市以1259元列第一位，泰州市以395元列最后一位；教育文化娱乐支出在543~1834元，上海市以1834元列第一位，泰州市以543元列最后一位；医疗保健支出在324~1644元，绍兴市以1644元列第一位，镇江市以324元列最后一位；其他用品和服务支出在214~419元，上海市以419元列第一位，扬州市以214元列最后一位，见表3-17。

表 3-17　2003 年长三角核心区 14 个城市城镇居民人均消费支出构成情况　（单位：元）

城市		城镇居民人均消费支出							
		总额	食品	衣着	居住	生活用品及服务	交通通信	教育文化娱乐	医疗保健	其他用品和服务
江苏地区	上海市	11 040	4 102	751	1 280	792	1 259	1 834	603	419
	南京市	7 725	3 120	598	481	576	657	1 126	935	232
	无锡市	8 360	3 151	713	767	494	679	986	1 251	319
	常州市	8 944	3 240	689	816	579	1052	1 411	791	365
	苏州市	9 272	3 501	628	1017	781	1 108	1 268	681	288
	南通市	6 808	2 730	611	407	477	812	976	579	215
	扬州市	5 910	2 404	498	388	499	457	837	613	214
	泰州市	5 743	2 429	555	579	388	395	543	550	305
	镇江市	6 969	2 984	619	631	465	587	1 111	324	247
浙江地区	杭州市	9 950	3 853	815	585	874	959	1 518	1 038	309
	宁波市	9 984	3 790	865	671	579	1 178	1 498	1 144	259
	嘉兴市	8 748	3 257	643	797	622	1 067	1 394	701	267
	湖州市	8 431	3 268	777	764	544	793	696	1 244	345
	绍兴市	9 305	3 392	822	1 263	545	495	787	1 644	358

注：台州市、舟山市数据不全，故未纳入

图 3-25 为 2016 年长三角核心区 14 个城市城镇居民人均消费支出构成情况。图中显示，在 14 个城市的城镇居民人均消费支出中，食品支出所占比重最大，居住支出所占比重其次（上海除外），其他用品和服务支出所占比重最小。食品支出占城镇居民人均消费支出的比重中，扬州市最大，上海市最小。居住支出占城镇居民人均消费支出比例中，上海市最大，其次是杭州市和绍兴市，其余城市相差不大。交通通信支出占城镇居民人均消费支出比例中，湖州市远小于其他城市。其余各支出项占城镇居民人均消费支出比例各城市差距不明显。

所有城市的食品支出占各自城镇居民人均消费支出的比重都呈下降趋势，即长三角核心区各城市恩格尔系数普遍降低。所有城市的居住支出占各自城镇居民人均消费支出的比重都呈上升趋势。除上海以外其他所有城市 2016 年的医疗保健支出占各自城镇居民人均消费支出的比重普遍低于 2003 年。除上海市和湖州市外，其余城市 2016 年的交通通信支出占各自城镇居民人均消费支出的比重普遍高于 2003 年。

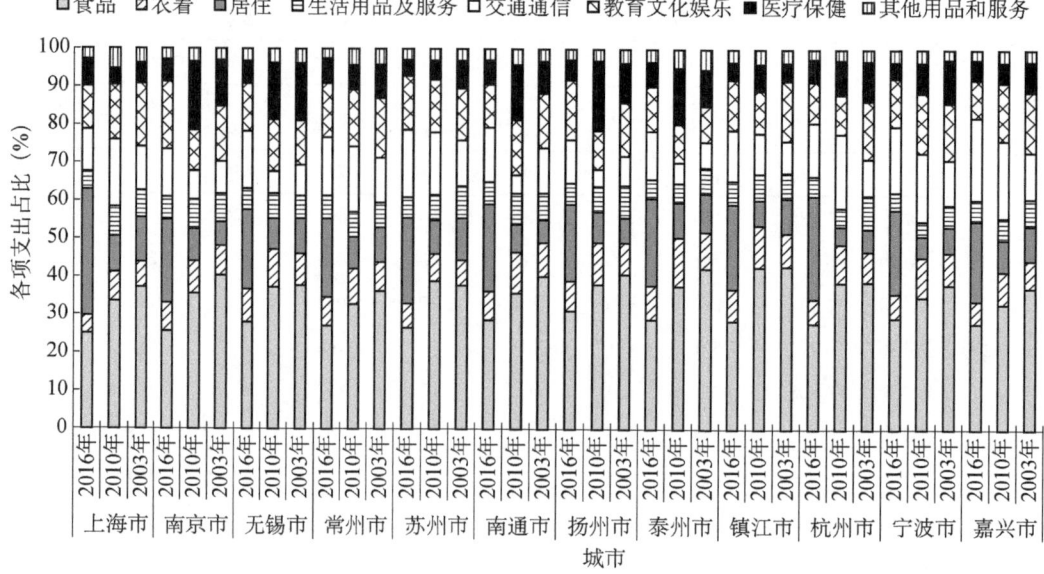

图 3-25　2003 年、2010 年、2016 年长三角核心区 14 个城市城镇居民人均消费支出构成情况

图 3-26 显示了 2003 年、2010 年、2016 年长三角核心区 14 个城市城镇居民食品消费支出情况。可以看到，各城市城镇居民食品消费支出均呈现稳步增长趋势。

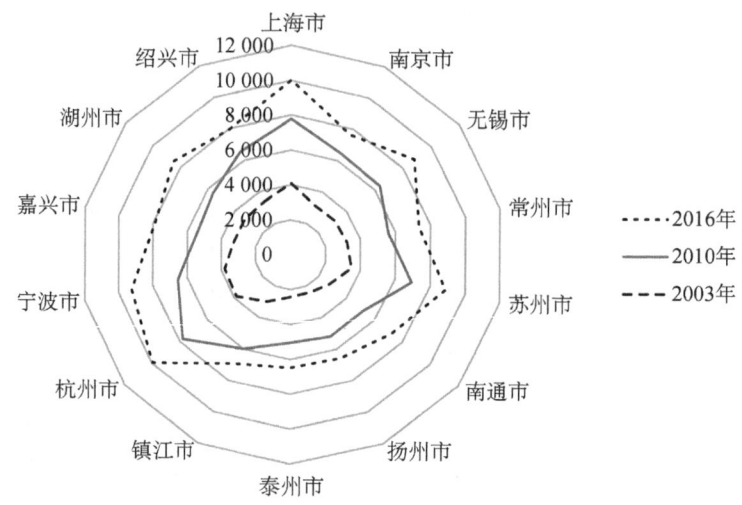

图 3-26　2003 年、2010 年、2016 年长三角核心区 14 个城市城镇居民食品消费支出情况
图中数字表示城镇居民食品消费支出，单位为元

图 3-27 显示了 2003 年、2010 年、2016 年长三角核心区 14 个城市城镇居民衣着消费支

出情况。除上海市和宁波市外，各城市城镇居民衣着消费支出均呈现增长趋势。其中，无锡市的增长幅度最大，上海市和宁波市2016年的城镇居民衣着消费支出基本与2010年持平。

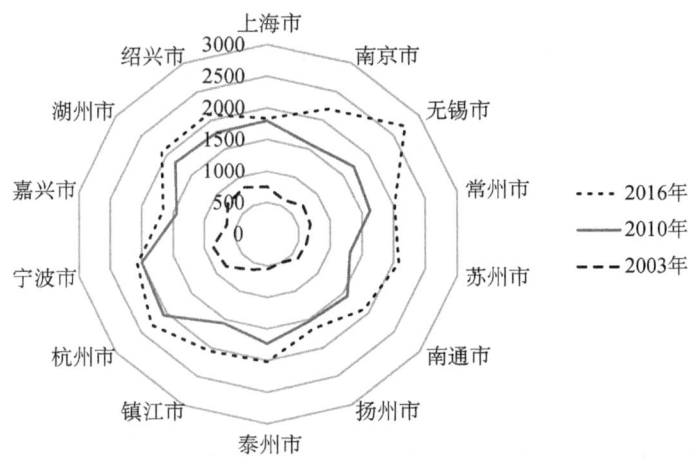

图3-27　2003年、2010年、2016年长三角核心区14个城市城镇居民衣着消费支出情况
图中数字表示城镇居民衣着消费支出，单位为元

图3-28显示了2003年、2010年、2016年长三角核心区14个城市城镇居民居住消费支出情况。可以看到，各城市城镇居民居住消费支出均呈现持续增长趋势，且2010~2016年的增长幅度远大于2003~2010年的增长幅度，说明各城市居住成本在2010年之后经历了快速增长。其中，上海市的增长幅度最大，杭州市次之。

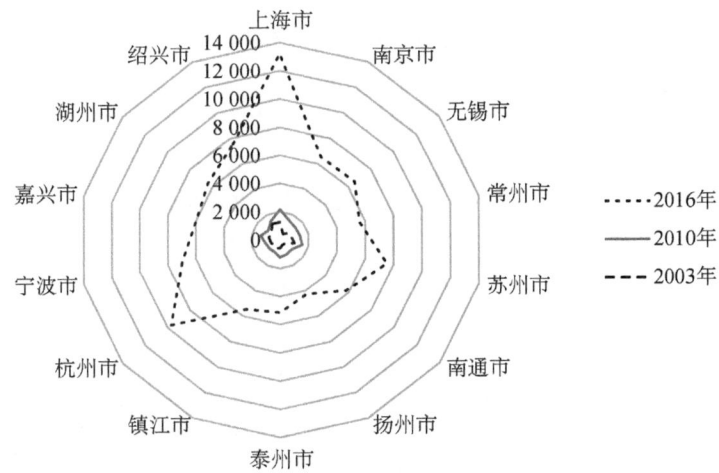

图3-28　2003年、2010年、2016年长三角核心区14个城市城镇居民居住消费支出情况
图中数字表示城镇居民居住消费支出，单位为元

图 3-29 显示了 2003 年、2010 年、2016 年长三角核心区 14 个城市城镇居民生活用品及服务消费支出情况。各城市城镇居民生活用品及服务消费支出均呈现增长趋势。

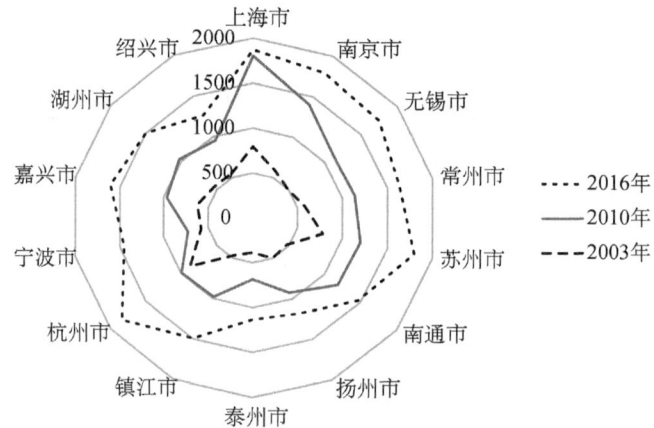

图 3-29　2003 年、2010 年、2016 年长三角核心区 14 个城市城镇居民生活用品及服务消费支出情况
图中数字表示城镇居民生活用品及服务消费支出，单位为元

图 3-30 显示了 2003 年、2010 年、2016 年长三角核心区 14 个城市城镇居民交通通信消费支出情况。其中，湖州市城镇居民交通通信消费支出 2003～2016 年并无明显增长。除湖州市外，各城市城镇居民交通通信消费支出均呈现稳步增长趋势。

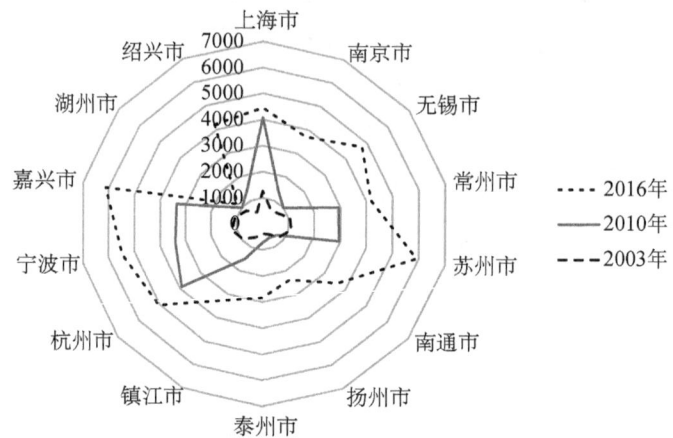

图 3-30　2003 年、2010 年、2016 年长三角核心区 14 个城市城镇居民交通通信消费支出情况
图中数字表示城镇居民交通通信消费支出，单位为元

图 3-31 显示了 2003 年、2010 年、2016 年长三角核心区 14 个城市城镇居民教育文化娱乐消费支出情况。各城市城镇居民教育文化娱乐消费支出均呈现增长趋势。其

中，南京市的增长幅度最大，嘉兴市的增长幅度最小。

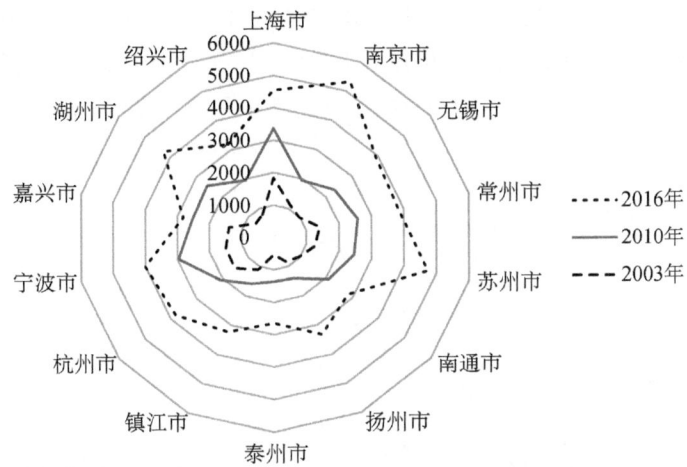

图 3-31　2003 年、2010 年、2016 年长三角核心区 14 个城市城镇居民教育文化娱乐消费支出情况
图中数字表示城镇居民教育文化娱乐消费支出，单位为元

图 3-32 显示了 2003 年、2010 年、2016 年长三角核心区 14 个城市城镇居民医疗保健消费支出情况。其中，上海市、常州市、苏州市、杭州市、嘉兴市和湖州市 6 个城市的城镇居民医疗保健消费支出呈现持续增长趋势；南京市、无锡市、南通市、扬州市、泰州市和绍兴市 6 个城市 2016 年城镇居民医疗保健消费支出水平低于 2010 年；镇江市和宁波市 2016 年城镇居民医疗保健消费支出水平与 2010 年基本持平。

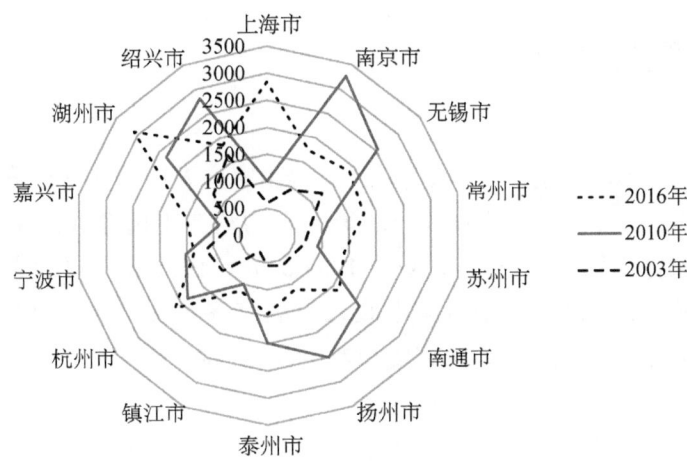

图 3-32　2003 年、2010 年、2016 年长三角核心区 14 个城市城镇居民医疗保健消费支出情况
图中数字表示城镇居民医疗保健消费支出，单位为元

图 3-33 显示了 2003 年、2010 年、2016 年长三角核心区 14 个城市城镇居民其他用品和服务消费支出情况。其中，上海市和常州市 2016 年城镇居民其他用品和服务消费支出水平低于 2010 年；湖州市 2016 年城镇居民其他用品和服务消费支出水平与 2010 年基本持平；其他城市的城镇居民其他用品和服务消费支出则呈现持续增长趋势。

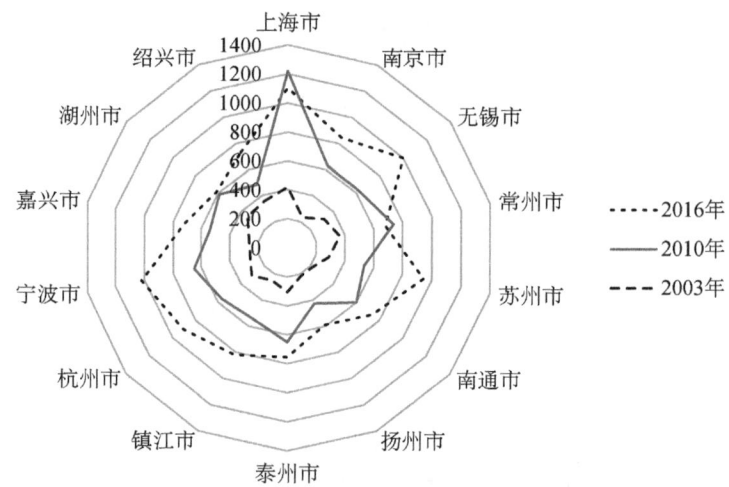

图 3-33　2003 年、2010 年、2016 年长三角核心区 14 个城市城镇居民其他用品和服务消费支出情况
图中数字表示城镇居民其他用品和服务消费支出，单位为元

3.3.4　从分组看差距

2012 年长三角核心区有 10 个城市统计了分组家庭人均消费支出情况，见表 3-18。表中显示，在 10 个城市中，低收入户的家庭人均消费支出都低于 16 000 元，中等偏下收入户的家庭人均消费支出都低于 19 000 元，中等收入户的家庭人均消费支出都处于 16 000～24 000 元，中等偏上收入户的家庭人均消费支出都处于 20 000～30 000 元，高收入户的家庭人均消费支出都处于 32 000～40 000 元（扬州市和上海市除外）。

表 3-18　2012 年长三角核心区 10 个城市分组家庭人均消费支出　　（单位：元）

城市		分组家庭人均消费支出				
		低收入户（20%）	中等偏下收入户（20%）	中等收入户（20%）	中等偏上收入户（20%）	高收入户（20%）
	上海市	15 095	18 232	22 946	29 575	47 092
江苏地区	南京市	13 477	17 461	23 363	27 238	38 575
	常州市	12 638	16 137	21 948	22 542	32 351
	苏州市	15 129	16 856	20 739	26 369	38 755
	南通市	10 767	12 921	17 163	25 801	33 906
	扬州市	11 695	14 731	16 078	20 287	26 618
浙江地区	杭州市	13 298	18 363	21 493	26 465	38 817
	宁波市	12 132	17 497	21 746	26 825	39 966
	嘉兴市	14 132	16 920	20 629	28 068	32 201
	绍兴市	11 502	16 651	23 929	27 775	35 238

注：①2013 年后多数城市无分组数据，故选用 2012 年数据；②常州市统计口径为市区，其余城市统计口径为全市。

2004 年长三角核心区有 10 个城市统计了分组家庭人均消费支出情况，见表 3-19。表中显示，在 10 个城市中，低收入户的家庭人均消费支出都低于 7000 元；中等偏下收入户的家庭人均消费支出都低于 9000 元；除扬州市外，中等收入户的家庭人均消费支出都处于 7000~12 000 元；除扬州市外，中等偏上收入户的家庭人均消费支出都处于 9000~14 000 元，除上海市为 23 629 元外，高收入户的家庭人均消费支出都处于 12 000~20 000 元。

表 3-19　2004 年长三角核心区 10 个城市分组家庭人均消费支出　　（单位：元）

城市		分组家庭人均消费支出				
		低收入户（20%）	中等偏下收入户（20%）	中等收入户（20%）	中等偏上收入户（20%）	高收入户（20%）
	上海市	6 684	8 814	11 646	13 753	23 629
江苏地区	南京市	4 130	6 135	8 014	9 635	15 212
	常州市	5 109	7 091	8 353	11 842	18 419
	苏州市	5 511	7 521	8 874	10 981	17 267
	南通市	4 742	5 841	7 269	9 320	12 579
	扬州市	3 509	4 626	5 739	7 927	12 119

续表

城市		分组家庭人均消费支出				
		低收入户（20%）	中等偏下收入户（20%）	中等收入户（20%）	中等偏上收入户（20%）	高收入户（20%）
浙江地区	杭州市	6 537	8 665	11 032	13 505	17 471
	宁波市	6 178	8 240	9 586	14 174	19 259
	嘉兴市	5 447	7 881	9 297	11 658	16 499
	绍兴市	6 270	7 370	9 344	12 022	18 862

注：①2003年多数城市无分组数据，故选用2004年数据；②常州市统计口径为市区，其余城市统计口径为全市

图3-34为2012年长三角核心区10个城市分组家庭人均消费支出情况。图中显示，所有10个城市中，家庭人均可支配收入越高，人均消费支出就越高。上海市的高收入户与低收入户之间的家庭人均消费支出差距最大，其次是宁波市和杭州市，扬州市的高收入户与低收入户之间的家庭人均消费支出差距最小。

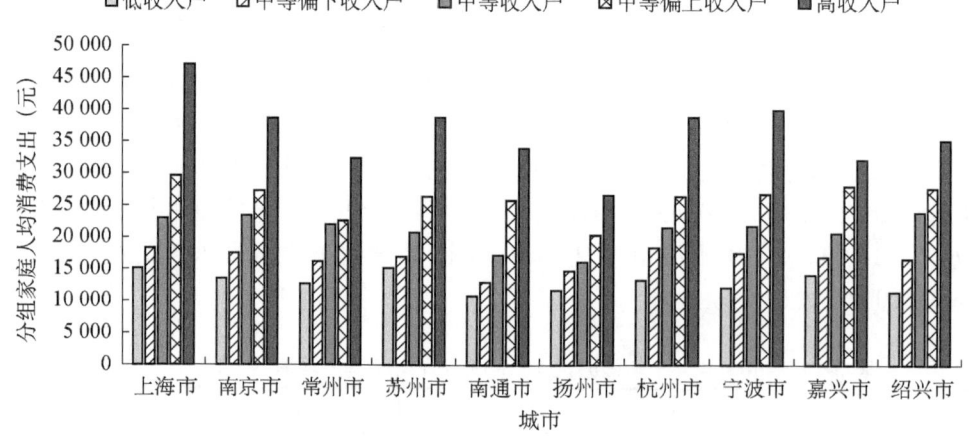

图3-34　2012年长三角核心区10个城市分组家庭人均消费支出情况

图3-35对分组的五类家庭人均消费支出进行城市之间的对比。低收入户中，上海市家庭人均消费支出最多，南通市最少；中等偏下收入户中，杭州市家庭人均消费支出最多，南通市最少；中等收入户中，绍兴市家庭人均消费支出最多，扬州市最少；中等偏上收入户中，上海市家庭人均消费支出最多，扬州市最少；高收入户中，上海市家庭人均消费支出最多，扬州市最少。

3 人民生活——城镇

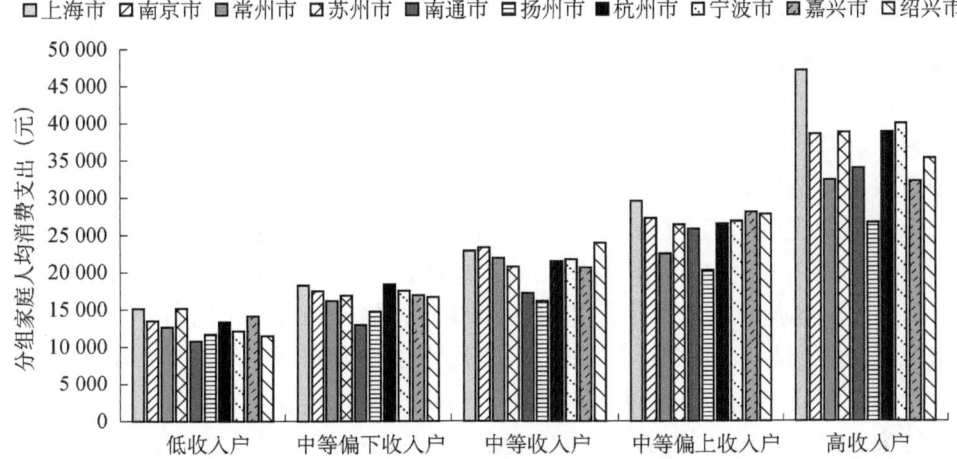

图 3-35　2012 年长三角核心区 10 个城市分组家庭人均消费支出城市间对比

图 3-36 为 2004 年、2012 年长三角核心区 10 个城市分组家庭人均消费支出情况。图中显示各城市的五类分组家庭人均可支配收入都处于增长状态，未出现下降的城市。

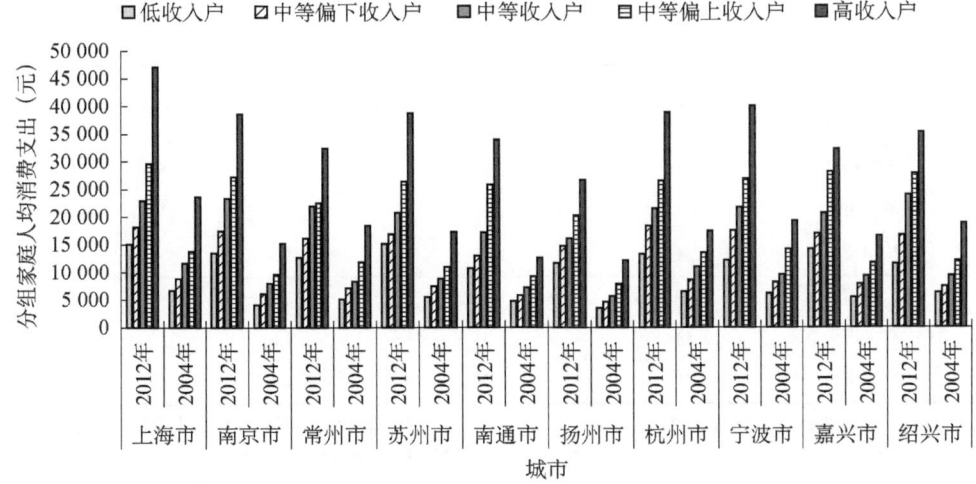

图 3-36　2004 年、2012 年长三角核心区 10 个城市分组家庭人均消费支出情况

根据 2004 年、2012 年长三角核心区各城市分组家庭平均每户家庭人口数和分组家庭人均消费支出可计算得到不同收入层次家庭消费支出之比的情况，见表 3-20。其中，中等收入户家庭与低收入户家庭消费支出之比反映了低收入户与中等收入户家庭

的相对消费变化情况；高收入户家庭与中等收入户家庭消费支出之比反映了高收入户与中等收入户家庭的相对消费变化情况。这两个比例共同刻画了整个收入分布上家庭消费变化情况。

2004~2012 年，长三角核心区 8 个城市中，除常州市、宁波市和绍兴市外，其余城市中等收入组与低收入组家庭消费支出之比均呈现下降趋势，说明中等收入家庭与低收入家庭消费支出差距不断缩小，一方面反映了低收入户家庭消费水平和生活成本的不断提高，另一方面也从侧面反映出收入差距的缩小。其中，降幅较大的城市为扬州市、嘉兴市、苏州市和上海市。2004~2012 年，除上海市和绍兴市外，其余城市高收入组家庭与中等收入组家庭可支配收入之比均呈现下降趋势，说明高收入家庭与中等收入家庭消费支出差距不断缩小，其中，降幅较大的城市为常州市、扬州市和南京市。总体来看，扬州市的相对家庭消费支出差距缩小幅度较大，绍兴市的相对家庭消费支出差距保持不变，南京市、苏州市、嘉兴市呈现稳步缩小趋势，其余城市不同收入组之间家庭消费支出差距则呈现不同的变化趋势。

表 3-20　2004 年、2012 年长三角核心区 8 个城市分组家庭消费支出对比情况

城市		中等收入户家庭消费支出/低收入户家庭消费支出		高收入户家庭消费支出/中等收入户家庭消费支出	
		2004 年	2012 年	2004 年	2012 年
	上海市	1.61	1.40	1.99	2.01
江苏地区	南京市	1.67	1.49	1.81	1.57
	常州市	1.42	1.51	2.01	1.35
	苏州市	1.41	1.20	1.93	1.86
	扬州市	1.54	1.29	1.84	1.44
浙江地区	宁波市	1.39	1.61	2.05	1.87
	嘉兴市	1.53	1.31	1.63	1.43
	绍兴市	1.71	1.71	1.58	1.58

注：本表数据是根据表 3-2、表 3-3、表 3-18、表 3-19 中的数据计算而成的。具体计算方法为分组（低收入户、中等收入户、高收入户）家庭消费支出=分组家庭人均消费支出×分组家庭平均每户家庭人口

4 人民生活——农村

4.1 农村居民家庭生活基本情况

农村居民家庭生活情况主要以 3 个指标体现：平均每户常住人口、平均每户常住人口中从业人员（整半劳动力）和农村人均住房建筑面积，分别从人口、就业和住房的角度反映农村居民家庭生活基本情况。

4.1.1 平均每户常住人口

平均每户常住人口由农村常住人口除以农村户数而得，这一指标可以反映农村家庭规模的大小。

由表 4-1 可以看出，2016 年长三角地区 12 个城市农村平均每户常住人口的平均值为 3.23 人。其中，嘉兴市农村平均每户常住人口为 3.83 人，在 12 个城市中列第一位；上海市农村平均每户常住人口为 2.69 人，在 12 个城市中位列最后一位。列第一位的嘉兴市要比列最后一位的上海市的农村平均每户常住人口多出 1.14 人。2003 年以来，长三角核心区城市的农村平均每户常住人口的平均值由 2003 年的 3.56 人下降至 2016 年的 3.23 人，平均比 2003 年减少 9%，年均降速为 0.77%。另外，长三角核心区城市的农村平均每户常住人口增长均为负增长，其中上海市的农村平均每户常住人口下降幅度最大，年均下降速度最快；苏州市的农村平均每户常住人口下降幅度最小，年均下降速度最慢。

表 4-1　长三角核心区 12 个城市农村平均每户常住人口及增长情况

城市		农村平均每户常住人口			
		2003 年（人）	2016 年（人）	2016 年比 2003 年增长倍数（倍）	2003～2016 年年均增长率（%）
上海市		3.34	2.69	−0.19	−1.65
江苏地区	南京市	3.46	3.30	−0.05	−0.36
	无锡市	3.60	3.07	−0.15	−1.22
	常州市	3.34	2.96	−0.11	−0.92

续表

城市		农村平均每户常住人口			
		2003年（人）	2016年（人）	2016年比2003年增长倍数（倍）	2003~2016年年均增长率（%）
江苏地区	苏州市	3.72	3.67	-0.01	-0.10
	南通市	3.38	3.14	-0.07	-0.56
	扬州市	3.89	3.23	-0.17	-1.42
	泰州市	3.67	3.10	-0.16	-1.29
	镇江市	3.40	3.3	-0.03	-0.23
浙江地区	杭州市	3.48	3.38	-0.03	-0.22
	嘉兴市	3.91	3.83	-0.02	-0.16
	台州市	3.47	3.03	-0.13	-1.04
平均值		3.56	3.23	-0.09	-0.77

注：湖州市统计年鉴缺少农村平均每户常住人口数据，故未在本表中列出。宁波市、绍兴市及舟山市由于缺少相关年份数据，故未在本表中列出。本表中"2016年比2003年增长倍数"、"2003~2016年年均增长率"及"平均值"由作者根据国家和地方统计局公布的统计年鉴或统计公报的数据计算而得

图4-1显示了2003年、2010年、2016年长三角核心区12个城市农村平均每户常住人口情况。从图中可以看出，这12个城市的农村平均每户常住人口情况基本稳定，其中2003~2010年的变化幅度相对较小，只有上海市的变化相对明显。考虑2003~2016年13年来的变化情况，扬州市、无锡市、泰州市、台州市、常州市以及上海市的变化相对较为明显。

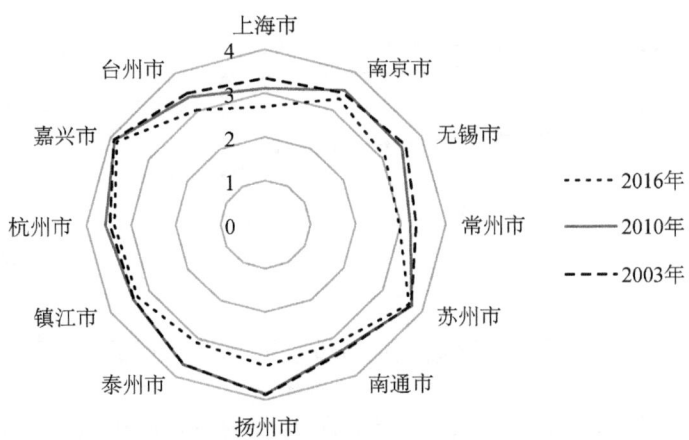

图4-1　2003年、2010年、2016年长三角核心区12个城市农村平均每户常住人口情况
图中数字表示农村平均每户常住人口，单位为人。由于湖州市、宁波市、绍兴市及舟山市在2003年、2010年、2016年存在统计年鉴数据不全的情况，故在图中并未列出

2016年长三角核心区13个城市农村平均每户常住人口的平均值为3.18人。根据图4-2,杭州市、嘉兴市、南京市、苏州市、扬州市和镇江市6个城市位于平均水平之上,其余7个城市在平均水平之下。南通市和扬州市距13个城市平均水平最近,嘉兴市和宁波市偏离平均值水平最大。

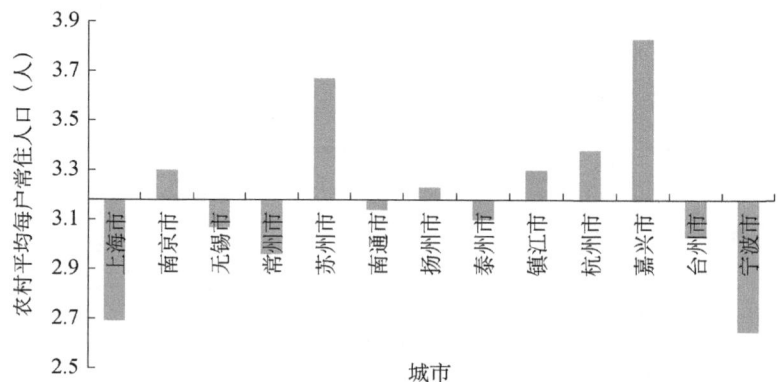

图4-2　2016年长三角核心区13个城市农村平均每户常住人口与平均值比较
注:湖州市、绍兴市以及舟山市统计年鉴缺少2016年的农村平均每户常住人口情况数据,故未在图中列出

由图4-3可以看出,上海市的农村平均每户常住人口下降幅度最大,而其他3个城市则趋于平稳。另外,上海市的农村平均每户常住人口在2016年出现止跌回升。

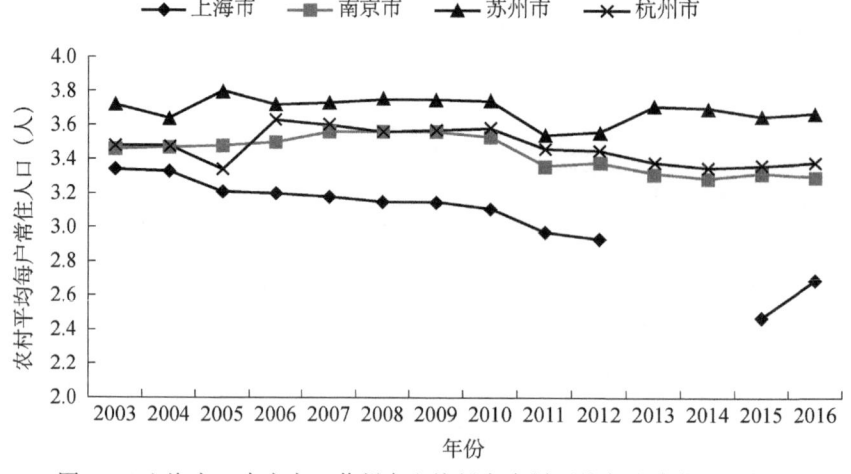

图4-3　上海市、南京市、苏州市和杭州市农村平均每户常住人口情况
注:选择这4个城市作专门分析的原因是上海市为直辖市,南京市和杭州市为省会城市,苏州市的年均增长率是12个城市中最低的。由于《上海统计年鉴》缺失2013~2014年的相关数据,故图中并未显示上海2013~2014年情况

表 4-2 列出了 2003～2016 年长三角核心区 16 个城市农村平均每户常住人口情况。

表 4-2　2003～2016 年长三角核心区 16 个城市农村平均每户常住人口情况（单位：人）

	城市	2003 年	2004 年	2005 年	2006 年	2007 年	2008 年	2009 年
	上海市	3.34	3.33	3.21	3.20	3.18	3.15	3.15
江苏地区	南京市	3.46	3.47	3.48	3.50	3.56	3.56	3.56
	无锡市	3.60	3.50	3.40	3.50	3.50	3.50	3.50
	常州市	3.34	3.34	3.37	3.32	3.30	3.26	3.27
	苏州市	3.72	3.64	3.80	3.72	3.73	3.75	3.75
	南通市	3.38	3.38	3.42	3.42	3.38	3.35	3.34
	扬州市	3.89	3.87	3.86	3.92	3.87	3.87	3.87
	泰州市	3.67	3.66	3.63	3.69	3.66	3.68	3.68
	镇江市	3.40	3.40	3.49	3.48	3.44	3.43	3.42
浙江地区	杭州市	3.48	3.48	3.34	3.63	3.60	3.56	3.57
	宁波市	—	—	—	—	—	—	—
	嘉兴市	3.91	3.86	3.90	3.90	3.91	3.90	3.88
	湖州市	—	—	—	—	—	—	—
	绍兴市	3.32	3.33	3.46	3.41	3.37	3.35	3.39
	舟山市	3.22	3.12	3.13	3.07	3.02	2.96	2.90
	台州市	3.47	3.48	3.42	3.41	3.39	3.37	3.36
	城市	2010 年	2011 年	2012 年	2013 年	2014 年	2015 年	2016 年
	上海市	3.11	2.97	2.93	—	—	2.47	2.69
江苏地区	南京市	3.53	3.36	3.38	3.32	3.29	3.32	3.30
	无锡市	3.50	3.20	3.10	3.25	3.10	3.06	3.07
	常州市	3.21	3.11	3.08	3.00	—	2.96	2.96
	苏州市	3.74	3.54	3.56	3.71	3.70	3.65	3.67
	南通市	3.34	3.23	3.23	3.10	3.21	3.27	3.14
	扬州市	3.87	3.65	3.67	3.64	3.28	3.25	3.23
	泰州市	3.68	3.34	3.31	3.39	3.01	3.10	3.10
	镇江市	3.41	3.15	3.15	3.42	3.24	3.30	3.30

续表

	城市	2010年	2011年	2012年	2013年	2014年	2015年	2016年
浙江地区	杭州市	3.58	3.46	3.45	3.38	3.35	3.36	3.38
	宁波市	—	—	—	—	2.62	2.63	2.65
	嘉兴市	3.89	3.99	3.98	3.63	3.68	3.75	3.83
	湖州市	—	—	—	—	—	—	—
	绍兴市	3.33	3.08	3.10	—	—	—	—
	舟山市	2.88	2.79	2.78	2.70	—	—	—
	台州市	3.37	3.35	3.34	2.93	2.98	3.02	3.03

注：舟山市数据均为渔农村数据。

4.1.2 平均每户常住人口中从业人员（整半劳动力）

农村从业人员指乡村人口中 16 岁以上实际参加生产经营活动并取得实物或货币收入的人员，既包括劳动年龄内实际参加劳动人员，也包括超过劳动年龄但实际参加劳动的人员，但不包括户口在家的在外学生、现役军人和丧失劳动能力的人，也不包括待业人员和家务劳动者。这个指标可以反映农村常住人口的从业情况。

表 4-3 列出了长三角核心区 11 个城市农村平均每户常住人口中从业人员及增长情况。

表 4-3　长三角核心区 11 个城市农村平均每户常住人口中从业人员及增长情况

	城市	平均每户常住人口中从业人员			
		2003年（人）	2016年（人）	2016年比2003年增长倍数（倍）	2003~2016年年均增长率（%）
	上海市	2.59	1.54	−0.41	−3.92
江苏地区	南京市	2.51	2.45	−0.02	−0.19
	无锡市	2.40	1.97	−0.18	−1.51
	常州市	2.43	2.11	−0.13	−1.08
	苏州市	2.71	2.46	−0.09	−0.74
	南通市	2.51	2.16	−0.14	−1.15
	扬州市	2.77	2.08	−0.25	−2.18

续表

城市		平均每户常住人口中从业人员			
		2003年（人）	2016年（人）	2016年比2003年增长倍数（倍）	2003~2016年年均增长率（%）
江苏地区	泰州市	2.66	2.10	-0.21	-1.80
	镇江市	2.60	2.50	-0.04	-0.30
浙江地区	杭州市	2.53	2.04	-0.19	-1.64
	嘉兴市	2.81	3.09	0.10	0.73
平均值		2.59	2.23	-0.14	-1.25

注：湖州市、台州市、绍兴市统计年鉴缺少农村平均每户常住人口中从业人员的数据，故本表中并未列出。舟山市、宁波市由于缺少相关年份数据，故未在此表中列出。本表中"2016年比2003年增长倍数"、"2003~2016年年均增长率"及"平均值"由作者根据国家和地方统计局公布的统计年鉴或统计公报的数据计算而得

由表4-3可以看出，2016年长三角地区11个城市农村平均每户常住人口中从业人员数量的平均值为2.23人。其中，嘉兴市农村平均每户常住人口中从业人员的数量为3.09人，在11个城市中列第一位；上海市农村平均每户常住人口中从业人员的数量为1.54人，在11个城市列最后一位。列第一位的嘉兴市要比列最后一位的上海市的农村平均每户常住人口中从业人员数量多出1.55人。2003年以来，长三角核心区城市的农村平均每户常住人口中从业人员的平均值由2003年的2.59人下降至2.23人，平均比2003年减少14%，年均增长率为-1.15%。另外，长三角核心区城市的农村平均每户常住人口中从业人员除了嘉兴市以外均为负增长，其中上海市的农村平均每户常住人口中从业人员下降幅度最大，年均下降速度最快；南京市的农村平均每户常住人口中从业人员下降幅度最小，年均下降速度最慢。嘉兴市在这些城市中最为特殊，2003~2016年其农村平均每户常住人口中从业人员为正增长，2016年比2003年增长10%，年均增长率为0.73%。

图4-4显示了2003年、2010年、2016年长三角核心区11个城市农村平均常住人口中从业人员情况。从图中可以看出，2003~2010年，这11个城市农村平均常住人口中从业人员情况基本稳定，只有上海市的变化较为明显。考虑2003~2016年13年来的变化情况，11个城市中只有镇江市、嘉兴市、南京市以及苏州市的情况最为稳定，其余的7个城市的变化相对来说较为明显。

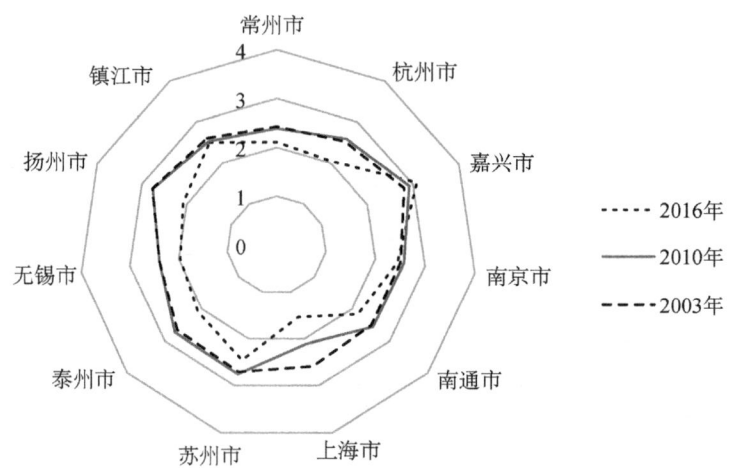

图 4-4 2003 年、2010 年、2016 年长三角核心区 11 个城市农村平均每户常住人口中从业人员情况
图中数字表示农村平均每户常住人口中从业人员，单位为人。由于湖州市、宁波市、绍兴市、台州市以及舟山市在 2003 年、2010 年、2016 年存在统计年鉴数据不全的情况，故未在图中列出

2016 年长三角核心区 12 个城市农村平均每户常住人口中从业人员的平均值为 2.20 人。根据图 4-5，嘉兴市、南京市、苏州市以及镇江市 4 个城市位于平均水平之上，其余 8 个城市均位于平均水平之下。南通市的农村平均每户常住人口中从业人员数量距离 12 个城市平均水平最近，而嘉兴市则偏离平均水平最多。

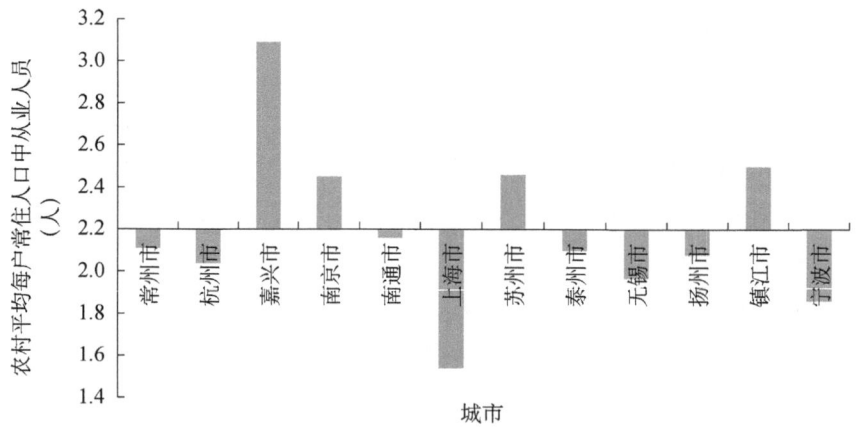

图 4-5 2016 年长三角核心区 12 个城市农村平均每户常住人口中从业人员与平均值比较
注：湖州市、绍兴市、台州市以及舟山市统计年鉴缺少 2016 年农村平均每户常住人口中从业人员数据，故未在图中列出

图 4-6 中可以发现，嘉兴市是 4 个城市中唯一的农村平均每户常住人口中从业人员整体呈上升趋势的，南京市一直较为平稳，杭州市和上海市则在近 5 年出现了明显的下降趋势。其中，又可以发现杭州市的农村平均每户常住人口中从业人员 2013 年出现了明显下滑，之后又趋于平稳。

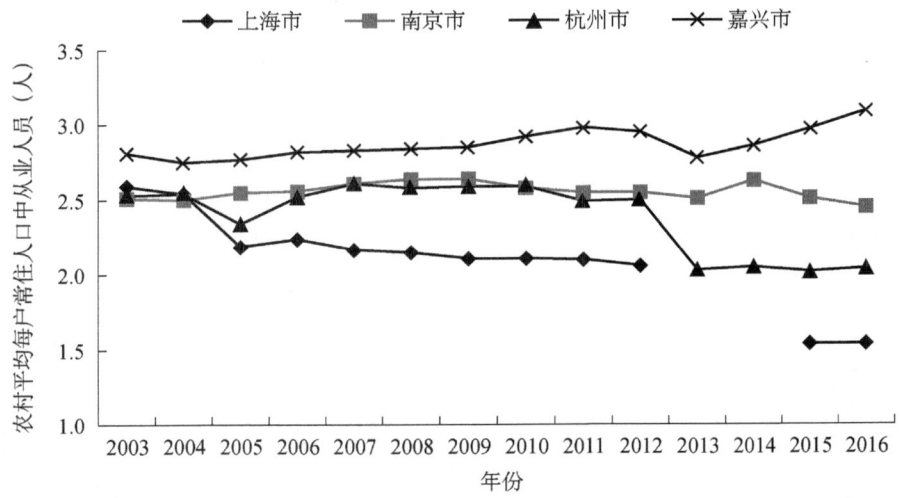

图 4-6　上海市、南京市、杭州市和嘉兴市农村平均每户常住人口中从业人员情况

注：选择这 4 个城市作专门分析的原因是上海市为直辖市，南京市和杭州市为省会城市，嘉兴市为唯一增长的城市。由于《上海统计年鉴》缺失 2013 年和 2014 年的相关数据，故图中并未显示上海 2003~2014 年情况。

表 4-4 列出了 2003~2016 年长三角核心区 16 个城市农村平均每户常住人口中从业人员情况。

表 4-4　2003~2016 年长三角核心区 16 个城市农村平均每户常住人口中从业人员情况

（单位：人）

	城市	2003 年	2004 年	2005 年	2006 年	2007 年	2008 年	2009 年
	上海市	2.59	2.54	2.19	2.24	2.17	2.15	2.11
江苏地区	南京市	2.51	2.50	2.55	2.56	2.61	2.64	2.64
	无锡市	2.40	2.40	2.40	2.40	2.50	2.50	2.40
	常州市	2.43	2.42	2.37	2.41	2.39	2.37	2.39
	苏州市	2.71	2.64	2.80	2.76	2.79	2.78	2.78
	南通市	2.51	2.53	2.59	2.62	2.59	2.58	2.53

续表

	城市	2003年	2004年	2005年	2006年	2007年	2008年	2009年
江苏地区	扬州市	2.77	2.72	2.72	2.78	2.75	2.76	2.76
	泰州市	2.66	2.59	2.64	2.63	2.65	2.64	2.68
	镇江市	2.60	2.60	2.59	2.59	2.60	2.61	2.54
浙江地区	杭州市	2.53	2.54	2.34	2.52	2.61	2.58	2.59
	宁波市	—	—	—	—	—	—	—
	嘉兴市	2.81	2.75	2.77	2.82	2.83	2.84	2.85
	湖州市	—	—	—	—	—	—	—
	绍兴市	—	—	—	—	—	—	—
	舟山市	2.27	2.22	2.23	2.22	2.16	2.200	2.21
	台州市	—	—	—	—	—	—	—

	城市	2010年	2011年	2012年	2013年	2014年	2015年	2016年
	上海市	2.11	2.10	2.06	—	—	1.54	1.54
江苏地区	南京市	2.58	2.55	2.55	2.51	2.63	2.51	2.45
	无锡市	2.40	2.40	2.40	2.23	1.99	1.96	1.97
	常州市	2.39	2.42	2.38	2.38	—	2.15	2.11
	苏州市	2.76	2.57	2.58	2.74	2.56	2.47	2.46
	南通市	2.56	2.54	2.55	2.32	2.30	2.28	2.16
	扬州市	2.76	2.71	2.71	2.67	2.22	2.18	2.08
	泰州市	2.73	2.55	2.56	2.43	2.07	2.09	2.10
	镇江市	2.53	2.52	2.46	2.63	2.69	2.72	2.50
浙江地区	杭州市	2.59	2.49	2.5	2.03	2.05	2.02	2.04
	宁波市	—	—	—	—	1.77	1.79	1.86
	嘉兴市	2.92	2.98	2.95	2.78	2.86	2.97	3.09
	湖州市	—	—	—	—	—	—	—
	绍兴市	—	—	—	—	—	—	—
	舟山市	2.24	2.11	2.10	—	—	—	—
	台州市	—	—	—	—	—	—	—

注：舟山市数据均为渔农村数据。

4.1.3 农村人均住房建筑面积

人均住房建筑面积是指按居住人口计算的平均每人拥有的住房建筑面积（简称人均住房面积）。

表 4-5 显示了长三角核心区 14 个城市农村人均住房面积及增长情况。

表 4-5 长三角核心区 14 个城市农村人均住房面积及增长情况

城市		农村人均住房面积			
		2003 年（米²）	2016 年（米²）	2016 年比 2003 年增长倍数（倍）	2003~2016 年年均增长率（%）
江苏地区	南京市	37.08	56.60	0.53	3.31
	无锡市	52.20	55.47	0.06	0.47
	常州市	55.90	64.69	0.16	1.13
	苏州市	62.86	65.60	0.04	0.33
	南通市	46.48	63.80	0.37	2.47
	扬州市	37.58	54.20	0.44	2.86
	泰州市	41.20	64.00	0.55	3.45
	镇江市	42.70	57.70	0.35	2.34
浙江地区	杭州市	54.70	69.90	0.28	1.90
	宁波市	46.86	49.83	0.06	0.47
	嘉兴市	60.70	68.20	0.12	0.90
	湖州市	45.70	69.00	0.51	3.22
	舟山市	42.42	51.63	0.22	1.52
	台州市	48.00	57.40	0.20	1.39
平均值		48.17	60.57	0.26	1.78

注：上海市、绍兴市统计年鉴缺少 2016 年年末农村人均住房建筑面积数据，故未在本表中列出。本表中"2016 年比 2003 年增长倍数"、"2003~2016 年年均增长率"及"平均值"由作者根据国家和地方统计局公布的统计年鉴或统计公报的数据计算而得

由表 4-5 可以看出，2016 年长三角核心区 14 个城市农村人均住房面积的平均值

为 60.57 米²。其中，杭州市农村平均每人住房面积为 69.90 米²，在 14 个城市中列第一位；宁波市农村平均每人住房面积为 49.83 米²，在 14 个城市中居末位。列第一位的杭州市要比列最后一位的宁波市的人均住房面积多出 20.07 米²，差距较大。2003 年以来，长三角核心区城市的农村人均住房面积的平均值由 2003 年的 48.17 米² 增加至 60.57 米²，平均比 2003 年增长了 0.26 倍，年均增长率为 1.78%。另外，各城市的农村人均住房面积均有所增长，其中泰州市的农村人均住房面积的增幅最大，为 0.55 倍，年均增速最快，达到 3.45%；苏州市农村人均住房面积的增幅最小，十多年来只增加了 0.04 倍，年均增速最慢，年均增长率只有 0.33%。

图 4-7 显示了 2003 年、2010 年、2016 年长三角核心区 14 个城市农村人均住房面积情况。从图中可以看出，2003～2010 年，这 14 个城市的农村人均住房面积基本呈现缓慢增长的趋势，其中南京市、杭州市、宁波市、嘉兴市以及湖州市的变化情况相对明显。考虑 2003～2016 年的变化情况，苏州市、常州市、无锡市、宁波市、舟山市和台州市相对稳定，其余 8 个城市的住房面积都有明显增加。

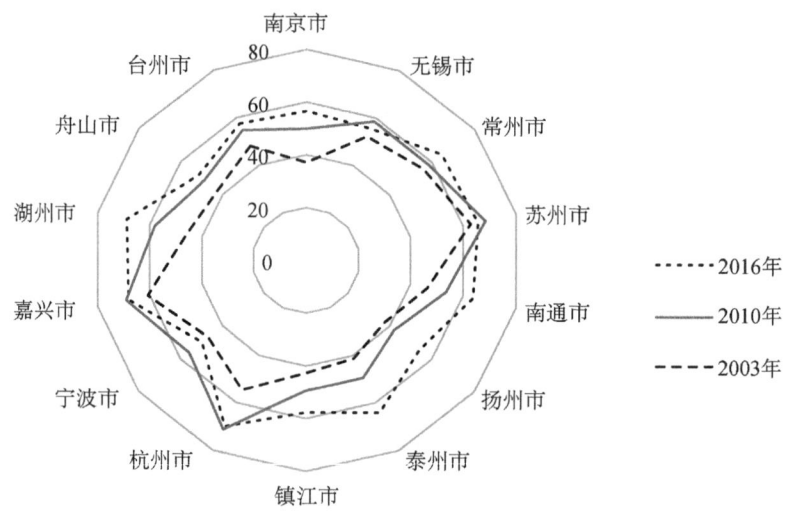

图 4-7　2003 年、2010 年、2016 年长三角核心区 14 个城市农村人均住房建筑面积情况
图中数字表示农村人均住房建筑面积，单位为平方米。由于上海市、绍兴市在 2003 年、2010 年、2016 年的统计年鉴存在数据不全的情况，故在图中并未列出

2016 年长三角核心区 14 个城市农村人均住房面积的平均值为 60.57 米²。根据图 4-8，常州市、苏州市、南通市、泰州市、杭州市、嘉兴市以及湖州市 7 个城市位于平

均水平之上，其余 7 个城市位于平均水平之下。镇江市的农村人均住房面积距离 14 个城市平均值最近，而宁波市则偏离平均值水平最多。

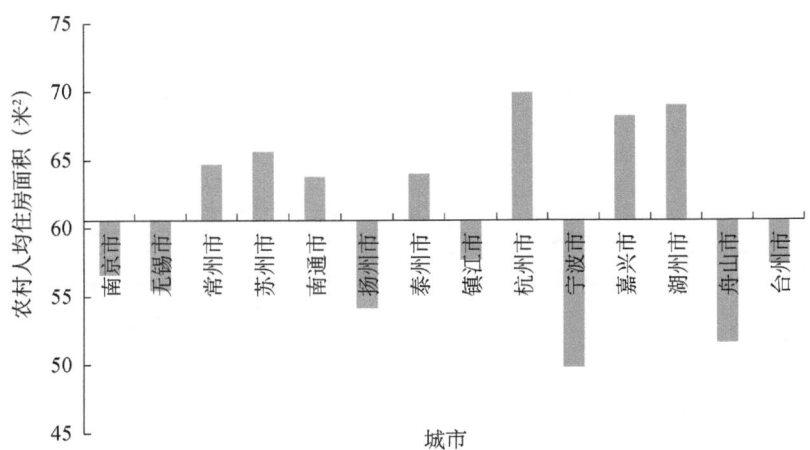

图 4-8 2016 年长三角核心区 14 个城市年末农村人均住房面积与平均值比较
注：上海市、绍兴市统计年鉴缺少 2016 年的农村人均住房面积数据，故未在图中列出

由图 4-9 可以看出，无锡市、常州市、苏州市、宁波市、嘉兴市、舟山市以及台州市位于平均年增长率的下方，也就是说这 7 个城市的农村人均住房面积的年均增速并未达到长三角核心区的平均水平，尤其是无锡市、苏州市以及宁波市与平均水平相差较大。

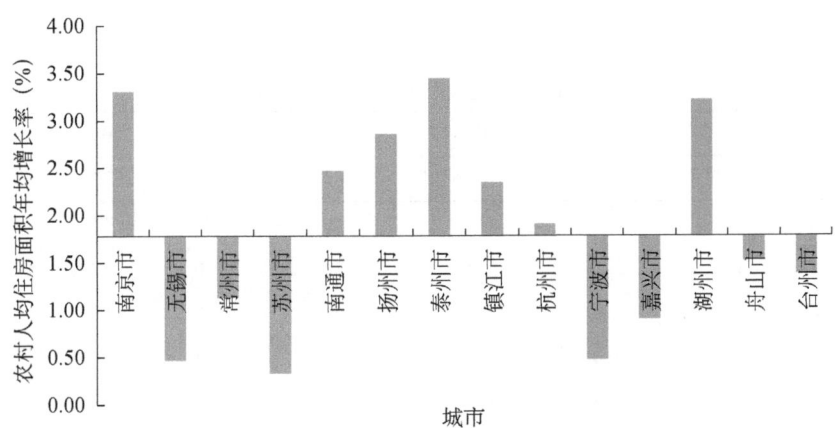

图 4-9 长三角核心区 14 个城市农村人均住房面积年均增长率与平均年增长率比较
注：由于上海市、绍兴市在 2003 年、2010 年、2016 年的统计年鉴存在数据不全的情况，故未在图中列出

由图 4-10 可以看出，上海市与杭州市的农村人均住房面积相对较为稳定；苏州市在 2007 年时出现小幅下降，随后慢慢恢复平稳状态；南京市则是在 2011~2012 年出现突出的增长，随后恢复到平稳上升的状态；泰州市相对来说上升幅度较大，且上升趋势稳定。

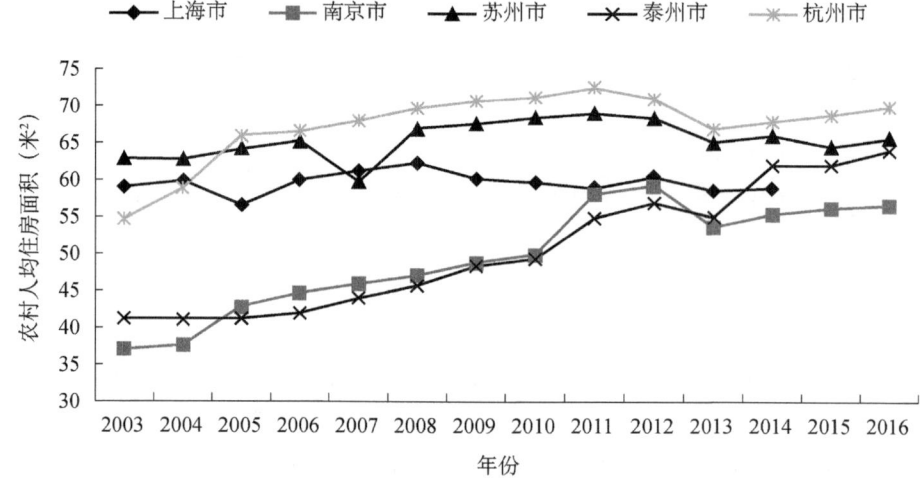

图 4-10　上海市、南京市、苏州市、泰州市和杭州市农村人均住房面积情况

注：①选择这 5 个城市作专门分析的原因是上海市为直辖市，南京市和杭州市为省会城市，泰州市和苏州市分别为年均增速最快和最慢的两个城市。②由于《上海统计年鉴》缺失 2015 年和 2016 年的相关数据，故图中并未画出这两年的数据

表 4-6 列出了 2003~2016 年长三角核心区 16 个城市农村人均住房面积情况。

表 4-6　2003~2016 年长三角核心区 16 个城市农村人均住房面积情况　（单位：米²）

	城市	2003 年	2004 年	2005 年	2006 年	2007 年	2008 年	2009 年
	上海市	59.03	59.84	56.56	59.99	61.22	62.30	60.18
	南京市	37.08	37.63	42.90	44.69	45.94	47.07	48.85
	无锡市	52.20	53.70	55.50	58.20	58.10	57.70	57.70
江苏地区	常州市	55.90	55.70	56.20	58.27	57.70	58.73	59.48
	苏州市	62.86	62.76	64.14	65.25	59.73	66.99	67.60
	南通市	46.48	47.16	49.62	50.09	51.56	52.50	53.50
	扬州市	37.58	37.68	34.70	38.82	40.79	41.45	42.00

续表

	城市	2003年	2004年	2005年	2006年	2007年	2008年	2009年
江苏地区	泰州市	41.20	41.20	41.23	41.95	43.97	45.69	48.36
	镇江市	42.70	42.90	43.90	44.50	46.10	47.90	48.40
浙江地区	杭州市	54.70	58.90	66.00	66.50	68.00	69.70	70.70
	宁波市	46.86	49.90	50.44	51.88	53.24	55.86	55.88
	嘉兴市	60.70	61.00	62.00	65.00	66.00	67.00	69.00
	湖州市	45.70	48.20	49.80	50.60	51.80	52.10	53.90
	绍兴市	—	—	—	—	—	—	—
	舟山市	42.42	43.68	44.5	45.40	46.20	47.40	48.30
	台州市	48.00	48.60	49.60	52.30	54.40	55.00	56.30

	城市	2010年	2011年	2012年	2013年	2014年	2015年	2016年
	上海市	59.68	58.90	60.42	58.58	58.92	—	—
江苏地区	南京市	49.94	58.10	59.30	53.70	55.40	56.20	56.60
	无锡市	58.50	66.00	67.60	68.20	54.33	54.99	55.47
	常州市	58.40	61.52	60.31	55.86	59.70	63.98	64.69
	苏州市	68.42	69.00	68.35	65.13	66.00	64.50	65.60
	南通市	53.60	54.50	54.80	66.30	64.50	62.70	63.80
	扬州市	42.16	48.25	50.18	48.58	53.74	54.29	54.20
	泰州市	49.35	54.87	56.91	55.00	62.00	62.00	64.00
	镇江市	49.50	53.30	57.30	53.70	55.80	55.50	57.70
浙江地区	杭州市	71.20	72.50	71.00	66.90	67.90	68.80	69.90
	宁波市	56.00	57.22	58.29	58.87	47.76	49.28	49.83
	嘉兴市	69.10	71.40	72.40	71.55	72.46	71.66	68.20
	湖州市	58.00	64.00	67.90	67.90	68.10	68.70	69.00
	绍兴市	—	—	—	—	—	—	—
	舟山市	48.70	48.90	49.00	49.30	50.27	50.32	51.63
	台州市	54.70	54.60	55.30	51.10	51.70	55.50	57.40

注：舟山市数据均为渔农村数据

4.2 农村人均年可支配收入

4.2.1 从数字看形势

农村居民人均可支配收入是指农村居民家庭全部收入中能用于安排家庭日常生活的那部分收入。它是家庭总收入扣除交纳的所得税、个人交纳的社会保障费以及调查户的记账补贴后的收入。

从收入来源看,农村居民人均可支配收入由工资性收入、经营净收入、财产净收入和转移净收入四大类构成。另外,从 2013 年起"农村居民人均纯收入"指标变为"农村居民人均可支配收入"指标,在此特别说明一下。

由表 4-7 可以看出,2016 年长三角核心区 16 个城市农村人均年可支配收入的平均值为 24 443 元。其中,嘉兴市农村人均年可支配收入为 28 997 元,在 16 个城市中列第一位;泰州市农村人均年可支配收入为 17 861 元,在 16 个城市中列最后一位。两者之间相差了 11 136 元。长三角核心区城市的农村人均年可支配收入的平均值由 2003 年的 5590 元增加至 2016 年的 24 443 元,平均比 2003 年增长 3.39 倍,年均增长率为 12.02%。其中,舟山市的农村人均年可支配收入的增幅最大,年均增速最快;上海市的农村人均年可支配收入的增幅最小,年均增速最慢。

表 4-7　长三角核心区 16 个城市的农村人均年可支配收入及增长情况

	城市	2003 年（元）	2016 年（元）	2016 年比 2003 年增长倍数（倍）	2003~2016 年年均增长率（％）
	上海市	7 337	25 520	2.48	10.06
江苏地区	南京市	4 923	21 156	3.30	11.87
	无锡市	6 329	26 158	3.13	11.53
	常州市	5 550	23 780	3.28	11.84
	苏州市	6 681	27 691	3.14	11.56
	南通市	4 393	18 741	3.27	11.81
	扬州市	4 172	18 057	3.33	11.93

续表

	城市	2003年（元）	2016年（元）	2016年比2003年增长倍数（倍）	2003~2016年年均增长率（%）
江苏地区	泰州市	4 079	17 861	3.38	12.03
	镇江市	4 733	20 922	3.42	12.11
浙江地区	杭州市	6 250	27 908	3.47	12.20
	宁波市	6 221	28 572	3.59	12.44
	嘉兴市	6 127	28 997	3.73	12.70
	湖州市	5 536	26 508	3.79	12.80
	绍兴市	6 143	27 744	3.52	12.30
	舟山市	5 150	28 308	4.50	14.01
	台州市	5 823	23 164	2.98	11.21
平均值		5 590	24 443	3.39	12.02

注：本表中"2016年比2003年增长倍数"、"2003~2016年年均增长率"及"平均值"是作者根据国家和地方统计局公布的统计年鉴以及统计公报的数字计算而成的

图4-11显示了2003年、2010年、2016年长三角核心区16个城市农村人均年可支配收入情况。从图中可以看出，2003~2016年这13年间，农村人均年可支配收入稳定增加。其中，浙江地区的农村人均年可支配收入增加幅度基本上高于江苏地区。

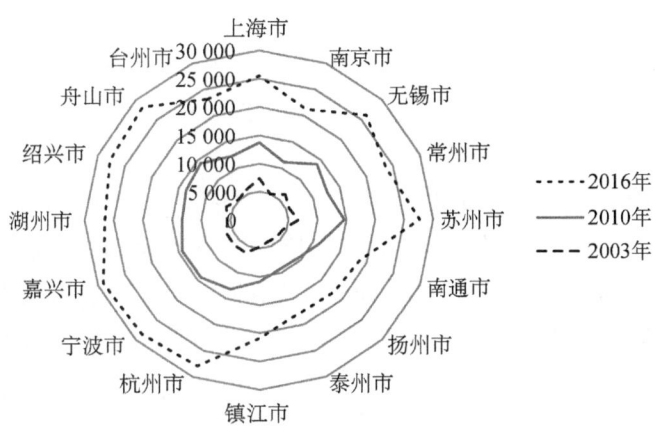

图4-11　2003年、2010年、2016年长三角核心区16个城市农村人均年可支配收入情况

图中数字表示农村人均年可支配收入，单位为元

2016年长三角核心区16个城市农村人均年可支配收入的平均值为24 443元。根据图4-12，南京市、常州市、南通市、扬州市、泰州市、镇江市以及台州市在平均水平之下，其余9个城市均在平均水平之上。浙江地区除了台州市农村人均年可支配收入水平都要高于平均值，整体表现优于江苏地区。

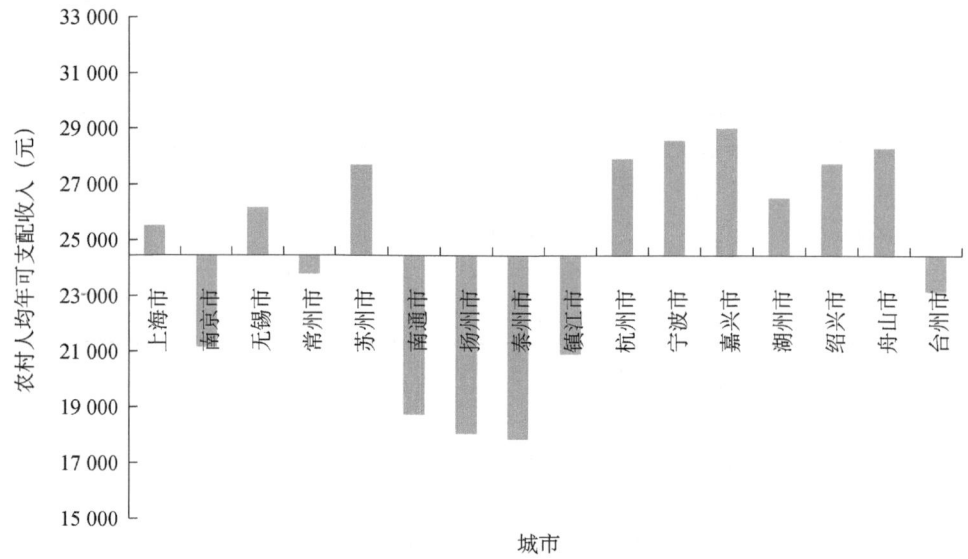

图4-12 2016年长三角核心区16个城市农村人均年可支配收入与平均值比较

4.2.2 从增速看发展

由图4-13可以看出，泰州市、镇江市、杭州市、宁波市、嘉兴市、湖州市、绍兴市以及舟山市位于核心区平均年均增长率水平的上方，其余8个城市位于平均年均增长率水平的下方。这说明，浙江地区的农村人均年可支配收入年均增长率除了台州市都是超过平均水平的，相对来说年均增长率要高于江苏地区和上海市。

4 人民生活——农村

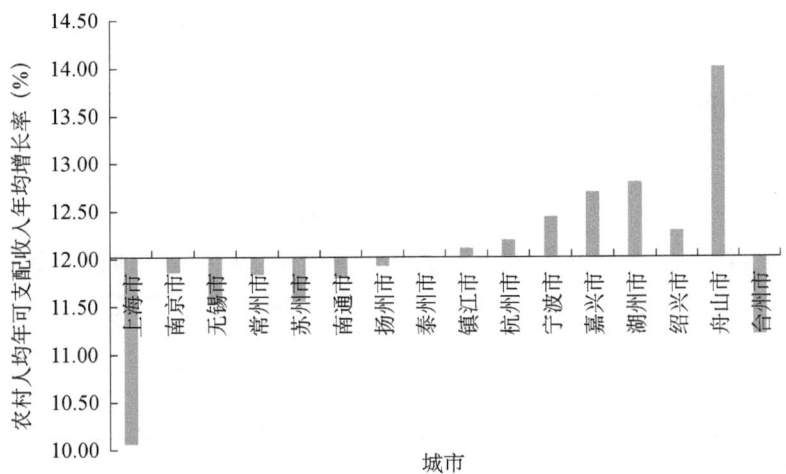

图 4-13 长三角核心区 16 个城市农村人均年可支配收入年均增长率与平均值比较

由图 4-14 可以看出，这 4 个城市的农村人均年可支配收入都逐年稳步上升，舟山市在 2008 年农村人均年可支配收入超过了上海，而杭州市在 2013 年农村人均年可支配收入超过了上海市，并且浙江省的两个城市要比上海市和南京市的农村人均年可支配收入高。

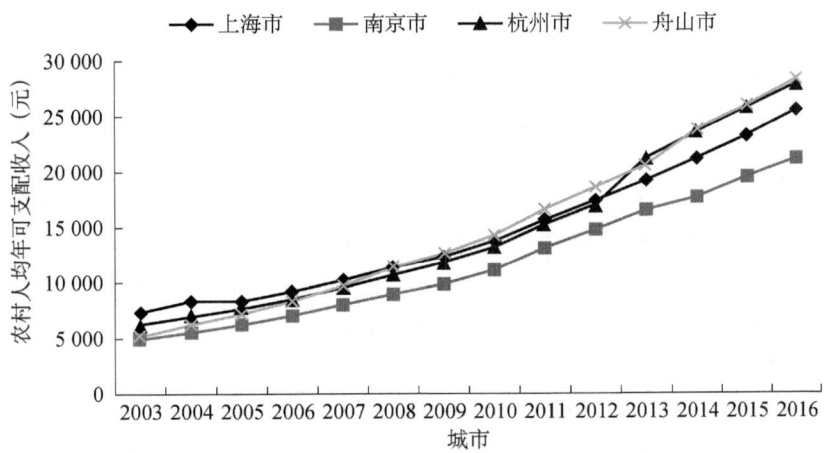

图 4-14 长三角核心区主要城市农村人均年可支配收入情况

注：选择这 4 个城市作专门分析的原因是上海市为直辖市，南京市和杭州市为省会城市，舟山市年均增长率最高。舟山市数据均为渔农村数据

4.2.3 从构成看特征

由表 4-8 可以看出，2016 年长三角核心区 16 个城市农村人均年可支配收入的平均值为 24 443 元，超过该平均水平的城市有上海市、江苏地区的无锡市和苏州市，以及浙江地区的杭州市、宁波市、嘉兴市、湖州市、绍兴市、舟山市等 9 个城市。

表 4-8　2016 年长三角核心区 16 个城市农村人均年可支配收入构成情况

	城市	人均年可支配收入（元）	工资性收入		经营净收入		财产净收入		转移净收入	
			收入（元）	占比（%）	收入（元）	占比（%）	收入（元）	占比（%）	收入（元）	占比（%）
	上海市	25 520	18 948	74.25	1 388	5.44	859	3.36	4 325	16.95
江苏地区	南京市	21 156	14 456	68.33	3 331	15.75	1 001	4.73	2 368	11.19
	无锡市	26 158	16 618	63.53	4 494	17.18	2 247	8.59	2 799	10.70
	常州市	23 780	14 562	61.24	5 326	22.40	451	1.89	3 441	14.47
	苏州市	27 691	16 364	59.09	5 243	18.93	3 067	11.08	3 017	10.90
	南通市	18 741	10 945	58.40	4 105	21.90	485	2.59	3 206	17.11
	扬州市	18 057	10 545	58.40	4 442	24.60	433	2.40	2 637	14.60
	泰州市	17 861	10 631	59.52	4 104	22.98	750	4.20	2 376	13.30
	镇江市	20 922	13 460	64.33	4 525	21.63	767	3.67	2 170	10.37
浙江地区	杭州市	27 908	17 059	61.13	7 108	25.47	1 137	4.07	2 604	9.33
	宁波市	28 572	18 256	63.89	6 313	22.10	1 025	3.59	2 978	10.42
	嘉兴市	28 997	18 596	64.13	7 545	26.02	1 107	3.82	1 749	6.03
	湖州市	26 508	17 376	65.55	6 848	25.83	913	3.45	1 370	5.17
	绍兴市	27 744	16 044	57.83	8 260	29.77	800	2.88	2 640	9.52
	舟山市	28 308	18 170	64.19	4 768	16.84	1 169	4.13	4 201	14.84
	台州市	23 164	15 185	65.55	5 027	21.70	1 183	5.11	1 769	7.64
	平均值	24 443	15 451	63.21	5 177	21.18	1 087	4.45	2 728	11.16

注：本表中"占比"及"平均值"是作者根据国家和地方统计局公布的各级统计年鉴和统计公报的统计数据计算而成。

长三角核心区16个城市的农村人均年可支配收入中工资性收入平均占比63.21%，家庭经营收入平均占比 21.18%，财产净收入平均占比 4.45%，转移净收入平均占比11.16%。可以看出，工资性收入是农村人均年可支配收入的首要重要来源，家庭经营收入为第二重要来源，转移净收入位列第三，财产净收入则占比最少。从占比排序来看，上海市的农村人均年可支配收入中工资性收入占了 74.25%，位列第一；绍兴市的农村人均年可支配收入中家庭经营收入占了 29.77%，位列第一；苏州市的农村人均年可支配收入中的财产净收入占了 11.08%，位列第一；南通市的的农村人均年可支配收入中转移净收入占了 17.11%，位列第一（图4-15）。

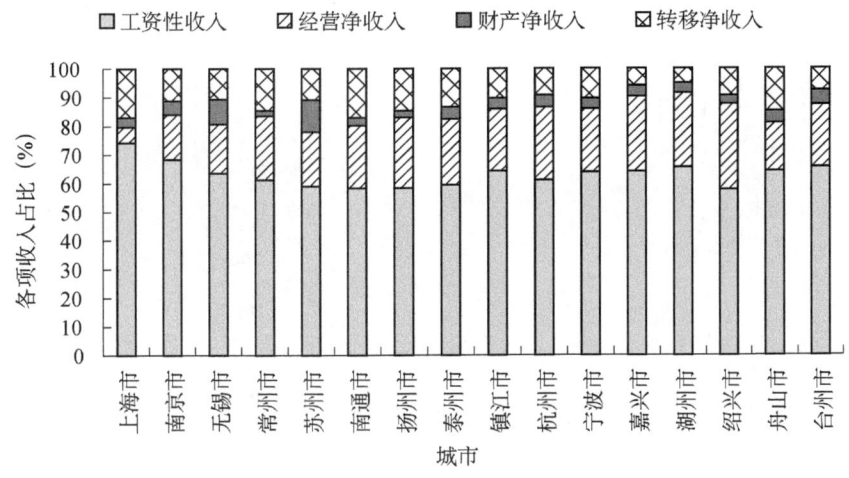

图 4-15　2016 年长三角核心区 16 个城市农村居民人均可支配收入构成情况

从主要城市情况来看，上海市的农村人均年可支配收入中工资性收入占 74.25%，经营净收入占 5.44%，财产净收入占 3.36%，转移净收入占 16.95%；南京市的农村人均年可支配收入中工资性收入占 68.33%，经营净收入占 15.75%，财产净收入占 4.73%，转移净收入占 11.19%；苏州市的农村人均年可支配收入中工资性收入占 59.09%，经营净收入占 18.93%，财产净收入占 11.08%，转移净收入占 10.90%；杭州市的农村人均年可支配收入中工资性收入占 61.13%，经营净收入占 25.47%，财产净收入占 4.07%，转移净收入占 9.33%（图4-16）。

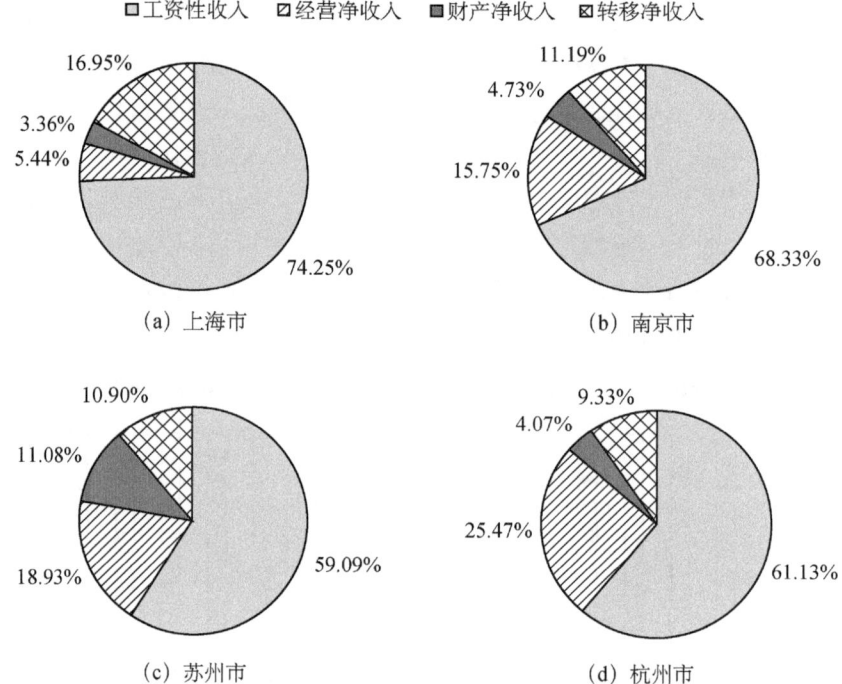

图 4-16　2016 年上海市、南京市、苏州市和杭州市农村人均年可支配收入构成情况

表 4-9 显示了 2003~2016 年长三角核心区 16 个城市农村人均年可支配收入情况。

表 4-9　2003~2016 年长三角核心区 16 个城市农村人均年可支配收入情况　（单位：元）

	城市	2003 年	2004 年	2005 年	2006 年	2007 年	2008 年	2009 年
	上海市	7 337	8 342	8 342	9 213	10 222	11 385	12 324
江苏地区	南京市	4 923	5 533	6 225	7 045	8 020	8 951	9 858
	无锡市	6 329	7 115	8 004	8 880	10 026	11 280	12 403
	常州市	5 550	6 235	7 002	8 001	9 033	10 171	11 198
	苏州市	6 681	7 503	8 393	9 278	10 475	11 785	12 969
	南通市	4 393	5 757	6 517	7 057	8 068	8 913	8 696
	扬州市	4 172	4 677	5 215	5 813	6 586	7 450	8 295
	泰州市	4 079	4 574	5 102	5 659	6 469	7 338	8 180
	镇江市	4 733	5 306	5 916	6 717	7 668	8 703	9 642

续表

	城市	2003年	2004年	2005年	2006年	2007年	2008年	2009年
浙江地区	杭州市	6 250	6 950	7 655	8 515	9 549	10 692	11 822
	宁波市	6 221	7 018	7 810	8 847	10 051	11 450	12 641
	嘉兴市	6 127	7 021	8 007	8 952	10 163	11 538	12 685
	湖州市	5 536	6 380	7 288	8 333	9 536	10 751	11 745
	绍兴市	6 143	6 970	7 704	8 619	9 730	10 950	12 026
	舟山市	5 150	6 232	7 190	8 333	9 725	11 367	12 612
	台州市	5 823	6 528	7 268	8 006	9 052	9 975	10 872

	城市	2010年	2011年	2012年	2013年	2014年	2015年	2016年
	上海市	13 746	15 644	17 401	19 208	21 192	23 205	25 520
江苏地区	南京市	11 128	13 108	14 786	16 531	17 661	19 483	21 156
	无锡市	14 002	16 438	18 509	20 587	22 266	24 155	26 158
	常州市	12 637	14 838	16 737	18 643	20 133	21 912	23 780
	苏州市	14 657	17 226	20 216	21 578	23 560	25 580	27 691
	南通市	11 094	11 730	13 231	14 754	15 821	17 267	18 741
	扬州市	9 462	11 217	12 686	14 214	15 284	16 619	18 057
	泰州市	9 324	11 046	12 493	13 982	15 076	16 410	17 861
	镇江市	10 874	12 825	14 518	16 258	17 617	19 214	20 922
浙江地区	杭州市	13 186	15 245	17 017	21 208	23 555	25 719	27 908
	宁波市	14 261	16 518	18 475	20 534	24 283	26 469	28 572
	嘉兴市	14 365	16 707	18 636	22 396	24 676	26 838	28 997
	湖州市	13 288	15 381	17 188	19 044	22 404	24 410	26 508
	绍兴市	13 651	15 861	17 706	21 307	23 539	25 648	27 744
	舟山市	14 265	16 608	18 601	20 573	23 783	25 903	28 308
	台州市	12 286	14 243	15 828	17 523	19 362	21 225	23 164

注：舟山市数据均为渔农村数据

表 4-10 展示了 2003~2016 年长三角核心区 16 个城市农村人均年可支配收入中工资性收入的具体情况。

表 4-10 2003～2016 年长三角核心区 16 个城市农村人均年可支配收入情况

（单位：元）

	城市	2003 年	2004 年	2005 年	2006 年	2007 年	2008 年	2009 年
	上海市	5 284	5 757	6 364	6 892	7 498	8 182	8 721
江苏地区	南京市	2 498	2 854	3 453	4 152	4 906	5 487	6 141
	无锡市	4 687	5 241	5 946	6 633	7 312	8 048	8 950
	常州市	3 502	3 848	4 356	4 991	5 850	6 636	7 378
	苏州市	—	5 364	5 923	6 473	7 243	7 991	8 704
	南通市	2 426	3 340	3 131	3 483	3 974	4 483	5 091
	扬州市	2 336	2 464	3 044	3 471	4 063	4 650	5 173
	泰州市	2 174	2 415	2 805	3 126	3 593	4 079	4 539
	镇江市	2 715	2 963	3 527	4 008	4 593	5 180	5 760
浙江地区	杭州市	3 210	3 479	3 347	4 772	5 401	6 318	6 967
	宁波市	3 598	4 025	4 397	5 105	5 876	6 816	7 373
	嘉兴市	3 700	4 164	4 764	5 437	6 178	7 074	7 769
	湖州市	2 528	2 869	3 397	3 969	4 555	5 291	5 832
	绍兴市	3 150	3 504	4 061	4 639	5 203	5 935	6 466
	舟山市	1 467	1 527	2 395	2 929	3 558	4 070	4 962
	台州市	2 288	2 488	2 562	2 757	3 207	3 686	4 163
	城市	2010 年	2011 年	2012 年	2013 年	2014 年	2015 年	2016 年
	上海市	9 606	10 493	11 496	12 378	13 430	17 483	18 948
江苏地区	南京市	6 908	8 156	9 371	11 675	12 868	13 517	14 456
	无锡市	10 090	11 844	13 295	14 833	14 055	15 333	16 618
	常州市	8 412	9 770	11 100	12 392	12 209	13 236	14 562
	苏州市	9 735	11 250	12 564.49	13 279	13 980	15 109	16 364
	南通市	5 758	6 631	7 421	8 271	9 259	10 105	10 945
	扬州市	5 984	7 043	8 074	9 035	8 825	9 689	10 545
	泰州市	5 223	6 186	7 145	8 083	9 128	9 772	10 631
	镇江市	6 597	7 622	8 776	9 850	11 579	12 508	13 460

4 人民生活——农村

续表

城市		2010年	2011年	2012年	2013年	2014年	2015年	2016年
浙江地区	杭州市	7 777	9 079	10 054	11 550	14 809	15 860	17 059
	宁波市	8 125	9 667	11 023	12 583	15 777	16 882	18 256
	嘉兴市	9 053	10 375	11 485	16 871	15 738	17 017	18 596
	湖州市	6 714	8 169	9 183	10 235	14 546	15 950	17 376
	绍兴市	7 395	9 147	9 936	11 517	13 421	14 590	16 044
	舟山市	5 717	7 006	7 959	12 113	15 582	17 171	18 170
	台州市	4 828	6 018	6 841	11 466	12 739	13 986	15 185

注：①南通市2012年及之前是按农村人均年总收入进行的分类。②舟山市数据均为渔农村数据，且2013年及之前是按农村人均年总收入进行的分类

表4-11展示了2003～2016年长三角核心区16个城市农村人均年可支配收入中经营净收入的具体情况。

表4-11 2003～2016年长三角核心区16个城市农村人均年可支配收入中经营净收入情况

（单位：元）

城市		2003年	2004年	2005年	2006年	2007年	2008年	2009年
	上海市	813	886	811	766	754	711	590
江苏地区	南京市	2 103	2 344	2 461	2 536	2 655	2 905	3 061
	无锡市	2 013	2 161	2 496	1 507	1 780	2 010	2 079
	常州市	2 445	2 885	3 522	3 775	4 123	4 789	4 407
	苏州市	—	1 593	1 793	1 877	2 079	2 421	2 681
	南通市	3 015	2 530	3 622	3 757	4 085	4 539	4 636
	扬州市	1 670	1 856	1 972	2 111	2 679	2 424	2 681
	泰州市	1 717	1 963	2 056	2 250	2 449	2 780	3 085
	镇江市	2 821	3 467	3 615	3 924	4 488	5 050	3 074
浙江地区	杭州市	2 634	3 093	3 358	3 011	3 318	3 363	3 694
	宁波市	3 317	3 476	4 112	4 218	4 739	5 346	5 551
	嘉兴市	2 138	2 524	2 844	3 097	3 472	3 816	3 973
	湖州市	4 500	5 017	5 496	6 076	6 830	7 695	8 628
	绍兴市	3 865	4 300	4 766	5 305	6 066	6 724	7 217

续表

	城市	2003年	2004年	2005年	2006年	2007年	2008年	2009年
浙江地区	舟山市	4 523	5 886	5 851	6 539	7 181	7 328	7 582
	台州市	2 471	2 848	3 347	3 649	4 142	4 322	4 619

	城市	2010年	2011年	2012年	2013年	2014年	2015年	2016年
	上海市	589	877	905	920	1 035	1 462	1 388
江苏地区	南京市	3 392	3 845	4 084	2 590	2 869	3 139	3 331
	无锡市	2 306	2 660	2 954	3 242	3 931	4 096	4 494
	常州市	4 561	5 507	3 504	4 026	4 652	5 088	5 326
	苏州市	2 975	3 694	4 105	3 665	4 591	5 025	5 243
	南通市	5 275	7 042	7 688	4950	3 453	3 933	4 105
	扬州市	2 966	3 508	3 821	4 194	4 069	4 205	4 442
	泰州市	3 359	3 837	4 125	4 472	3 478	3 818	4 104
	镇江市	3 267	3 860	4 247	4 669	3 602	4 076	4 525
浙江地区	杭州市	4 049	4 478	4 935	4 928	6 021	6 628	7 108
	宁波市	6 790	5 621	5 661	5 922	5 600	6 266	6 313
	嘉兴市	4 413	5 352	5 862	3 867	6 753	7 262	7 545
	湖州市	10 151	11 481	13 014	14 274	6 039	6 455	6 848
	绍兴市	8 330	9 155	10 193	11 275	7 311	7 934	8 260
	舟山市	8 571	9 285	10 054	3 322	4 169	4 468	4 768
	台州市	5 127	5 603	6 007	3 862	4 198	4 598	5 027

注：①南通市2012年及之前是按农村人均年总收入进行的分类。②舟山市数据均为渔农村数据，且2013年及之前是按农村人均年总收入进行的分类

表4-12展示了2003～2016年长三角核心区16个城市农村人均年可支配收入中财产净收入具体情况。

表4-12 2003～2016年长三角核心区16个城市农村人均年可支配收入中财产净收入情况

（单位：元）

	城市	2003年	2004年	2005年	2006年	2007年	2008年	2009年
	上海市	222	297	430	556	673	837	932
江苏地区	南京市	191	202	166	167	226	255	285
	无锡市	206	173	230	262	362	467	533
	常州市	138.62	142	254	407	465	476	588

续表

	城市	2003年	2004年	2005年	2006年	2007年	2008年	2009年
江苏地区	苏州市	—	320	336	469	610	701	810
	南通市	48	47	72	70	97	135	123
	扬州市	110	135	50	56	37	83	99
	泰州市	42	44	32	40	63	70	99
	镇江市	24	23	62	76	137	161	215
浙江地区	杭州市	252	212	469	346	330	419	609
	宁波市	419	524	455	624	749	955	1144
	嘉兴市	191	220	253	262	301	360	573
	湖州市	101	110	240	271	370	440	518
	绍兴市	220	266	245	266	269	284	329
	舟山市	193	415	449	471	705	927	1043
	台州市	446	493	501	669	640	713	724

	城市	2010年	2011年	2012年	2013年	2014年	2015年	2016年
	上海市	970	1243	1382	1587	6727	775	859
江苏地区	南京市	372	494	575	788	874	925	1001
	无锡市	630	698	776	821	1913	2118	2247
	常州市	986	829	950	898	368	409	451
	苏州市	963	1159	1389	2564	2468	2712	3067
	南通市	187	330	397	492	373	414	485
	扬州市	117	162	196	245	315	366	433
	泰州市	179	278	324	364	599	720	750
	镇江市	249	354	412	472	649	695	767
浙江地区	杭州市	641	743	859	1045	879	982	1137
	宁波市	1259	2216	2530	2477	2906	879	1025
	嘉兴市	519	446	575	767	920	1070	1107
	湖州市	614	460	505	559	740	821	913
	绍兴市	351	441	414	450	689	749	800
	舟山市	931	804	800	1501	1041	1073	1169
	台州市	688	750	885	884	978	1081	1183

注：①南通市2012年及之前是按农村人均年总收入进行的分类。②舟山市数据均为渔农村数据，且2013年及之前是按农村人均年总收入进行的分类。③上海市2014年数据为财产净收入与转移净收入之和。

表 4-13 展示了 2003~2016 年长三角核心区 16 个城市农村人均年可支配收入中转移净收入的具体情况。

表 4-13　2003~2016 年长三角核心区 16 个城市农村人均年可支配收入中转移净收入情况

（单位：元）

	城市	2003 年	2004 年	2005 年	2006 年	2007 年	2008 年	2009 年
	上海市	339	397	737	999	1297	1655	2081
江苏地区	南京市	131	134	145	191	233	304	371
	无锡市	317	392	457	478	572	755	841
	常州市	342	418	526	621	805	833	912
	苏州市	—	226	341	459	543	675	774
	南通市	336	421	420	465	529	596	698
	扬州市	56	42	149	175	232	294	342
	泰州市	146	154	209	279	364	409	457
	镇江市	213	260	356	475	548	657	593
浙江地区	杭州市	154	166	481	386	500	592	553
	宁波市	294	386	567	521	619	884	1023
	嘉兴市	98	114	146	156	213	288	369
	湖州市	148	172	313	358	429	514	564
	绍兴市	306	340	394	432	528	565	650
	舟山市	208	181	303	365	379	1164	832
	台州市	154	179	279	293	342	459	500
	城市	2010 年	2011 年	2012 年	2013 年	2014 年	2015 年	2016 年
	上海市	2581	3031	3618	4323	6727	3485	4325
江苏地区	南京市	456	613	756	958	1051	1902	2368
	无锡市	976	1236	1484	1691	2367	2608	2799
	常州市	696	1459	1183	1327	2904	3180	3441
	苏州市	984	1123	1338	2070	2521	2734	3017
	南通市	786	1211	1346	1041	2736	2815	3206
	扬州市	395	505	595	740	2075	2360	2637
	泰州市	563	745	900	1064	1871	2101	2376
	镇江市	761	989	1083	1267	1787	1935	2170

续表

	城市	2010年	2011年	2012年	2013年	2014年	2015年	2016年
浙江地区	杭州市	719	945	1168	1400	1846	2249	2604
	宁波市	986	888	1007	1221	2906	2442	2978
	嘉兴市	380	534	714	891	1265	1489	1749
	湖州市	670	658	742	850	1079	1184	1370
	绍兴市	735	1076	1340	1809	2118	2375	2640
	舟山市	1190	2212	2680	9637	2991	3191	4201
	台州市	664	736	863	1311	1446	1560	1769

注：①南通市2012年及之前是按农村人均年总收入进行的分类。②舟山市数据均为渔农村数据，且2013年及之前是按农村人均年总收入进行的分类。③上海市2014年数据为财产净收入与转移净收入之和

4.3 农村人均年生活消费支出及分类

消费支出指住户用于满足家庭日常生活消费需要的全部支出，包括用于消费品的支出和用于服务性消费的支出。根据用途不同，消费支出可划分为食品、衣着、居住、生活用品及服务、交通通信、教育文化娱乐、医疗保健、其他用品及服务八大类。本小节介绍的是农村人均年生活消费支出，可以反映农村居民的生活水平和质量。

4.3.1 从数字看形势

由表4-14可以看出，2016年长三角核心区16个城市农村人均年生活消费支出的平均值为17 202元。其中，杭州市农村人均年生活消费支出为20 563元，在16个城市中列第一位；泰州市农村人均年生活消费支出为13 250元，在16个城市中列最后一位。两者之间相差了7313元。长三角核心区城市的农村人均年生活消费支出的平均

值由 2003 年的 4079 元增加至 2016 年的 17 202 元，13 年增长了 3.22 倍，年均增长率为 11.71%。其中，镇江市的农村人均年生活消费支出的增幅最大，年均增速最快；上海市的农村人均年生活消费支出的增幅最小，年均增速最慢。

表 4-14 长三角核心区 16 个城市的农村人均年生活消费支出及增长情况

城市		农村人均年生活消费支出			
		2003 年（元）	2016 年（元）	2016 年比 2003 年增长倍数（倍）	2003～2016 年年均增长率（%）
	上海市	6 329	17 071	1.70	7.93
江苏地区	南京市	3 153	15 773	4.00	13.18
	无锡市	4 369	18 463	3.23	11.72
	常州市	3 953	16 566	3.19	11.65
	苏州市	4 641	18 820	3.05	11.37
	南通市	2 976	13 440	3.52	12.30
	扬州市	2 648	13 722	4.18	13.49
	泰州市	2 606	13 250	4.08	13.33
	镇江市	2 943	15 925	4.41	13.87
浙江地区	杭州市	5 142	20 563	3.00	11.25
	宁波市	5 194	19 313	2.72	10.63
	嘉兴市	4 549	18 864	3.15	11.56
	湖州市	3 696	17 609	3.76	12.76
	绍兴市	4 615	17 787	2.85	10.94
	舟山市	3 907	19 468	3.98	13.15
	台州市	4 548	18 598	3.09	11.44
平均值		4 079	17 202	3.22	11.71

注：本表中"2016 年比 2003 年增长倍数"、"2003～2016 年年均增长率"及"平均值"是作者根据国家和地方统计局公布的统计年鉴或统计公报数据计算而成的

图 4-17 显示了 2003 年、2010 年、2016 年长三角核心区 16 个城市农村人均年生活消费支出情况。从图中可以看出，2003～2016 年这 13 年农村人均年生活消费支出稳定增加。

4 人民生活——农村

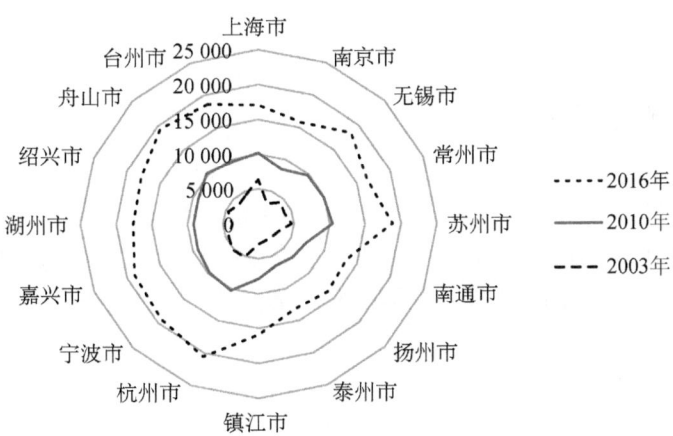

图 4-17　2003 年、2010 年、2016 年长三角核心区 16 个城市农村人均年生活消费支出情况
图中数字表示农村人均年生活消费支出，单位为元

2016 年长三角核心区 16 个城市农村人均年生活消费支出的平均值为 17 202 元。根据图 4-18，上海市、南京市、常州市、南通市、扬州市、泰州市以及镇江市 7 个城市在平均水平之下，其余 9 个城市在平均水平之上。另外，浙江地区的 7 个城市都在平均水平之上，这说明浙江地区的农村人均年生活消费支出是要高于江苏地区以及上海市的。

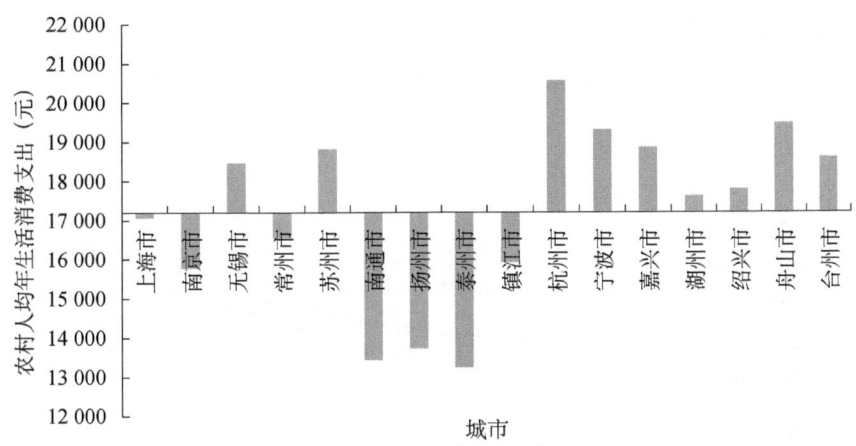

图 4-18　2016 年长三角核心区 16 个城市农村人均年生活消费支出与平均值比较

4.3.2 从增速看发展

由图 4-19 可以看出，南京市、无锡市、南通市、扬州市、泰州市、镇江市、湖州市以及舟山市位于年均增长率水平的上方，其余 8 个城市位于年均增长率的下方。上海市是偏离平均水平最多的城市，无锡市则是最接近平均水平的城市。

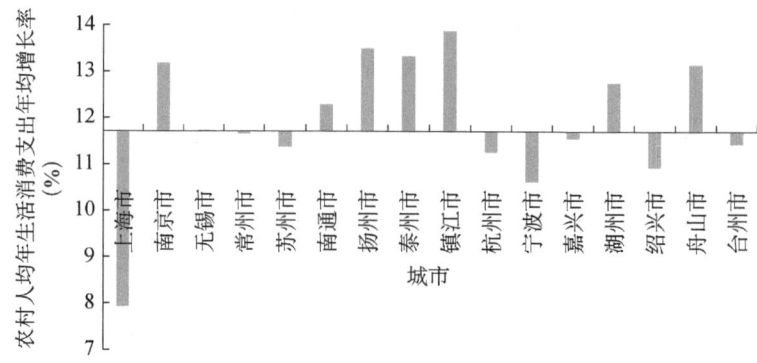

图 4-19　长三角核心区 16 个城市农村人均年生活消费支出年均增长率与平均值比较

由图 4-20 可以看出，图中 4 个城市农村人均年生活消费支出都稳步上升，其中杭州市从 2011 年开始上升幅度变大，农村人均年生活消费支出稳定超过其他 3 个城市。

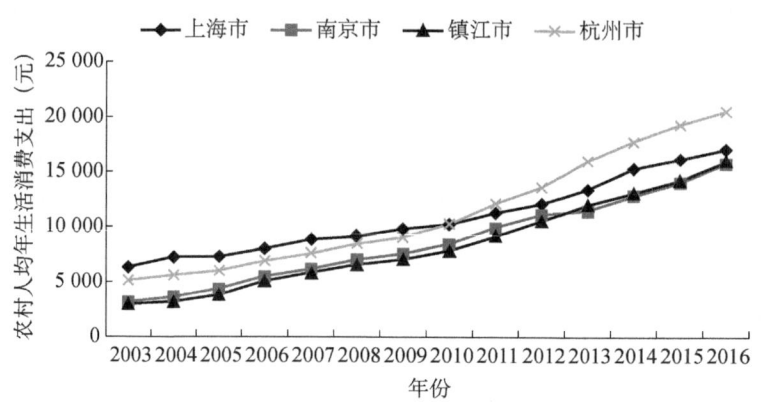

图 4-20　长三角核心区主要城市农村人均年生活消费支出情况

注：选择这 4 个城市作专门分析的原因是上海市为直辖市，南京市和杭州市为省会城市，镇江市年均增长率最高。镇江市 2005 年及以前的数据为农村人均年现金支出中的平均生活消费支出

4.3.3 从构成看特征

表 4-15 为 2016 年长三角核心区 16 个城市农村人均年生活消费支出构成情况。

表 4-15　2016 年长三角核心区 16 个城市农村人均年生活消费支出构成情况

城市		人均年生活消费支出（元）	食品		衣着		居住		生活用品及服务	
			支出（元）	占比（%）	支出（元）	占比（%）	支出（元）	占比（%）	支出（元）	占比（%）
	上海市	17 071	5 732	33.58	877	5.14	4 171	24.43	795	4.66
江苏地区	南京市	15 773	4 745	30.08	902	5.72	3 000	19.02	994	6.30
	无锡市	18 463	5 502	29.80	1 662	9.00	3 840	20.80	949	5.14
	常州市	16 566	5 102	30.80	1 225	7.39	3 325	20.07	1 028	6.21
	苏州市	18 820	4 832	25.67	1 058	5.62	4 468	23.74	1 084	5.76
	南通市	13 440	3 923	29.19	672	5.00	2 852	21.22	775	5.77
	扬州市	13 722	4 185	30.50	892	6.50	2 786	20.30	837	6.10
	泰州市	13 250	4 025	30.38	900	6.79	2 571	19.40	805	6.08
	镇江市	15 925	4 547	28.55	971	6.10	3 702	23.25	968	6.08
浙江地区	杭州市	20 563	5 957	28.97	1 228	5.97	5 297	25.76	1 062	5.16
	宁波市	19 313	6 981	36.15	1 165	6.03	3 850	19.93	989	5.12
	嘉兴市	18 864	5 761	30.54	1 009	5.35	3 897	20.66	972	5.15
	湖州市	17 609	5 402	30.68	1 146	6.51	3 799	21.57	1 130	6.42
	绍兴市	17 787	5 416	30.45	1 079	6.07	4 079	22.93	904	5.08
	舟山市	19 468	6 626	34.04	1 245	6.39	5 190	26.66	978	5.02
	台州市	18 598	5 587	30.04	1 205	6.48	4 231	22.75	933	5.02
平均值		17 202	5 270	30.64	1 077	6.26	3 816	22.19	950	5.52

城市		交通通信（元）		教育文化娱乐（元）		医疗保健（元）		其他用品及服务（元）	
		支出（元）	占比（%）	支出（元）	占比（%）	支出（元）	占比（%）	支出（元）	占比（%）
	上海市	2 367	13.86	1 123	6.58	1 707	10.00	299	1.75
江苏地区	南京市	2 421	15.35	2 334	14.80	864	5.48	513	3.25
	无锡市	2 779	15.05	1 830	9.91	1 294	7.01	607	3.29
	常州市	2 003	12.09	1 843	11.13	1 380	8.33	660	3.98
	苏州市	3 484	18.51	2 171	11.54	1 194	6.35	529	2.81
	南通市	2 594	19.30	1 352	10.06	790	5.88	482	3.58

续表

城市		交通通信（元）		教育文化娱乐（元）		医疗保健（元）		其他用品及服务（元）	
		支出（元）	占比（%）	支出（元）	占比（%）	支出（元）	占比（%）	支出（元）	占比（%）
江苏地区	扬州市	1 756	12.80	1 949	14.20	933	6.80	384	2.80
	泰州市	2 167	16.35	1 396	10.54	908	6.85	478	3.61
	镇江市	2 153	13.52	2 197	13.79	895	5.62	492	3.09
浙江地区	杭州市	3 735	18.16	1 762	8.57	1 163	5.66	359	1.75
	宁波市	2 953	15.29	1 904	9.86	1 073	5.56	398	2.06
	嘉兴市	4 048	21.46	1 392	7.38	1 414	7.49	371	1.97
	湖州市	3 183	18.08	1 568	8.90	1 096	6.22	286	1.62
	绍兴市	2 876	16.17	1 708	9.60	1 351	7.59	375	2.11
	舟山市	1 465	7.53	1 545	7.94	1 579	8.11	840	4.31
	台州市	3 213	17.28	1 753	9.42	1 328	7.14	348	1.87
平均值		2 700	15.69	1 739	10.11	1 186	6.89	464	2.70

注：本表中"占比"及"平均值"是作者根据国家和地方统计局公布的统计年鉴和统计公报的数据计算而成的

图 4-21 显示了 2016 年长三角核心区 16 个城市农村人均年生活消费支出构成情况。

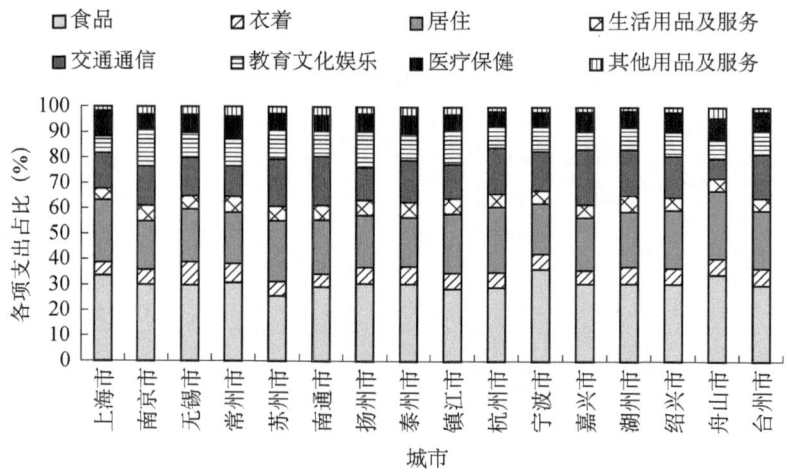

图 4-21　2016 年长三角核心区 16 个城市农村人均年生活消费支出构成情况

2016 年，长三角核心区 16 个城市的农村人均年生活消费支出中食品支出平均占比 30.64%，衣着支出平均占比 6.26%，居住支出平均占比 22.19%，生活用品及服务支出平均占比 5.52%，交通通信支出平均占比 15.69%，教育文化娱乐支出平均占比 10.11%，医疗保健支出平均占比 6.89%，其他用品及服务支出平均占比 2.70%。可以发现，食品支出在农村人均年生活消费支出中占的比例最大，其次是居住支出，再次是交通通信支出，教育文化娱乐支出和医疗保健支出分别列第五和第六位。

据图4-22，上海市的农村人均年生活消费支出中食品支出占33.58%，衣着支出占比5.14%，居住支出占比24.43%，生活用品及服务支出占比4.66%，交通通信支出占比13.86%，教育文化娱乐支出占比6.58%，医疗保健支出占比10.00%，其他用品及服务支出1.75%。南京市的农村人均年生活消费支出中食品支出占30.08%，衣着支出占比5.72%，居住支出占比19.02%，生活用品及服务支出占比6.30%，交通通信支出占比15.35%，教育文化娱乐支出占比14.80%，医疗保健支出占比5.48%，其他用品及服务支出3.25%。苏州市的农村人均年生活消费支出中食品支出占25.67%，衣着支出占比5.62%，居住支出占比23.74%，生活用品及服务支出占比5.76%，交通通信支出占比18.51%，教育文化娱乐支出占比11.54%，医疗保健支出占比6.35%，其他用品及服务支出2.81%。杭州市的农村人均年生活消费支出中食品支出占28.97%，衣着支出占比5.97%，居住支出占比25.76%，生活用品及服务支出占比5.16%，交通通信支出占比18.16%，教育文化娱乐支出占比8.57%，医疗保健支出占比5.66%，其他用品及服务支出1.75%。

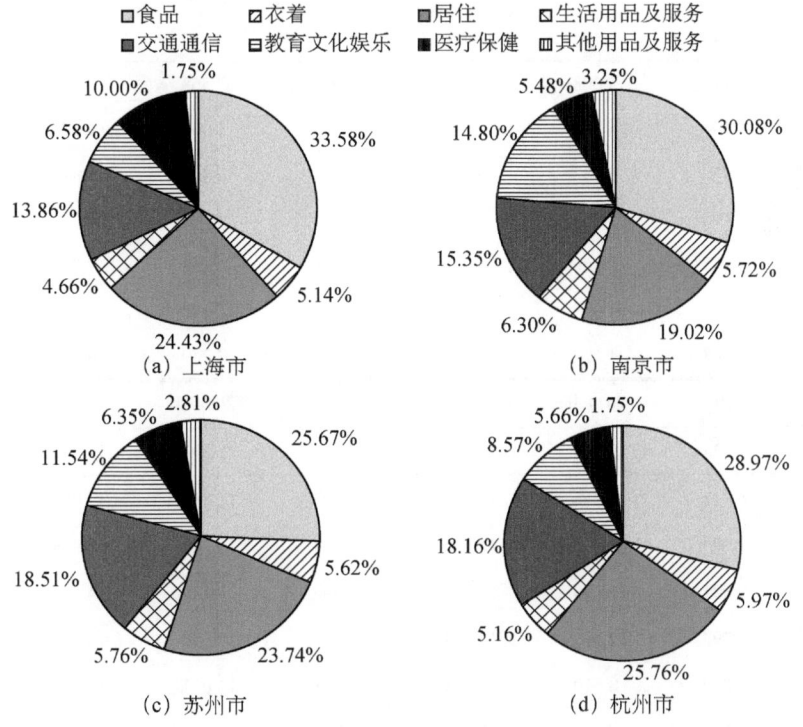

图4-22 2016年上海市、南京市、苏州市和杭州市农村人均年生活消费支出构成情况

表 4-16 显示了 2003~2016 年长三角核心区 16 个城市农村人均年生活消费支出的具体情况。

表 4-16　2003~2016 年长三角核心 16 个城市农村人均年生活消费支出情况

（单位：元）

	城市	2003 年	2004 年	2005 年	2006 年	2007 年	2008 年	2009 年
	上海市	6 329	7 265	7 265	8 006	8 845	9 115	9 804
江苏地区	南京市	3 153	3 619	4 376	5 512	6 180	7 033	7 588
	无锡市	4 369	5 055.9	5 830	6 508	7 177	7 943	8 832
	常州市	3 953	4 793	5 712	6 518	7 400	8 128	8 843
	苏州市	4 641	5 436	6 143	6 811	7 623	8 443	9 354
	南通市	2 976	3 342	3 858	4 313	4 911	5 653	6 448
	扬州市	2 648	3 034	3 710	4 314	4 945	1 384	5 930
	泰州市	2 606	2 924	3 396	4 046	4 459	5 075	5 657
	镇江市	2 943	3 172	3 786	5 068	5 842	6 580	7 056
浙江地区	杭州市	5 142	5 608	6 004	6 901	7 568	8 446	9 065
	宁波市	5 194	6 102	6 623	7 378	8 062	9 174	9 789
	嘉兴市	4 549	5 082	5 736	6 197	6 894	7 811	8 533
	湖州市	3 696	4 212	4 821	5 327	6 172	7 046	8 058
	绍兴市	4 615	5 266	5 765	6 298	7 158	7 877	8 171
	舟山市	3 907	4 395	5 264	6 196	7 388	8 427	9 221
	台州市	4 548	4 672	6 010	6 544	7 749	8 466	8 864
	城市	2010 年	2011 年	2012 年	2013 年	2014 年	2015 年	2016 年
	上海市	10 225	11 272	12 096	13 425	15 291	16 152	17 071
江苏地区	南京市	8 477	9 956	11 114	11 507	12 818	14 041	15 773
	无锡市	9 790	11 239	12 795	14 147	15 114	16 469	18 463
	常州市	9 924	11 208	12 027	13 563	13 529	14 764	16 566
	苏州市	10 397	12 485	14 381	16 251	15 390	16 761	18 820
	南通市	7 240	8 510	9 839	10 931	11 051	12 052	13 440
	扬州市	6 782	7 791	8 714	9 725	11 266	12 316	13 722

4 人民生活——农村

续表

	城市	2010年	2011年	2012年	2013年	2014年	2015年	2016年
江苏地区	泰州市	6 476	8 046	8 990	9 862	10 849	11 844	13 250
	镇江市	7 848	9 136	10 530	11 995	13 081	14 217	15 925
浙江地区	杭州市	10 267	12 125	13 612	16 021	17 816	19 334	20 563
	宁波市	9 794	11 253	12 699	13 915	16 228	17 800	19 313
	嘉兴市	9 274	10 707	12 326	13 443	16 163	17 522	18 864
	湖州市	9 139	10 093	11 077	12 440	14 836	16 112	17 609
	绍兴市	9 210	10 073	11 107	13 870	15 632	17 123	17 787
	舟山市	10 270	12 124	13 589	14 851	16 217	17 615	19 468
	台州市	9 655	11 332	12 117	13 643	15 307	17 102	18 598

注：①舟山市数据均为渔农村数据。②镇江市2005年及以前的数据为农村人均年现金支出中的平均生活消费支出

表4-17显示了2003~2016年长三角核心区16个城市农村人均年生活消费支出中食品支出情况。

表4-17 2003~2016年长三角核心区16个城市农村人均年生活消费支出中食品支出情况

（单位：元）

	城市	2003年	2004年	2005年	2006年	2007年	2008年	2009年
	上海市	2004	2191	2676	3024	3259	3732	3639
江苏地区	南京市	1448	1684	1824	2128	2310	2673	2810
	无锡市	1674.5	1908	2198	2432	2701	2828	2968
	常州市	1586	2015	2273	2460	2814	3068	3203
	苏州市	1745	2001	2314	2473	2722	2988	3231
	南通市	1173	1381	1559	1659	1863	2172	2433
	扬州市	1164	1396	1585	1728	1925	2114	2295
	泰州市	1289	1086	1494	1538	1700	1925	2024
	镇江市	940	1072	1323	2020	2302	2585	2731
浙江地区	杭州市	1866	2086	2145	2418	2636	3031	3067
	宁波市	2083	2485	2715	2994	3230	3751	3788
	嘉兴市	1818	2034	2148	2282	2520	2892	2849

续表

	城市	2003年	2004年	2005年	2006年	2007年	2008年	2009年
浙江地区	湖州市	1573	1742	1848	1993	2153	2469	2671
	绍兴市	1843	1828	2275	2470	2738	3159	3173
	舟山市	1780	2045	2287	2554	2834	3257	3622
	台州市	1489	1692	1887	1945	2242	2577	2675

	城市	2010年	2011年	2012年	2013年	2014年	2015年	2016年
	上海市	3807	4517	4837	5334	6188	5660	5732
江苏地区	南京市	3110	3731	4091	3492	3861	4230	4745
	无锡市	3375	4115	4655	5065	4737	5161	5502
	常州市	3480	3976	4337	4799	4300	4678	5102
	苏州市	3527	4221	4875	5429	4041	4327	4832
	南通市	2623	3077	3546	3864	3271	3521	3923
	扬州市	2578	2916	3180	3435	3544	3892	4185
	泰州市	2217	2573	2974	3210	3309	3611	4025
	镇江市	3076	3445	3857	4276	3868	4139	4547
浙江地区	杭州市	3333	4076	4455	4530	5091	5358	5957
	宁波市	4049	4905	5293	5503	5841	6112	6981
	嘉兴市	3064	3629	3955	4137	4822	5193	5761
	湖州市	3004	3284	3583	3767	4548	4932	5402
	绍兴市	3314	4010	4186	4477	4891	5274	5416
	舟山市	4082	4676	5176	5913	5648	6112	6626
	台州市	2980	3778	4021	4372	4849	5266	5587

注：①舟山市数据均为渔农村数据。②镇江市2005年及以前的数据为农村人均年现金支出中的平均生活消费支出

表 4-18 显示了 2003~2016 年长三角核心区 16 个城市农村人均年生活消费支出中衣着支出的具体情况。

表 4-18　2003~2016年长三角核心区16个城市农村人均年生活消费支出中衣着支出情况

（单位：元）

	城市	2003年	2004年	2005年	2006年	2007年	2008年	2009年
	上海市	250	280	367	418	476	467	496
江苏地区	南京市	200	219	275	366	458	506	534
	无锡市	288	341	418	508	550	571	560

续表

	城市	2003 年	2004 年	2005 年	2006 年	2007 年	2008 年	2009 年
江苏地区	常州市	232	272	370	399	510	558	666
	苏州市	252	290	361	492	532	567	613
	南通市	144	161	232	256	282	323	357
	扬州市	135	165	226	285	338	351	393
	泰州市	166	144	215	268	307	340	359
	镇江市	184	225	285	333	388	429	462
浙江地区	杭州市	273	308	381	438	476	527	530
	宁波市	285	360	454	522	569	678	662
	嘉兴市	219	267	301	372	400	429	449
	湖州市	230	276	322	386	437	501	562
	绍兴市	239	261	289	336	380	437	426
	舟山市	369	477	511	614	724	757	803
	台州市	202	221	300	336	397	444	488

	城市	2010 年	2011 年	2012 年	2013 年	2014 年	2015 年	2016 年
	上海市	554	644	704	771	801	857	877
江苏地区	南京市	612	762	829	697	778	825	902
	无锡市	615	815	900	1017	1376	1446	1662
	常州市	765	801	885	977	991	1088	1225
	苏州市	694	866	996	1084	994	1029	1058
	南通市	417	526	574	652	558	609	672
	扬州市	470	562	635	726	754	788	892
	泰州市	443	101	580	631	735	806	900
	镇江市	543	651	801	936	851	901	971
浙江地区	杭州市	609	819	969	923	1094	1157	1228
	宁波市	774	888	918	946	1096	1070	1165
	嘉兴市	509	646	712	827	933	1002	1009
	湖州市	644	706	769	796	953	1041	1146
	绍兴市	491	629	665	854	972	1046	1079
	舟山市	963	1134	1245	1195	1154	1214	1245
	台州市	547	738	777	919	1022	1127	1205

注：①舟山市数据均为渔农村数据。②镇江市 2005 年及以前的数据为农村人均年现金支出中的平均生活消费支出

表 4-19 显示了 2003~2016 年长三角核心区 16 个城市农村人均年生活消费支出中居住支出的具体情况。

表4-19 2003~2016年长三角核心区16个城市农村人均年生活消费支出中居住支出情况

（单位：元）

	城市	2003年	2004年	2005年	2006年	2007年	2008年	2009年
	上海市	1437	1446	1323	1658	2097	1806	2103
江苏地区	南京市	408	378	561	756	808	927	1054
	无锡市	531	805	885	974	959	1441	1622
	常州市	460	680	800	1031	1115	1161	1132
	苏州市	82	1086	866	860	986	1111	1166
	南通市	586	501	475	632	619	639	887
	扬州市	418	412	518	621	702	867	808
	泰州市	384	277	460	595	481	718	919
	镇江市	475	385	470	647	663	774	997
浙江地区	杭州市	1011	1085	1143	1481	1637	1856	2157
	宁波市	976	1106	959	1217	1293	1399	1868
	嘉兴市	660	730	1010	1187	1300	1550	2081
	湖州市	326	432	556	569	881	1024	1300
	绍兴市	744	916	977	969	1242	1374	1503
	舟山市	329	349	537	641	851	1165	1133
	台州市	604	547	734	870	1266	1182	1190
	城市	2010年	2011年	2012年	2013年	2014年	2015年	2016年
	上海市	2070	1806	1834	2260	2747	4161	4171
江苏地区	南京市	1154	1361	1408	2317	2515	2701	3000
	无锡市	1640	1483	1700	1928	3028	3316	3840
	常州市	1143	1340	1401	1465	2728	2891	3325
	苏州市	1356	1478	1599	2097	3263	3462	4468
	南通市	1006	1217	1345	1501	2394	2619	2852
	扬州市	910	1017	1143	1294	2141	2365	2786
	泰州市	973	78	1348	1308	2040	2204	2571
	镇江市	1193	1343	1253	1429	3282	3412	3702

续表

城市		2010年	2011年	2012年	2013年	2014年	2015年	2016年
浙江地区	杭州市	2603	2845	2876	4250	4539	4990	5297
	宁波市	1305	1404	2228	2051	3230	3763	3850
	嘉兴市	1886	1832	2156	2694	3215	3328	3897
	湖州市	1638	1744	1687	2872	3480	3687	3799
	绍兴市	1952	1650	2090	2073	3588	3914	4079
	舟山市	1312	1742	2097	2548	4074	4547	5190
	台州市	1509	1328	1549	3078	3475	3934	4231

注：①舟山市数据均为渔农村数据。②镇江市2005年及以前的数据为农村人均年现金支出中的平均生活消费支出

表4-20 显示了2003~2016年长三角核心区16个城市农村人均年生活消费支出中生活用品及服务支出的具体情况。

表4-20 2003~2016年长三角核心区16个城市农村人均年生活消费支出中生活用品及服务支出情况 （单位：元）

城市		2003年	2004年	2005年	2006年	2007年	2008年	2009年
	上海市	297	344	458	481	452	504	481
江苏地区	南京市	156	218	235	345	422	429	468
	无锡市	264	254	302	363	378	355	541
	常州市	278	245	349	385	457	487	540
	苏州市	279	310	368	346	385	423	447
	南通市	144	158	234	236	290	326	326
	扬州市	115	164	216	234	281	317	331
	泰州市	161	123	162	203	280	265	328
	镇江市	180	235	266	287	335	394	430
浙江地区	杭州市	313	307	307	326	361	385	445
	宁波市	277	297	340	366	452	433	381
	嘉兴市	257	277	310	281	326	391	401
	湖州市	210	286	301	321	342	379	431
	绍兴市	226	265	302	346	442	423	423
	舟山市	174	187	244	302	401	449	535
	台州市	174	179	213	246	302	340	355

续表

	城市	2010年	2011年	2012年	2013年	2014年	2015年	2016年
	上海市	528	649	646	694	712	723	795
江苏地区	南京市	511	563	630	700	795	882	994
	无锡市	570	519	560	571	782	841	949
	常州市	559	699	846	971	833	903	1028
	苏州市	526	652	771	762	844	931	1084
	南通市	426	478	563	642	648	706	775
	扬州市	389	522	574	639	701	751	837
	泰州市	354	525	521	568	629	673	805
	镇江市	457	517	623	737	805	865	968
浙江地区	杭州市	512	645	749	823	933	1008	1062
	宁波市	398	578	702	616	667	801	989
	嘉兴市	454	580	562	698	855	928	972
	湖州市	495	515	580	645	961	1048	1130
	绍兴市	467	555	624	667	825	888	904
	舟山市	636	656	764	775	889	909	978
	台州市	388	520	519	708	803	895	933

注：①舟山市数据均为渔农村数据。②镇江市2005年及以前的数据为农村人均年现金支出中的平均生活消费支出

表4-21显示了2003～2016年长三角核心区16个城市农村人均年生活消费支出中交通通信支出的具体情况。

表4-21　2003～2016年长三角核心区16个城市农村人均年生活消费支出中交通通信支出情况

（单位：元）

	城市	2003年	2004年	2005年	2006年	2007年	2008年	2009年
	上海市	587	720	739	780	884	880	1212
江苏地区	南京市	347	338	468	622	683	787	844
	无锡市	583	655	586	687	823	968	1070
	常州市	511	629	660	711	814	1029	1206
	苏州市	593	643	692	858	1080	1295	1499
	南通市	278	387	431	521	565	590	657
	扬州市	216	268	360	439	498	494	546

续表

	城市	2003 年	2004 年	2005 年	2006 年	2007 年	2008 年	2009 年
江苏地区	泰州市	276	254	319	419	497	462	541
	镇江市	330	395	466	292	346	407	1016
浙江地区	杭州市	355	644	680	793	948	1065	1182
	宁波市	375	446	467	506	934	1168	1167
	嘉兴市	599	686	719	719	798	939	1049
	湖州市	490	531	432	672	907	1029	1118
	绍兴市	467	268	556	817	820	955	1076
	舟山市	386	465	532	571	678	731	834
	台州市	475	375	583	731	821	940	1017

	城市	2010 年	2011 年	2012 年	2013 年	2014 年	2015 年	2016 年
	上海市	1459	1309	1705	1719	1891	2046	2367
江苏地区	南京市	963	1025	1250	1698	1911	2035	2421
	无锡市	1107	1380	1629	1785	2270	2435	2779
	常州市	1382	1411	1530	1727	1646	1788	2003
	苏州市	1639	1994	2439	2524	2960	3282	3484
	南通市	789	881	1109.08	1289	2115	2326	2594
	扬州市	649	676	754	850	1394	1490.27	1756
	泰州市	700	860	893	1211	1892	2034	2167
	镇江市	1054	1441	1816	2133	1744	1909	2153
浙江地区	杭州市	1451	1865	2303	2930	3299	3904	3735
	宁波市	1407	1244	1328	2315	2592	2894	2953
	嘉兴市	1334	1906	2616	2803	3571	3990	4048
	湖州市	1188	1395	1699	2361	2579	2809	3183
	绍兴市	1300	1393	1716	2093	2386	2686	2876
	舟山市	871	957	1026	1221	1214	1294	1465
	台州市	953	1273	1387	2045	2335	2737	3213

注：①舟山市数据均为渔农村数据。②镇江市 2005 年及以前的数据为农村人均年现金支出中的平均生活消费支出

表 4-22 显示了 2003~2016 年长三角核心区 16 个城市农村人均年生活消费支出中教育文化娱乐支出的具体情况。

表 4-22 2003~2016 年长三角核心区 16 个城市农村人均年生活消费支出中教育文化娱乐支出情况 （单位：元）

地区	城市	2003 年	2004 年	2005 年	2006 年	2007 年	2008 年	2009 年
	上海市	676	806	936	920	857	850	943
江苏地区	南京市	416	540	695	907	1088	1271	1387
	无锡市	614.6	691	875	1020	1153	1217	1387
	常州市	535	578	748	889	960	1082	1195
	苏州市	300	673	995	1150	1322	1454	1696
	南通市	407	455	535	608	814	1026	1214
	扬州市	357	393	477	612	748	904	1031
	泰州市	403	363	475	550	664	767	1041
	镇江市	538	574	630	551	670	764	419
浙江地区	杭州市	521	667	735	823	836	828	936
	宁波市	490	569	765	731	931	984	1037
	嘉兴市	532	578	685	775	847	942	984
	湖州市	490	559	601	767	834	899	1077
	绍兴市	607	719	791	839	900	825	846
	舟山市	715	835	1010	1066	1237	1261	1352
	台州市	533	513	777	762	798	778	850
地区	城市	2010 年	2011 年	2012 年	2013 年	2014 年	2015 年	2016 年
	上海市	1012	1139	1088	964	1069	893	1123
江苏地区	南京市	1549	1809	1250	1498	1744	2038	2334
	无锡市	1768	2059	2364	2682	1364	1571	1830
	常州市	1608	1810	1840	2266	1392	1623	1843
	苏州市	1890	2294	2643	2999	1847	2127	2171
	南通市	1328	1568	1820	1979	1040	1138	1352
	扬州市	1217	1409	1585	1816	1621	1786	1949
	泰州市	1210	1469	1651	1805	1093	1255	1396
	镇江市	491	561	636	702	702	808	2197

4 人民生活——农村

续表

	城市	2010 年	2011 年	2012 年	2013 年	2014 年	2015 年	2016 年
浙江地区	杭州市	934	861	1007	1296	1485	1507	1762
	宁波市	939	960	1026	1056	1383	1622	1904
	嘉兴市	1190	1175	1226	1266	1527	1731	1392
	湖州市	1196	1357	1570	1161	1177	1336	1568
	绍兴市	874	802	851	1050	1479	1638	1708
	舟山市	1394	1385	1432	1070	1328	1424	1545
	台州市	854	853	778	1254	1403	1573	1753

注：①舟山市数据均为渔农村数据。②镇江市 2005 年及以前的数据为农村人均年现金支出中的平均生活消费支出

表 4-23 显示了 2003～2016 年长三角核心区 16 个城市农村人均年生活消费支出中医疗保健支出的具体情况。

表 4-23　2003～2016 年长三角核心区 16 个城市农村人均年生活消费支出中医疗保健支出情况

(单位：元)

	城市	2003 年	2004 年	2005 年	2006 年	2007 年	2008 年	2009 年
	上海市	333	425	562	549	571	697	739
江苏地区	南京市	110	163	198	272	282	307	345
	无锡市	309	274	410	361	465	420	493
	常州市	242	277	376	479	541	563	690
	苏州市	539	321	416	466	431	433	491
	南通市	167	218	279	286	374	457	444
	扬州市	169	156	192	264	305	276	362
	泰州市	164	160	187	354	372	456	306
	镇江市	229	205	243	826	997	1106	816
浙江地区	杭州市	678	393	474	478	505	589	570
	宁波市	606	698	781	878	472	540	657
	嘉兴市	347	394	439	454	535	511	547
	湖州市	258	294	668	497	494	614	751
	绍兴市	376	357	433	396	489	587	575

续表

	城市	2003 年	2004 年	2005 年	2006 年	2007 年	2008 年	2009 年
浙江地区	舟山市	308	420	388	469	586	626	779
	台州市		287	418	447	530	676	687

	城市	2010 年	2011 年	2012 年	2013 年	2014 年	2015 年	2016 年
	上海市	585	909	1029	1181	1308	1464	1707
江苏地区	南京市	385	485	568	675	742	829	864
	无锡市	528	625	745	808	1049	1151	1294
	常州市	732	893	913	1049	1111	1219	1380
	苏州市	519	664	762	853	934	1089	1194
	南通市	490	596	658	756	607	685	790
	扬州市	386	484	569	619	789	899	933
	泰州市	380	620	681	743	745	829	908
	镇江市	826	1002	1311	1497	1428	1711	895
浙江地区	杭州市	623	753	854	958	1052	1055	1163
	宁波市	694	998	858	991	1105	1161	1073
	嘉兴市	608	672	812	724	887	976	1414
	湖州市	818	902	980	673	916	1006	1096
	绍兴市	657	842	753	919	1157	1315	1351
	舟山市	395	1044	1122	1310	1291	1427	1579
	台州市	660	753	802	991	1119	1244	1328

注：①舟山市数据均为渔农村数据。②镇江市 2005 年及以前的数据为农村人均年现金支出中的平均生活消费支出。

表 4-24 显示了 2003～2016 年长三角核心区 16 个城市农村人均年生活消费支出中其他用品及服务支出的具体情况。

表 4-24　2003～2016 年长三角核心区 16 个城市农村人均年生活消费支出中
其他用品及服务支出情况　　　　　　　　　　（单位：元）

城市	2003 年	2004 年	2005 年	2006 年	2007 年	2008 年	2009 年
上海市	86	117	204	176	249	179	191

4　人民生活——农村

续表

	城市	2003年	2004年	2005年	2006年	2007年	2008年	2009年
江苏地区	南京市	66	79	118	116	129	133	144
	无锡市	105	128	156	163	148	143	191
	常州市	109	99	136	165	189	180	206
	苏州市	113	112	130	166	166	170	211
	南通市	75	80	113	115	103	120	130
	扬州市	74	79	135	130	150	124	164
	泰州市	82	77	86	119	158	142	138
	镇江市	68	80	103	113	143	120	186
浙江地区	杭州市	125	118	139	144	169	165	178
	宁波市	100	142	142	164	181	221	229
	嘉兴市	117	116	124	127	168	157	173
	湖州市	119	92	93	122	124	131	148
	绍兴市	123	103	142	126	148	114	149
	舟山市	130	159	146	173	244	302	347
	台州市	—	99	121	144	134	153	162
	城市	2010年	2011年	2012年	2013年	2014年	2015年	2016年
	上海市	210	299	253	502	575	348	299
江苏地区	南京市	193	219	259	429	473	500	513
	无锡市	187	243	242	290	508	548	607
	常州市	255	279	275	309	528	573	660
	苏州市	246	316	296	501	507	515	529
	南通市	161	167	223	248	418	448	482
	扬州市	184	206	275	346	322	345	384
	泰州市	199	333	342	387	405	432	478
	镇江市	208	175	233	285	401	472	492
浙江地区	杭州市	202	261	330	311	323	323	359
	宁波市	228	276	346	438	314	377	398

续表

	城市	2010年	2011年	2012年	2013年	2014年	2015年	2016年
浙江地区	嘉兴市	228	268	287	294	352	374	371
	湖州市	156	189	209	165	221	253	286
	绍兴市	155	193	221	268	332	363	375
	舟山市	867	431	558	819	619	688	840
	台州市	195	248	315	275	301	326	348

注：①舟山市数据均为渔农村数据。②镇江市2005年及以前的数据为农村人均年现金支出中的平均生活消费支出